# THÉATRE COMPLET

DE

# EUGÈNE LABICHE

VII

ÉMILE COLIN. — IMPRIMERIE DE LAGNY

# THÉATRE COMPLET

DE

# EUGÈNE LABICHE

AVEC UNE PRÉFACE

PAR

## ÉMILE AUGIER

VII

LES TRENTE MILLIONS DE GLADIATOR
LE PETIT VOYAGE — 29 DEGRÉS A L'OMBRE
LE MAJOR CRAVACHON — LA MAIN LESTE
UN PIED DANS LE CRIME

PARIS

CALMANN LEVY, ÉDITEUR

ANCIENNE MAISON MICHEL LÉVY FRÈRES

3, RUE AUBER, 3

—

1892

Tous droits réservés.

# LES TRENTE MILLIONS
# DE GLADIATOR

### COMÉDIE-VAUDEVILLE
#### EN QUATRE ACTES

Représentée pour la première fois, sur le théâtre des Variétés,
le 22 janvier 1875.

---

COLLABORATEUR : M. PHILIPPE GILLE

# PERSONNAGES

                              ACTEURS
                        qui ont créé les rôles.

EUSÈBE POTASSE. — MM. Dupuis.
JEAN DES ARCIS. — Christian.
SIR RICHARD GLADIATOR. — Berthelier.
PEPITT. — Léonce.
GREDANE, dentiste. — Baron.
BIGOURET, pharmacien. — Schey.
ADOLPHE, coiffeur. — Monty.
UN NÈGRE. — Bordiea.
UN SPECTATEUR. — Vidrix.
UN GARÇON DE CAFÉ.
UN MARCHAND DE BILLETS.
SUZANNE DE LA BONDRÉE. — Mmes Céline Montaland.
MADAME GREDANE. — Aline Duval.
BATHILDE. — Abadie.
AGNÈS DE ROSENVAL. — Schewskä.
JULIETTE, femme de chambre de Suzanne. — Deguercy.
BLANQUETTE, femme de chambre de madame
   Gredane — M. Peba.

INVITÉS DES DEUX SEXES.

La scène est à Paris, de nos jours

# LES TRENTE MILLIONS
# DE GLADIATOR

---

## ACTE PREMIER.

Un boudoir élégant. A droite, une table-toilette, sur laquelle sont plusieurs objets de parfumerie; à gauche une cheminée, un guéridon avec ce qu'il faut pour écrire et des journaux; à la gauche du guéridon; un fauteuil, à droite un petit pouf.

---

## SCÈNE PREMIÈRE.

### JEAN, puis EUSÈBE POTASSE.

Au lever du rideau, Jean est en livrée et, à genoux près de la cheminée, il frotte avec énergie une paire de pincettes.

#### JEAN.

Faut que ça reluise!... faut que ça reluise! (S'arrêtant.) Ah! j'ai chaud!... Entré ici depuis hier soir, je paye ma bienvenue... mais je ne te frotterai pas tous les jours comme ça!... Voici la neuvième place que je fais depuis un mois. (Avec mélancolie.) Ah! le temps n'est plus où les maîtres s'attachaient à leurs domestiques!... on était de la famille, on avait les clefs de la cave!... et, quand vous mouriez, on vous faisait une pension viagère. Mais la Révolution a passé par là!... Je crois pourtant que je ne serai pas mal ici, chez madame Suzanne de la Bondrée... Mais il y a une chose qui me froisse... je crains d'être entré chez une cocotte... A chaque instant, il vient des petits messieurs qui apportent des bouquets!... si elle n'a qu'une connaissance, passe!... mais, si ça frise l'inconduite, je partirai... ou je demanderai une forte augmentation... d'autant plus que cette maison est pleine de courants d'air... on s'y enrhume! (Il se mouche avec un bruit imitant la trompette.) Personne ne ferme les portes ici.

EUSÈBE POTASSE, paraissant à la porte du fond.

Pardon, monsieur!

JEAN.

Fermez la porte!

EUSÈBE, fermant la porte.

Oui, voilà... voilà... (A Jean.) Madame Suzanne de la Bondrée, s'il vous plait?

JEAN, le regardant et à part.

Tiens! un petit crevé! (A Eusèbe avec compassion.) Pauvre enfant, vous ne craignez donc pas de faire du chagrin à votre famille?

EUSÈBE, étonné.

Moi! je demande madame Suzanne de la Bondrée.

JEAN.

Elle n'est pas levée!... à neuf heures!... Allons... donnez votre bouquet... on le mettra dans le tas!

EUSÈBE.

Mais je n'apporte pas de bouquet, je suis élève en pharmacie...

##### JEAN.

Ah! un travailleur! Alors, asseyez-vous.

##### EUSÈBE.

Merci.

##### JEAN.

Si!... j'ai une consultation à vous demander.

##### EUSÈBE.

Votre maîtresse... votre belle maîtresse... est venue hier chez mon patron, M. Bigouret, et elle a apporté elle-même une recette pour adoucir la peau... alors je rapporte la mixture...

##### JEAN.

Très-bien!... donnez-moi votre fiole!

##### EUSÈBE.

Non... je ne veux la remettre qu'à elle même... c'est une potion de confiance... je reviendrai à midi!

##### JEAN.

Attendez donc!... je voudrais vous consulter sur un rhume...

##### EUSÈBE, sans l'écouter, regardant l'appartement.

C'est donc ici qu'elle respire! c'est donc là qu'elle promène ses petits pieds! c'est dans ce fauteuil qu'elle daigne parfois reposer ses grâces!

##### JEAN, à part.

Qu'est-ce qu'il a? (Haut.) Il vous faut dire que j'ai contracté un rhume de cerveau.

##### EUSÈBE.

Je connais ça!... le rhume de cerveau est une inflammation de la muqueuse..

JEAN.

Ah!

EUSÈBE.

La muqueuse est une espèce de tapisserie qui tapisse notre intérieur... et, quand la tapisserie s'enflamme, on éternue... voilà ce que c'est que le rhume de cerveau!...

JEAN.

Très-bien!... et qu'est-ce qu'il faut faire?

EUSÈBE.

Il faut se moucher... ça dure huit jours!... les gens riches se mettent le nez sur une infusion de guimauve... alors ça dure neuf jours!

JEAN.

Merci!

EUSÈBE

Ah! vous êtes heureux, vous!

JEAN.

Moi?

EUSÈBE.

Vous la voyez tous les jours entrer, sortir, boire, manger, dormir

JEAN.

Qui ça?

EUSÈBE.

Votre maitresse... la plus belle femme qui soit jamais entrée dans la pharmacie Bigouret.

JEAN.

On dirait que vous en êtes amoureux!

EUSÈBE.

Amoureux!... ce n'est pas assez!... abruti... voilà le

mot!... je suis un homme sérieux, moi... quand j'aime une femme, c'est pour toujours... chaque fois que j'ai aimé une femme, ç'a été toujours pour toujours!

JEAN.

Eh bien, voulez-vous que je vous donne un conseil

EUSÈBE.

Donnez... mais je ne le suivrai pas.

JEAN.

Remettez-moi votre fiole... et ne revenez jamais!

EUSÈBE.

Je ne vous remettrai pas ma fiole... et je reviendrai à midi! je ne vous en remercie pas moins... Adieu!

*Il remonte.*

JEAN.

Bonjour.

EUSÈBE, à part, avec transport.

Ce n'est pas de l'air qu'on respire ici... c'est une évaporation de myrthe et de roses!... Je reviendrai à midi!

*Il sort par le fond.*

## SCÈNE II.

### JEAN, puis SUZANNE DE LA BONDRÉE.

JEAN, seul.

Pauvre garçon!... Sapristi! il n'a pas fermé sa porte.

*Il éternue et se mouche bruyamment à plusieurs reprises. — Suzanne entre par la gauche, elle est en déshabillé du matin. très-élégant*

SUZANNE.

Comment! Jean, c'est vous qui faites tout ce tapage?

### JEAN.

Madame, c'est la porte...

### SUZANNE.

Vous m'avez réveillée... Je croyais entendre les trompes du mardi gras... Que diable! on ne se mouche pas de cette façon-là!

### JEAN, aimable.

Vous savez... chacun a sa manière.

### SUZANNE, descendant.

Eh bien, quand on a cette manière-là, on se mouche dans la cour.

### JEAN.

Mais... s'il pleut, madame?

### SUZANNE.

On prend un parapluie!

### JEAN.

C'est bien... on s'y conformera... (A part.) Je ne crois pas que j'éternue longtemps dans cette maison-là.

### SUZANNE.

Veuillez prier mon oncle, le commandeur, de m'accorder un moment d'entretien.

### JEAN.

Ah! monsieur votre oncle est?...

### SUZANNE.

Commandeur... mais oui.

### JEAN, à part.

Je m'étais trompé... ce n'est pas une cocotte... c'est une femme du grand monde.

*Il sort par la droite.*

## SCÈNE III.

### SUZANNE, seule.

Commandeur de ma façon!... C'est un oncle que je me suis donné pour aller dans le monde; j'ai été obligée de renoncer aux mères... Mes deux dernières étaient insupportables... l'une prenait du tabac... et l'autre du cassis... Elles ne représentaient pas... alors j'ai pensé à prendre un oncle... J'ai mis la main sur un trésor... très-honnête homme... C'est un ancien fournisseur des armées... la tête est superbe; cheveux blancs, conversation sérieuse... ennuyeuse même, ça fait très-bien; il n'a qu'un défaut... Quand je le mène à l'Opéra, il marque la mesure avec son pied et chante en même temps que le ténor... Tout le monde se retourne, on nous fait : chut!... et j'ai l'air d'une femme de province. Je l'ai fait demander pour lui adresser quelques représentations à ce sujet.

Elle descend à droite.

## SCÈNE IV.

### SUZANNE, JEAN, puis JULIETTE.

#### JEAN, paraissant à droite.

Madame...

#### SUZANNE.

Eh bien, il va venir?

#### JEAN.

Je ne crois pas... M. le commandeur, votre oncle, a déménagé hier soir.

SUZANNE.

Comment, déménagé?...

JEAN.

En ce sens qu'il a emporté tous les meubles de sa chambre.

SUZANNE.

Mais ils sont à moi, ces meubles!

JEAN.

Il les aura sans doute emballés par mégarde.

SUZANNE.

C'est impossible! comment, il n'a rien laissé?

JEAN.

Oh! si!... les chenets... et une lettre.
<small>Il va frotter de nouveau les pincettes à la cheminée.</small>

SUZANNE, prenant la lettre.

Donnez... (Lisant.) « O vous que j'ose appeler ma nièce... je pars... il le faut... Je sens que je vais vous aimer!... » (Très-flattée.) Tiens! pauvre homme! (Lisant.) « L'honneur me commande de fuir... J'emporte les meubles... ils me rappelleront votre image... Jamais je ne m'en séparerai. » (Parlé.) Vieux filou! (Lisant.) « Je vous renvoie votre photographie... elle me brise. » Signé : « Le Commandeur de Bondy. » (Parlé.) Et il se moque de moi par-dessus le marché... Oh! je suis d'une colère!

JEAN, à genoux devant la cheminée et frottant les pincettes, à part.

Pour une femme embêtée, c'est une femme embêtée!

SUZANNE, à part.

Mais qu'est-ce que je vais devenir sans oncle? Je dois aller au théâtre... seule... c'est impossible!... (S'assseyant sur le pouf.) Où trouver un oncle? (Apercevant Jean qui polit les pincettes avec acharnement.) Tiens!... mais il n'est pas mal, cet homme-là... en l'arrangeant... personne ne le connaît... il n'est ici que depuis hier. (Haut.) Jean!

JEAN.

Madame?

SUZANNE.

Levez-vous!... tenez-vous droit!... pas mal!... Maintenant tournez!... marchez!... marchez!...

JEAN.

Où ça?

SUZANNE.

Droit devant vous.

JEAN, marchant, à part.

Quel drôle de service!

SUZANNE.

Il ira! il va! (Se levant, arrêtant Jean qui marche toujours.) Assez!... Dites-moi, êtes-vous un peu lettré?

JEAN, étonné.

S'il vous plaît?

SUZANNE.

Oui... en parlant, évitez-vous le cuir?

JEAN.

Moi, madame, j'ai été garçon de classe à l'institution Soupaleau.

SUZANNE.

Ah! ah!

JEAN.

Et sans la fatalité qui s'est acharnée après moi...

SUZANNE.

Voyons... causons... Voulez-vous être mon oncle?

###### JEAN.

Qu'est-ce qu'il y a à faire?

###### SUZANNE.

C'est bien simple... vous m'accompagnerez partout, au bal, au concert, au théâtre...

###### JEAN.

J'adore ce divertissement...

###### SUZANNE.

Vous souperez avec nous.

###### JEAN.

Nous?

###### SUZANNE.

Avec moi... et, si par hasard quelqu'un se permettait avec votre nièce quelque propos familier...

###### JEAN.

Compris... je m'en irais. (A part.) C'est une cocotte!

###### SUZANNE.

Mais non!... vous fronceriez le sourcil... comme ça!

###### JEAN, à part.

Alors c'est une femme honnête!

###### SUZANNE.

Mais pas avec tout le monde... car il y a certaines personnes qu'il ne faut pas décourager...

###### JEAN.

Ah!... il y a...? (A part.) Alors c'est une cocotte.

###### SUZANNE.

C'est dit... vous acceptez?

###### JEAN.

Pardon... et les appointements?

##### SUZANNE.

Sont modestes... cent francs par mois... mais il y a les cadeaux.

##### JEAN.

Les cadeaux de madame?

##### SUZANNE, légèrement.

Mais non!... imbécile!

##### JEAN.

Ah! (A part.) Décidément c'est une cascadeuse... mais, si elle n'a que deux ou trois connaissances... je fermerai les yeux sur les autres. (Haut.) Pardon, j'aurais encore quelque chose à demander à madame.

##### SUZANNE.

Quoi?

##### JEAN.

Comme oncle... est-on habillé?

##### SUZANNE.

Entièrement... Il y a, dans cette chambre, un vêtement tout neuf que je venais de faire faire pour le commandeur... vous êtes à peu près de la même taille... J'ai pour ami un secrétaire d'ambassade qui avait fait obtenir à mon oncle... une décoration étrangère, et, puisqu'elle est restée après l'habit... vous la garderez.

##### JEAN.

Une décoration?... Je tâcherai de m'en rendre digne.

##### SUZANNE.

Ah! j'y pense! vous ne pouvez continuer à vous appeler Jean... l'oncle Jean... ça sonne mal.

##### JEAN.

Mon Dieu! je sonnerai comme madame voudra.

SUZANNE.

Où êtes-vous né?

JEAN.

Rue des Arcis...

SUZANNE.

Très-bien... vous vous appellerez, le commandeur Jean des Arcis...

JEAN.

Commandeur Jean des Arcis... ça sonne les croisades.

JULIETTE, entrant du fond.

Madame, le coiffeur vient d'arriver...

SUZANNE.

Ah! tant mieux!

JEAN, à part.

Encore une qui ne ferme pas sa porte.

Il se mouche bruyamment.

SUZANNE.

Vous êtes agaçant avec votre nez!

JEAN.

C'est l'affaire de huit jours... j'ai consulté.

SUZANNE, à Jean.

Allez trouver le coiffeur... vous lui direz de vous arranger une tête honorable... une tête d'oncle, il sait ce que c'est

Elle gagne la droite.

JEAN.

Soyez tranquille... dans cinq minutes, j'aurai l'air d'un portrait de famille.

Il sort par la droite.

#### JULIETTE.

Il y a là aussi un jeune homme qui demande à parler à madame.

#### SUZANNE.

Un jeune homme!... à cette heure!... comment s'appelle-t-il?

#### JULIETTE.

Il n'a pas dit son nom, il apporte une bouteille.

#### SUZANNE, s'asseyant.

Une bouteille?... Ah! je sais ce que c'est : faites entrer.

Juliette sort par le fond.

## SCÈNE V.

#### SUZANNE, puis EUSÈBE.

#### SUZANNE.

C'est le garçon pharmacien de M. Bigouret qui m'apporte mon eau des Sultanes... une recette qu'on m'a envoyée d'Orient. (On frappe à la porte du fond.) Entrez! Il paraît que c'est merveilleux... (On frappe de nouveau.) Mais entrez donc!

#### EUSÈBE, passant sa tête au fond.

C'est moi!

#### SUZANNE.

Pourquoi n'entrez-vous pas?

#### EUSÈBE, entrant.

Je n'ose pas... (A part.) J'ai des frissons.

#### SUZANNE.

Vous apportez la bouteille?

EUSÈBE, avec mélancolie.

Ah! oui! j'apporte la bouteille!

SUZANNE.

Eh bien, donnez-la-moi!

EUSÈBE, avec mélancolie.

Oh! oui... je vous la donnerai.

SUZANNE, à part.

Qu'est-ce qu'il a? (Haut.) Voyons... je vous attends.

EUSÈBE.

Elle est dans ma poche... la voici... (Tendrement.) La voici!

Il lui donne le flacon.

SUZANNE, à part.

Il a quelque chose dans le cerveau... c'est dommage, il n'est pas laid, ce garçon... (Haut.) Vous me rapportez ma recette... j'y tiens!

EUSÈBE.

Elle est dans ma poche... sous enveloppe.

SUZANNE, se levant et passant.

Voyons... débouchons ce flacon.

Elle prend des ciseaux sur la table et coupe la peau qui entoure le bouchon.

EUSÈBE, à part.

O supercherie de l'amour... ce n'est pas sa recette qui est dans cette enveloppe... j'y ai substitué des vers... des vers que j'ai improvisés ce matin, avec mon cœur, en pilant des amandes douces... mais je n'oserai jamais les remettre!

SUZANNE, respirant le flacon qu'elle a débouché.

Tiens, ça sent bon!

## ACTE PREMIER.

EUSÈBE, prenant ce compliment pour lui.

Ah! madame... c'est la nature... car je n'ai pas sur moi d'odeurs...

SUZANNE.

De quoi me parlez-vous?

EUSÈBE.

Vous me faites l'honneur de me dire que je sens bon.

SUZANNE.

Moi?... je parle de ce flacon...

EUSÈBE.

Pardon... on pouvait s'y tromper.

SUZANNE, allant à lui.

Comment emploie-t-on ça?

EUSÈBE.

Ça doit être comme pour le baume tranquille... en frictions.

SUZANNE.

Eh bien, essayons... sur le bras...

EUSÈBE.

Comment! devant moi?

SUZANNE.

Oh! un pharmacien! ce n'est pas un homme!

EUSÈBE.

Mais je vous demande pardon, madame, je vous demande pardon... il y a encore des cœurs de pharmacien qui vibrent.

SUZANNE, s'asseyant sur la chaise à droite du guéridon, relevant sa manche et découvrant son bras.

Ah! ah! tenez... prenez ce morceau de ouate... et frottez.

EUSÈBE, prenant le flacon et se reculant.

Qui ça? moi?

SUZANNE.

Vous devez savoir frictionner!

EUSÈBE, s'asseyant sur le pouf.

Certainement... je frictionne tous les soirs le rhumatisme de M. Bigouret, mon patron...

SUZANNE.

Eh bien?

EUSÈBE.

Mais ce n'est pas la même chose...

SUZANNE.

Pourquoi?

EUSÈBE.

Mais dame!... parce que... d'abord, lui, c'est un homme; il a la peau noire, rude, coriace, indigeste... Ah! la vilaine peau!... tandis que la vôtre... (Il frictionne très-doucement.) c'est d'un doux... d'un doux!... et d'un blanc... d'un blanc!... et d'un rose... d'un rose!...

SUZANNE.

Eh bien, qu'est-ce que ça vous fait?

EUSÈBE.

Ce que ça me fait?

Il pose la main de Suzanne sur son cœur.

SUZANNE, se levant

Ah bah!

EUSÈBE.

Je n'essayerai pas de vous le cacher plus longtemps

SUZANNE, à part, gaiement.

Tiens! j'ai enflammé un pharmacien!

## ACTE PREMIER.

EUSÈBE, se levant.

Ça m'a pris hier, tout d'un coup, quand vous êtes venue nous voir... je ne pensais à rien... je battais un looch, pour une vieille femme qui tousse... vous entrez, et paf!

SUZANNE.

Quoi?

EUSÈBE.

Au lieu de fleur d'oranger, je verse du vinaigre de toilette!

SUZANNE, s'asseyant à gauche du guéridon.

Oh!

EUSÈBE, s'asseyant sur la chaise à droite du guéridon et posant le flacon sur le guéridon.

Ça ne fait rien... dans ces choses-là, on met tout ce qu'on veut... Que vous dirai-je? j'étais subjugué... Ce qui m'a plu tout de suite en vous, c'est votre front pur, votre air modeste...

SUZANNE, à part.

Il est très-amusant!

EUSÈBE.

Moi, d'abord, je n'aime que les femmes vertueuses.

SUZANNE, avec compassion.

Ah! pauvre garçon!

EUSÈBE.

Toutes les femmes que j'ai aimées, je les ai respectées... toutes! sauf une... et encore je ne le voulais pas... parce que, là où il n'y a pas d'estime, il n'y a pas d'affection vraie!

SUZANNE, à part.

Oh! mais il est à mettre au jardin des Plantes!

#### EUSÈBE.

Par conséquent, la femme qui m'aimerait ne serait pas malheureuse.

#### SUZANNE.

Ah! vous avez un talisman pour rendre les femmes heureuses?

#### EUSÈBE.

Oui... je me coucherais à ses pieds... et je resterais comme ça toute ma vie, sans lui dire un mot.

#### SUZANNE, à part.

Autant prendre un sourd-muet.

#### EUSÈBE.

Par exemple, il faut être franc... je n'ai pas mes soirées.

#### SUZANNE.

Ah! c'est dommage!

#### EUSÈBE.

Je ne suis libre que le dimanche... et encore tous les quinze jours... à partir de midi.

#### SUZANNE.

Je vous remercie de cette communication.

#### EUSÈBE.

Il n'y a pas de quoi, madame.

#### SUZANNE, regardant son bras.

Oh! mais voyez donc l'effet de cette eau... Quel éclat! quelle blancheur!

#### EUSÈBE, lui prenant le bras.

Des roses sur du lait! Ce bras... tout autre à ma place le couvrirait de baisers... Eh bien, moi pas!... je résiste... je suis un tempérament!

SUZANNE, se levant et passant derrière le guéridon, arrondissant son bras avec coquetterie.

Oh! vous résistez... Si je le voulais bien!...

EUSÈBE.

Non... ce serait inutile!...

SUZANNE.

Oh! par exemple!

EUSÈBE.

Croyez-moi, Suzanne, restons dans nos limites...

SUZANNE, lui mettant son bras devant la figure.

Grand enfant... je le veux!

EUSÈBE, lui embrassant le bras avec transport.

Ah!... (Se levant.) Vous me déshonorez!

## SCÈNE VI.

### Les Mêmes, JEAN.

JEAN, paraissant à droite en costume d'oncle avec une décoration de fantaisie.

Me voilà!

SUZANNE, jouant la terreur, retirant vivement son bras.

Ciel! mon oncle!

EUSÈBE, à part.

Nous sommes perdus!

Il saute sur la bouteille et la secoue bêtement pour se donner une contenance.

SUZANNE, à part, indiquant Jean.

Je vais voir comment il fonctionne. (Bas, à Jean.) Congédiez ce jeune gandin qui vient de me manquer de respect !

Elle passe.

JEAN, bas.

Vous allez voir ! (Il fronce le sourcil et s'approche d'Eusèbe.) Jeune homme !

EUSÈBE, très-intimidé, le saluant.

Monsieur le comte... vous voyez... j'apporte le lait des Sultanes... je suis employé à la pharmacie Bigouret... et j'essayais... une friction.

JEAN, allant ouvrir la porte, avec majesté.

Et plus vite que ça !

EUSÈBE, intimidé.

Oui, monsieur le comte... (A part, en remontant.) Il va la tuer !

Jean descend à gauche.

SUZANNE, à Eusèbe.

Ah ! un instant ! vous oubliez de me rendre la recette que j'ai confiée à M. Bigouret.

JEAN, d'une voix terrible.

On demande la recette !

EUSÈBE.

Voilà, monsieur le comte ! voilà ! (A part, se fouillant.) Et mes vers que j'ai substitués... devant ce tigre !... (Haut, ayant l'air de chercher.) C'est que... je ne trouve plus...

JEAN.

Et plus vite que ça !

EUSÈBE, la lui remettant.

La voilà... la voilà !

JEAN, lui montrant la porte avec dignité.

Et maintenant qu'on se pousse de l'air !

#### EUSÈBE.

Oui, monsieur le comte... (A part, sortant par le fond.) Qu'est-ce que tout cela va devenir?

#### JEAN.

Fermez la porte!

#### EUSÈBE, fermant la porte.

Voilà, monsieur le comte.

## SCÈNE VII.

#### SUZANNE, JEAN.

#### JEAN.

Qu'en dit madame?

#### SUZANNE.

Pas mal... le geste est bon... la voix est peut-être un peu rude... il n'y a pas grand inconvénient cette fois... un garçon pharmacien!... mais s'il s'agissait d'un jeune homme... ayant de l'avenir... il faudrait y mettre plus de douceur... Énergique et moelleux, voilà votre devise!

#### JEAN.

Madame m'excusera... jusqu'alors, je n'avais mis personne à la porte... c'est, au contraire, moi, que l'on...

#### SUZANNE.

Et puis il y a un mot que je n'aime pas : « Qu'on se pousse de l'air! »

#### JEAN.

Madame n'aime pas cette locution?

#### SUZANNE.

Non.

JEAN.

Si madame veut avoir la bonté de m'en indiquer une autre...

SUZANNE.

Dites tout simplement : « Sortez! »

JEAN.

Je veux bien... mais c'est moi!
*Il va s'asseoir devant la cheminée en lisant un journal.*

## SCÈNE VIII.

LES MÊMES, ADOLPHE, puis AGNÈS DE ROSENVAL.

ADOLPHE, paraissant au fond.

On peut entrer?

SUZANNE.

Ah! c'est Adolphe, mon coiffeur. Dépêchez-vous de me coiffer, il faut que je sorte.

JULIETTE, paraissant au fond.

Madame veut-elle recevoir mademoiselle Agnès de Rosenval?

SUZANNE.

Mais certainement... une amie... (A Agnès qui paraît.) Entre donc!

*Juliette sort.*

AGNÈS.

Bonjour, Suzanne...

SUZANNE.

Adolphe, un siége pour madame.

##### AGNÈS.

Déjà avec ton coiffeur? (S'asseyant.) Ah! je suis rompue!

##### SUZANNE.

Qu'es-tu devenue depuis huit jours?... on ne t'a pas vue...

##### AGNÈS.

Ah! ma chère, j'ai été la proie d'une suite de mésaventures... si tu veux voir la femme qui n'a pas de chance, la voilà!

##### SUZANNE.

Ah! mon Dieu! qu'est-il arrivé?

##### AGNÈS.

Lundi, j'achète un cheval bai, pour l'appareiller avec le mien... mardi, il pleut, voilà mon cheval qui déteint! il devient gris pommelé!

##### SUZANNE.

Tu l'avais payé?

##### AGNÈS, naturellement.

Ah! non! mercredi, je fais la connaissance d'un jeune homme... très-bien... un prince russe... et, jeudi, il se trouve que c'est un Polonais!

##### JEAN, riant.

Ah! un Polonais! ce n'est pas de chance!

##### AGNÈS, apercevant Jean.

Qu'est-ce que c'est que ça?

Elle se lève.

##### SUZANNE, qui s'est levée.

C'est juste... (Désignant Jean.) Ma chère amie..., je te présente le commandeur Jean des Arcis, mon oncle.

JEAN, saluant.

Madame...

Il se rassied.

AGNÈS.

Eh bien, et l'autre?

SUZANNE.

Je l'ai envoyé en province gérer une de mes propriétés... (A Adolphe.) Prenez donc garde! vous me tirez les cheveux!

ADOLPHE.

Pardon... je ne croyais pas que c'était à madame...

AGNÈS, prenant un flacon sur le guéridon.

Lait des Sultanes... qu'est-ce que c'est que ça?

SUZANNE.

Oh! ma chère, une eau merveilleuse pour donner du lustre à la peau.

AGNÈS.

Ah! mais j'en veux! où trouve-t-on ça?

SUZANNE.

Je n'en sais rien... mais j'ai la recette.

AGNÈS, s'asseyant à côté du guéridon.

Donne, je vais la copier.

SUZANNE, à Jean.

Commandeur!

JEAN, passant derrière le guéridon.

Chère amie!

SUZANNE.

Dictez donc cette recette à madame!...

Agnès se met à écrire.

## ACTE PREMIER.

JEAN.

Avec plaisir. (Il ouvre l'enveloppe et lit.) Air de *la Famille de l'apothicaire*...

TOUS, étonnés.

Hein ?

JEAN, lisant.

La fièvre brûle un cœur qui n'a
Plus qu'un espoir pour qu'on le sauve !
Que vos yeux soient son quinquina,
Votre bonté sa fleur de mauve !

SUZANNE.

Assez !

AGNÈS, riant et allant à Suzanne.

Ah ! c'est charmant !... tu as fait la conquête d'un pharmacien !

JEAN, riant aussi.

C'est adorable !

SUZANNE, se levant et passant dépitée.

Je ne vois rien de comique là dedans. (A Jean.) Mon oncle, vous passerez ce soir chez M. Bigouret pour retirer ma recette à laquelle je tiens beaucoup... et vous lui remettrez les inconvenances de son commis.

JEAN.

Soyez tranquille... je serai énergique... et pas moelleux !

Il va s'asseoir dans un fauteuil près de la cheminée.

AGNÈS.

Voyons, calme-toi... je n'en parlerai à personne... Qu'est-ce que nous ferons ce soir ?

Elle s'assoit sur le pouf.

SUZANNE, s'asseyant sur la chaise à droite du guéridon.

Je ne sais pas... (Prenant un journal.) Voyons les théâtres... Français : *Zaïre*. Opéra-Comique : La *Dame Blanche*...

JEAN.

Est-ce une première?

AGNÈS.

Ah! non!...

SUZANNE.

Au Châtelet, on donne le *Trou de la Mort*, drame en cinq actes et trois ballets.

AGNÈS.

Ça doit être gentil!

SUZANNE, qui parcourt toujours le journal, poussant un cri.

Ah!

AGNÈS.

Quoi donc?

SUZANNE, lisant.

« Il vient de descendre au Grand-Hôtel, un Américain, sir Gladiator, dont la fortune s'élève, dit-on, à plus de trente millions... »

AGNÈS, se levant brusquement.

Trente millions!... mazette!

SUZANNE, à part.

Tiens, ça lui fait de l'effet! (Continuant à lire.) « Cet Américain a fait don au Jardin... d'Acclimatation... d'un éléphant, qu'il va régulièrement visiter tous les jours, à midi... »

AGNÈS, à part, tirant vivement sa montre.

Onze heures et demie! (Haut.) Je te quitte, chère amie,

une affaire pressée... Adieu, au revoir! (A part.) Je crois que la chance me revient!

Elle sort vivement par le fond.

## SCÈNE IX.

JEAN, ADOLPHE, SUZANNE, puis JULIETTE.

ADOLPHE, à Suzanne.

Vous êtes bien imprudente de lui indiquer un pareil trésor... je parie qu'elle court au Jardin d'Acclimatation.

SUZANNE, se levant en même temps que Jean.

Je m'en doutais... Mais c'est au Jardin des Plantes qu'il a donné son éléphant... et j'y vais!

Elle sonne.

ADOLPHE.

Oh! très-forte!

JEAN.

Oui... mais c'est l'autre qui n'a pas de chance!

JULIETTE, paraissant au fond.

Madame a sonné?

SUZANNE, allant à la cheminée.

Vite! mon chapeau... la voiture!...

JULIETTE.

Bien, madame!

SUZANNE.

Vous, votre paletot, votre canne!

JEAN.

Mon paletot! ma canne!

ADOLPHE.

Voilà, monsieur !

SUZANNE.

Je suis en robe du matin... mais bah ! un étranger.

JEAN, offrant le bras.

Ma nièce !

SUZANNE, à Jean.

Et surtout, quand nous serons là-bas... pour l'Américain, de la dignité, du moelleux, et pour l'éléphant, du sucre.

JEAN.

J'en achèterai... Allons conquérir l'Amérique !

<small>Ils remontent et sortent par le fond. Adolphe et Juliette restent en scène.</small>

# ACTE DEUXIÈME

Le carrefour qui est situé derrière le théâtre du Châtelet. De face, au dernier plan, au bout d'une petite rue très-courte, le parapet de la Seine. Au fond, dans le lointain, une des tours du Palais de Justice, au deuxième plan, à gauche, l'extrémité du théâtre du Châtelet, un arbre, un kiosque de marchand de journaux. Même plan, à droite et au coin de la petite rue faisant face au public, la boutique d'un pharmacien ; au premier plan, à gauche, un café au coin de l'avenue Victoria.

---

## SCÈNE PREMIÈRE

Pendant un entr'acte du Châtelet.

UN MARCHAND DE BILLETS, MARCHANDES DE BOUQUETS, D'ORANGES, etc. ; SPECTATEURS se précipitant chez le marchand de tabac et dans le café ; puis JEAN.

PREMIER MONSIEUR, s'asseyant devant le café.

Allons ! vite, garçon !... un bock !... l'entr'acte va finir. (Plusieurs consommateurs appelant.) Garçon ! garçon !

LE GARÇON, servant.

Voilà ! voilà !

DEUXIÈME MONSIEUR.

Si je pouvais seulement griller une cigarette. — Garçon, du feu !

Il entre dans le café.

LE GARÇON.

Voilà! voilà!

JEAN, sortant de la boutique de Bigouret. Il tient une lorgnette de spectacle dans un étui.

Je viens de remettre au pharmacien Bigouret les poésies de son commis avec prière de lui rincer la tête...

LE MARCHAND DE BILLETS, à Jean.

Monsieur, un stalle, moins chère qu'au bureau!

JEAN.

Fichez-moi la paix, vous! je suis placé... j'ai une loge de face... je suis très-bien!... nous ne sommes que deux, ma nièce et moi... aussi nous nous étalons... j'ai pris deux chaises pour mon chapeau et ma lorgnette... dans les entr'actes, nous recevons des visites... c'est une procession de petits messieurs avec des raies au milieu de la tête... Ils apportent tous des sacs de bonbons fondants... c'est délicieux... ça fuit sous la langue... mais ça poisse les gants... j'ai des gants... (Il les tient à la main.) La patronne veut que ça me fasse deux fois! Alors je les ai ôtés, je les remettrai pour rentrer.

LES GARÇONS, aux consommateurs.

Messieurs, on sonne au foyer!

JEAN.

Vite! remettons mes gants.

Il rentre par la gauche premier plan.

LES CONSOMMATEURS.

Garçon!... payez-vous! un bock! une groseille!

Les consommateurs payent et se bousculent pour rentrer au théâtre; pendant ce mouvement, Gladiator et Pepitt entrent en scène.

## SCÈNE II.

**GLADIATOR, PEPITT,** mangeant une orange.

GLADIATOR, arrivant du fond à gauche, suivi de Pepitt.

Oh! oh!... cette femme!... cette femme!... je l'ai saluée trois fois, elle ne m'a pas seulement regardé... Psitt!... Pepitt!...

PEPITT.

*All right!*

GLADIATOR.

Viens par ici, j'ai à te parler...

PEPITT.

Mais, monsieur Gladiator, après la pièce... la pièce... le rideau va se lever et ce *Trou de la Mort* est très-intéressant.

GLADIATOR.

Moins que ce que j'ai à te dire!... Pepitt, je t'ai amené d'Amérique pour être mon secrétaire, mon confident... et au besoin mon domestique... je te paye très-cher... bien plus que tu ne vaux!... je te donne vingt-cinq mille francs par an... et tu n'es bon à rien.. mais tu as un mérite... c'est d'écouter... tu écoutes très bien... donc écoute-moi!...

PEPITT.

Allez!

GLADIATOR.

Mon ami! je suis amoureux.

PEPITT.

Ah! sapristi!...

GLADIATOR.

Quoi?

PEPITT.

Mais vous l'êtes toujours... je ne vous comprends pas...

GLADIATOR.

Parce que tu es du Nord... mais, moi, je suis du Sud.. je suis de la zone torride!

PEPITT.

A propos, j'ai reçu une lettre de la zone torride... votre femme...

GLADIATOR, furieux.

Ne parle jamais de ma femme!... Je ne veux pas qu'on sache que j'ai une femme.

PEPITT.

Elle est malade...

GLADIATOR.

Ah! sérieusement?...

PEPITT.

Non... on craint de la sauver!

GLADIATOR.

Alors tais-toi! Ah! mon ami, qu'elle est belle!

PEPITT.

Qui ça?... votre femme?

GLADIATOR.

Non... mademoiselle Suzanne de la Bondrée!

PEPITT.

Ah! bon! celle du Jardin des Plantes... allez!

##### GLADIATOR.

Quelle scène puissante et dramatique! Je m'y vois encore. (Donnant son chapeau à Pepitt.) J'étais devant Capitaine... mon éléphant... que j'ai offert à la Ménagerie... je commençais à m'ennuyer... quand tout à coup j'entends le froufrou d'une robe de soie... je me retourne, c'était elle que le hasard jetait sur ma route... elle était suivie d'un noble vieillard...

##### PEPITT.

Mais je sais tout ça, puisque j'y étais!...

##### GLADIATOR.

Ne m'interromps pas...

##### PEPITT.

Allez!

##### GLADIATOR.

Elle s'avance comme une déesse... portant sur son chapeau une garniture de cerises et de raisins... elle tend de sa main blanche... As-tu remarqué sa main?

##### PEPITT.

Ma foi, non!

##### GLADIATOR.

Butor! glaçon! morceau de neige! (Reprenant.) Elle tend de sa main blanche un petit pain de seigle à l'éléphant... il n'en fait qu'une bouchée... puis il avance de nouveau sa trompe...

##### PEPITT.

Comme il fait bien l'éléphant!

##### GLADIATOR.

Et, ne voyant rien venir, il la laisse tomber sur le chapeau garni de fruits... il l'enlève... les cheveux allaient suivre le chapeau... des cheveux magnifiques... elle pousse un cri... je m'élance... je parle à Capitaine : à ma voix, il tremble, se met à genoux, et fait des excuses, elle.. me jette un long regard de reconnaissance... son oncle, un homme qui parle peu, qui ne se livre pas... mais d'un très-grand air... me remercie avec effusion... puis elle remonte en voiture en me laissant voir une jambe... une jambe!... As-tu remarqué sa jambe?...

PEPITT.

Ma foi, non!

GLADIATOR, le prenant au collet.

Misérable!... on te montre une jambe pareille et tu ne la regardes pas !

PEPITT, se dégageant.

Aïe! vous m'étranglez!... je la regarderai la prochaine fois!

GLADIATOR.

Cette femme!... j'éprouve pour elle une passion sauvage!... il me la faut à tout prix! entends-tu! à tout prix.

Il reprend son chapeau.

PEPITT.

Je ne demande pas mieux, moi! mais si elle ne veut pas...

GLADIATOR.

Allons donc! j'ai trente millions!

PEPITT.

Ça, c'est une raison.

GLADIATOR.

J'ai déjà soudoyé son concierge... je lui ai donné cinq mille francs...

#### PEPITT.

Oh! c'est trop!... on ne donne pas cinq mille francs à un concierge... on donne cent sous... ou cinq francs!

#### GLADIATOR.

Il me remettra tous les matins une note pour me tenir au courant de ce qu'elle fera dans la journée. Voici celle d'aujourd'hui. (Il cherche dans son portefeuille.) Écoute ça : (Haut.) « La personne ira ce soir au théâtre du Châtelet... »

#### PEPITT.

Comme il écrit bien ce concierge!

#### GLADIATOR.

« Mes respects à monsieur... » (Embrassant le papier avec transport.) Oh! cher ange! cher ange!

#### PEPITT, à part.

Il embrasse la lettre du concierge, à présent.

#### GLADIATOR.

Pepitt! Pepitt!... Il me vient une idée... tu vas m'aider! et, ici, c'est au domestique que je parle!... ôte ton chapeau!

#### PEPITT, ôtant vivement son chapeau.

Allez!

#### GLADIATOR.

Sa voiture stationne au bout de l'avenue Victoria... tu vas aller trouver son cocher... tu le couvriras d'or.

#### PEPITT.

Ce n'est pas ça qui nous gêne!

#### GLADIATOR.

Et tu lui diras d'aller se promener... au Vésinet... De plus, tu vas accaparer tous les fiacres qui stationnent le long de ce parapet... tu les prendras à l'heure... et tu les enverras m'attendre derrière le Val-de-Grâce.

### PEPITT.

Toute une place de fiacres pour nous deux!... après ça, nos moyens nous le permettent.

### GLADIATOR.

De cette façon, il ne restera plus une seule voiture... la pluie commence à tomber... et je reconduirai dans ma calèche l'oncle et la nièce.

### PEPITT.

Ah! je comprends!
Il va au fond du théâtre.

### GLADIATOR.

Va, dépêche-toi; je rentre au théâtre. (Apercevant la marchande de bouquets qui sort du café.) Hé! la marchande! quarante bouquets dans la loge n° 7... Oh! elle m'aimera cette femme!... elle m'aimera!
Il disparaît rapidement à la suite de la marchande.

## SCÈNE III.

### PEPITT, puis EUSÈBE.

#### PEPITT, seul, redescendant.

C'est égal, c'est ennuyeux, ces natures de feu... quand il tombe de l'eau!
Il se dispose à sortir ; on entend une altercation violente dans la pharmacie, dont la porte s'ouvre, et Eusèbe, poussé violemment de l'intérieur par les épaules, tombe sur Pepitt.

#### BIGOURET, dans la coulisse.

Ah! ver de terre, ennemi de la société!..

EUSÈBE.

Touchez pas!

BIGOURET.

Je vais me gêner!

EUSÈBE.

Non!

BIGOURET.

Si!

EUSÈBE, tombant sur Pepitt.

Non!

PEPITT.

Prenez donc garde!

EUSÈBE, à Pepitt.

Vous, laissez-moi tranquille, je ne vous connais pas?

PEPITT.

Imbécile!

Il sort par la gauche, premier plan!

EUSÈBE; il a son parapluie à la main. Courant à la porte de la pharmacie et frappant.

Rendez-moi mes effets!... Je veux mes effets! butor! animal! Il ne répond pas... (Revenant en scène.) C'est vrai, parce qu'il a été autrefois capitaine dans la garde nationale, il se croit le droit de piétiner sur ses commis! (S'adressant à la porte.) Les commis sont des hommes. entends-tu! ils votent! (Au public.) Il vient de se passer là un drame poignant... L'oncle... le commandeur... est entré dans le laboratoire comme un furieux... avec un revolver caché dans un étui à lorgnette... il a remis mes vers au patron en lui disant : « Tenez, voilà les saletés que votre commis se permet d'adresser à ma nièce!... flanquez-lui un poil! » Et il est sorti avec son air grandiose... et son revolver!...

Alors, M. Figouret, perdant toute pudeur, m'a appelé « ver de terre! ennemi de la société! ramassis de tous les vices »!... Je me suis fâché... il m'a poussé, je l'ai poussé, et, après une lutte qui n'a pas été sans éclats... nous avons cassé trois bocaux!... il m'a prié de sortir... par les épaules!... Il est évident que la comtesse ne m'aime pas; car, si elle m'aimait, elle n'aurait pas remis mes vers à son noble parent... si elle m'a fait quelques avances, c'était pour se faire frictionner... et maintenant elle me rejette comme une orange dont on a exprimé le suc!... Oh! les femmes!... Je l'aurais pourtant bien respectée, celle-là!... (Pause.) Qu'est-ce que je vais devenir? Me voilà sur le pavé... sans domicile... avec... (Il fouille dans sa poche et compte son argent.) Faisons ma caisse : vingt-sept francs, et quatre sous dans une autre poche... ce n'est pas une position ça... Où aller?... je ne connais personne à Paris... je sens que je prends la vie en grippe... et pour un rien... (Changeant de ton.) Tiens! j'ai faim! j'ai envie de faire une noce!... Je vais aller souper dans un grand restaurant... je demanderai des plats inconnus... des vins étranges et mystérieux, et après... eh bien, après... nous verrons!... On sort du théâtre... Des femmes! Ah! je ne veux pas les voir!

Il sort par la droite, derrière la maison de Bigouret.

## SCÈNE IV.

Spectateurs, Hommes et Femmes, sortant du théâtre;
puis GREDANE, MADAME GREDANE, BATHILDE,
puis BIGOURET.

PREMIER SPECTATEUR, donnant le bras à sa femme.

Dépêchons-nous, il va pleuvoir!...

LA DAME.

Mais il pleut.

## ACTE DEUXIÈME.

DEUXIÈME SPECTATEUR.

Pas une voiture sur la place!... C'est incroyable!

PREMIER SPECTATEUR.

Mets ton mouchoir sur ton chapeau... et partons.

<small>Ils disparaissent; mouvement des spectateurs, les uns se sauvent, les autres entrent dans le café.</small>

GREDANE, <small>entrant par la gauche au fond; il donne le bras à sa femme; il est suivi de Bathilde, sa fille.</small>

Ne nous pressons pas!... Nous avons le temps.

BATHILDE.

Papa, il pleut!

MADAME GREDANE.

Bien! mon chapeau neuf!

GREDANE.

Ouvrons le parapluie!... (Il ouvre un grand parapluie sous lequel ils s'abritent tous les trois.) La, maintenant, tenons conseil... Retournons-nous à pied ou en voiture?

MADAME GREDANE.

A pied? Est-ce que vous auriez l'intention de nous faire barboter comme des canards?

GREDANE.

Ne te fâche pas... c'est une question que je pose... Seulement, après minuit, la course est de deux francs cinquante, et dame! pour un dentiste qui ne gagne pas des mille et des cents... Décidément vous voulez une voiture?

MADAME GREDANE et BATHILDE.

Mais oui!...

GREDANE, <small>prenant le parapluie, et remontant.</small>

Très-bien! je vais chercher un fiacre! Attendez-moi!

##### MADAME GREDANE.

Mais si tu emportes le parapluie !

##### GREDANE.

C'est juste... Oh! que je suis bête! mon futur gendre, M. Bigouret, demeure ici... Entrez chez lui.

##### BATHILDE.

Mais il dort peut-être, ce monsieur.

##### GREDANE.

Je vais le réveiller. (Allant à la porte de la pharmacie et frappant.) Hé! monsieur Bigouret!... C'est moi!... ouvrez, c'est moi!

##### VOIX DE BIGOURET, dans la coulisse.

Ah! c'est encore toi!... tu vas voir!

*La porte s'ouvre et Bigouret applique à Gredane un énorme soufflet.*

##### GREDANE

Aïe!...

##### TOUS.

Ah!

##### BIGOURET.

Mon beau-père!...

##### GREDANE

Mon gendre!...

##### MADAME GREDANE et BATHILDE.

Un soufflet!...

##### BIGOURET.

Je suis désolé... ce n'était pas pour vous... je me suis trompé! (Aimable.) Mais entrez donc vous reposer un moment!

##### GREDANE.

Jamais!... Après une pareille brutalité!

##### BIGOURET.

Voyons, monsieur Gredane !

##### GREDANE.

Ne m'approchez pas!... A l'avenir, je vous défends de m'adresser la parole ! (Aux dames.) Vous m'entendez... plus de commerce entre vous et monsieur. Je vais chercher un fiacre ! (A part, en sortant.) Moi qui vous croyais un homme du monde.

Il sort par la gauche au fond.

## SCÈNE V.

#### MADAME GREDANE, BATHILDE, BIGOURET.

##### MADAME GREDANE, à Bigouret.

Eh bien, vous avez fait un joli coup ! nous voilà bien!

##### BIGOURET.

Puisque c'est une erreur !... Vraiment il prend la mouche!...

##### MADAME GREDANE.

Ah! je vous avais bien dit qu'il était susceptible.

##### BIGOURET.

Je ne le croyais pas tant que ça!

##### MADAME GREDANE.

Ah bien! il a emporté le parapluie...

##### BIGOURET.

Entrez chez moi!

BATHILDE.

Oh! non! papa l'a défendu!

MADAME GREDANE.

Il me ferait une scène...

BIGOURET.

Mais vous ne pouvez rester à la pluie, entrons dans ce café... Je serais si heureux de pouvoir vous offrir un sorbet!

BATHILDE.

Par exemple!

MADAME GREDANE.

Un sorbet... c'est une idée, mais en l'absence de mon mari...

BATHILDE, bas.

Bien, maman!

MADAME GREDANE.

Comme c'est lui qui a le porte-monnaie...

BIGOURET.

Mais j'ai le mien!... (Avec galanterie.) Et le mien, c'est le vôtre!

MADAME GREDANE, à part.

Très-distingué, ce garçon-là! (Haut.) Allons.

BATHILDE.

Tu n'y penses pas, maman! accepter un sorbet de la main qui a frappé mon père!

MADAME GREDANE.

Elle a raison! c'est la situation de Chimène! d'un autre côté, la pluie redouble... j'ai soif... et j'ai mon chapeau neuf... Allons, ma fille!

BATHILDE.

Mais, maman!...

MADAME GREDANE.

Suivez-moi!... Je le veux!

*Ils entrent dans le café au moment où Suzanne et Jean sortent du théâtre.*

## SCÈNE VI.

SUZANNE, JEAN; puis GLADIATOR, puis GREDANE, puis PEPITT.

SUZANNE, *venant du fond à gauche.*

C'est inconcevable... pas de voiture! Vous n'avez donc pas dit au cocher de nous attendre à la sortie?...

JEAN.

Si!... il faut qu'il y ait un malentendu... J'ai envoyé chercher un fiacre et, dans un instant... Heureusement la pluie a cessé. Mais qui a pu vous envoyer cette masse de bouquets qui est tombée sur nous pendant le dernier acte?

SUZANNE.

Vous ne devinez pas?

JEAN.

Non.

SUZANNE.

C'est sir Gladiator.

JEAN.

L'Américain?

SUZANNE.

Il était dans une première loge... il ne m'a pas quitté des yeux...

JEAN.

Il a été héroïque ce matin au Jardin des Plantes.

SUZANNE, voyant entrer Gladiator.

Chut!... le voici... de la tenue!

JEAN.

Sans raideur!... convenu!...

GLADIATOR, venant de gauche premier plan, à Suzanne.

Ah! madame... je vous rencontre deux fois en un jour, quel heureux hasard!

SUZANNE.

Heureux pour moi, monsieur, puisqu'il me permet de vous remercier encore du service que vous m'avez rendu ce matin...

GLADIATOR.

Oh! ne parlons pas de ça!...

JEAN.

Si, parlons-en! vous vous êtes conduit en véritable gentilhomme, et je m'y connais!

GLADIATOR, jouant avec sa tabatière.

Ah! commandeur!... vous me comblez.

JEAN.

Ah! que vous avez là une jolie tabatière!

GLADIATOR.

Elle vous plaît?

JEAN.

Tout à fait!...

GLADIATOR.

Eh bien, acceptez-la, je vous prie..

## ACTE DEUXIEME.

JEAN, la prenant.

Volontiers.

SUZANNE.

Mon oncle...

JEAN.

Je l'accepte comme souvenir... (A part.) Tiens ! puisqu'on a les cadeaux...

SUZANNE.

Monsieur Gladiator... vous me voyez bien en peine... j'ai perdu ma voiture...

GLADIATOR.

Vraiment?... Si j'étais assez fortuné pour pouvoir vous faire accepter la mienne...

SUZANNE.

Ah! trop bon!...

GLADIATOR.

Elle sera ici dans une minute... Quelle heure est-il?...

Il tire sa montre.

JEAN.

Ah! que vous avez là une jolie montre !

GLADIATOR.

Elle vous plait?...

JEAN.

Tout à fait...

GLADIATOR.

Eh bien, acceptez-la, je vous prie.

Il la lui donne.

JEAN.

Volontiers...

SUZANNE.

Mon oncle...

JEAN, à part.

Elle est en or.

*Il met la montre dans sa poche. — Entre Gredane, venant du fond par la gauche.*

SUZANNE.

Ah! voilà la pluie qui recommence.

*Elle va s'abriter sous la marquise de la pharmacie.*

GLADIATOR.

Mais vous allez être mouillée!... trempée!...

GREDANE, *traversant au fond, son parapluie ouvert.*

Pas un fiacre sur la place!... je vais chercher ailleurs!...

GLADIATOR, l'appelant.

Hé! monsieur!... Psitt! psitt!

GREDANE, descendant.

Monsieur?...

GLADIATOR.

Combien votre parapluie?...

GREDANE, se fâchant.

Mais je ne suis pas marchand de parapluies!

GLADIATOR.

J'en donne mille francs!

GREDANE.

Mille francs! prenez!...

*Il donne son parapluie en échange de mille francs.*

GLADIATOR, donnant le parapluie à Suzanne.

Madame, en attendant la voiture...

GREDANE, à part, examinant le billet avant de le mettre dans son portefeuille.

Oui... il est bon...

GLADIATOR, à Suzanne.

La tête est à l'abri... mais les pieds!.... vos petits pieds... sont mouillés. (A Gredane qui s'en va.) Hé! monsieur!.. Psitt!

GREDANE, revenant.

Quoi?

GLADIATOR.

Combien votre paletot?...

GREDANE, indigné.

Mais il n'est pas à vendre!...

GLADIATOR.

J'en donne trois mille francs!

GREDANE, vivement.

Il est à vous!

Il ôte son paletot et le remet à Gladiator, qui lui donne trois mille francs.

JEAN, à part.

Si j'avais su, je lui aurais offert le mien!...

GREDANE, à part.

Je me sauve... il n'aurait qu'à se dédire!

Il disparaît par la gauche, premier plan.

GLADIATOR, déposant le paletot aux pieds de Suzanne.

Maintenant, madame, en attendant la voiture, veuillez poser vos pieds sur ce tapis.

SUZANNE.

Comment! c'était pour cela?

Entre Pepitt par le fond à gauche.

JEAN, à part.

Ah! j'aime cet homme-là, moi!... Il est d'un Louis XIV!

PEPITT.

La voiture est avancée...

GLADIATOR, à Suzanne.

Veuillez accepter mon bras, madame; j'aurai l'honneur de vous déposer à votre hôtel.

Il sort avec Suzanne et Jean par la gauche au fond.

SUZANNE.

Venez, mon oncle!

PEPITT, seul.

Tiens, un paletot! Il est encore très-bon! Je le vendrai à un marchand d'habits.

Il le ramasse.

GLADIATOR, dans la coulisse.

Pepitt! Pepitt!...

PEPITT.

*All right!...*

Il sort.

## SCÈNE VII.

EUSÈBE, puis GREDANE.

EUSÈBE, un peu gris, venant du fond à droite.

Je viens de souper!... ma foi!... je suis allé chez le premier restaurant de Paris!... rue des Prouvaires... c'est là que vont tous les patrons du quartier; j'ai demandé la carte!... et j'ai choisi des plats... inconnus. (Lisant la carte.) « Potage Montorgueil aux œufs de vanneau du Caucase! »

il paraît que c'est bon!... « Azurine de veau à la Blancafort!...»Il paraît que c'est bon!... « Purée de cailles de printemps à la milanaise en timbale!» C'est une espèce de hachis... avec du gras-double... mais il paraît que c'est bon; quant au vin... j'ai pris du tokaï... le garçon prononce tokai... à six francs la bouteille!... je m'en suis collé deux!... mes vingt-sept francs y ont passé, et tra la la! il me reste quatre sous... il y a longtemps que je voulais mener la vie à grandes guides!... ah! j'ai encore soif!... c'est le tokaï... et maintenant, puisque je suis ruiné... puisque je suis sans place et que je meurs de soif... je vais me jeter dans la Seine... et tra la la!

GREDANE, entrant par le fond à gauche.

Pas de fiacre! (Il éternue.) Je m'enrhume en habit noir...

Il éternue.

EUSÈBE.

Dieu vous bénisse!

GREDANE.

Vous êtes bien bon... je viens de pincer un rhume de cerveau!

EUSÈBE.

Voulez-vous mon parapluie?

GREDANE.

Avec plaisir... combien?

EUSÈBE.

Pour rien... je vous le donne.

Il le lui donne.

GREDANE.

Ah! monsieur, peut-on au moins vous offrir un petit verre?...

EUSÈBE.

Merci! je vais m'en offrir un grand tout à l'heure!... mais on dirait que vous avez froid!

GREDANE.

Oui, j'avais un paletot... mais je l'ai négocié... assez heureusement, du reste.

EUSÈBE, ôtant son paletot.

Tenez, prenez le mien!...

GREDANE

Combien?

EUSÈBE.

Pour rien!... je vous le donne...

GREDANE.

Mais je ne voudrais pas vous en priver.

Il le met.

EUSÈBE.

Oh!... vous ne m'en privez pas, allez! au contraire, ça me gênerait... Tenez! voilà encore quatre sous... c'est mon reste.

GREDANE, à part.

Comment! il me donne du retour! je ne souffrirai pas...

EUSÈBE.

Maintenant voulez-vous rire?

GREDANE.

Je ne demande pas mieux.

EUSÈBE.

Eh bien, regardez-moi faire... je pars du pied gauche. (Se dirigeant vers le parapet en chantant et dansant.) Tra la la la!

Il pose son chapeau près du parapet

GREDANE.

Mais où va-t-il?

## ACTE DEUXIÈME.

EUSÈBE, enjambant le parapet.

Bonsoir, la compagnie!

GREDANE, laissant tomber le parapluie et l'arrêtant par le pan de sa redingote.

Malheureux! que faites-vous?

EUSÈBE.

Lâchez-moi!

GREDANE.

Non.

EUSÈBE.

Si!

GREDANE, le ramenant

Je ne vous quitte pas!... un homme qui m'a donné son parapluie et son paletot!

EUSÈBE.

Vous n'êtes pas mon ami!

GREDANE.

Mais au contraire!... Voyons!... pourquoi voulez-vous vous tuer? On ne se tue pas sans avoir une raison!

EUSÈBE.

Ah! mon ami!

Il l'embrasse et pleure.

GRENADE.

Eh bien, oui... la .. soulagez-vous! (A part.) Ça va lui faire du bien!...

EUSÈBE.

Vous saurez tout... J'aime la comtesse... le commandeur a rapporté mes vers.

GREDANE

Oui!

EUSÈBE.

Le patron m'a appelé ennemi de la société!... alors j'ai été rue des Prouvaires...

GREDANE.

Oui.

EUSÈBE.

Et tra la la la!... j'ai bu du vin de Tokaï!

GREDANE, à part.

Ah!... il est gris!

EUSÈBE.

Vous voyez bien qu'il faut que je meure!... Adieu!...

*Il veut remonter, Gredane le retient.*

GREDANE.

Non!... vous n'irez pas!... d'ailleurs, on ne se noie pas la nuit! personne ne vous voit.

EUSÈBE, passant.

Tiens, c'est vrai... les journaux n'en parlent pas... Et puis se noyer un vendredi, cela me porterait malheur!

GREDANE.

Quand Socrate a bu la ciguë... c'était dans le jour; aussi il a laissé un nom dans l'histoire...

EUSÈBE.

Au fait... Eh bien!... remettons la chose à demain matin!...

GREDANE.

C'est ça... à la fraîche. (A part.) D'ici là, il sera dégrisé!

*Il va chercher le parapluie.*

EUSÈBE.

Ah! mais non!.. ça ne se peut pas... je n'ai pas de domicile.

##### GREDANE.

Venez chez moi... on vous fera un lit! (A part.) Pour une nuit!

##### EUSÈBE.

Ah! vous êtes bon, vous! vous recueillez les orphelins!...

Il l'embrasse et pleure.

##### GREDANE, se laissant embrasser.

Oui... soulagez-vous!... soulagez-vous!

##### EUSÈBE.

Mais... puisque je ne me noie pas... rendez-moi mon paletot.

##### GREDANE, se dépouillant.

C'est juste...

##### EUSÈBE.

Et mon parapluie.

##### GRENADE.

Le voilà!... (A part.) Ah!... il est doux de sauver un homme... je sens là une voix qui me dit : atchoum!

Il éternue.

## SCÈNE VIII.

#### Les Mêmes, MADAME GREDANE, BATHILDE, puis BIGOURET.

##### MADAME GREDANE, sortant du café avec sa fille, et apercevant son mari.

Ah! vous voilà!... Eh bien, et ce fiacre?

Eusèbe va chercher son chapeau.

GREDANE.

Impossible d'en trouver!... Mais je te présente un de mes bons amis!... Monsieur... (Bas, à Eusèbe.) Comment vous appelez-vous?

EUSÈBE.

Eusèbe Potasse.

GREDANE.

Qui veut bien nous faire l'honneur d'accepter l'hospitalité...

MADAME GREDANE.

Comment! monsieur va demeurer chez nous?

GREDANE.

Oh! pour une nuit seulement!

EUSÈBE.

Je suis sans domicile...

BATHILDE.

Pauvre jeune homme!

MADAME GREDANE, à part

Je l'envoie chercher un fiacre et il me ramène un vagabond! (Haut, à son mari.) Eh bien, et votre parapluie?... votre paletot?

GREDANE.

Je les ai vendus!... je te conterai ça

MADAME GREDANE.

Vous vendez vos habits à présent!.. un père de famille!... nous causerons ce soir!

GREDANE.

Oui... quand je t'aurai expliqué...

### MADAME GREDANE, avec aigreur.

Puisqu'il paraît qu'on ne trouve plus de voitures dans Paris... allons à pied !

#### BATHILDE.

Mais il pleut toujours...

#### MADAME GREDANE.

Qu'est-ce que tu veux que j'y fasse?... Sauvons nos chapeaux.

> Elles retroussent leurs robes par-dessus leur tête en manière de parapluie.

#### BIGOURET, sortant du café, bas, à Gredane.

Ah! mon beau-père! J'espère que vous avez oublié notre petit malentendu?

#### GREDANE.

Jamais! Monsieur, vous m'avez donné un soufflet, je ne vous pardonnerai que lorsque je vous l'aurai rendu!...

#### BIGOURET.

Oh!

#### GREDANE.

Devant ma famille assemblée... et quelques invités.

#### BIGOURET.

Comment! vous voulez inviter du monde pour ça?

#### GREDANE.

Je ne vous parle pas d'une grande soirée... quatre ou cinq personnes, au plus.

#### BIGOURET.

Songez que j'ai été capitaine dans la garde nationale!

#### GREDANE.

C'est mon dernier mot

BIGOURET.

Saprelotte! écoutez, monsieur Gredane, je ne dis pas oui, mais je ne dis pas non; je vous demande la permission d'aller consulter quelques amis experts dans ces matières d'honneur.

GREDANE.

Allez, et souvenez-vous qu'on hésiterait toujours à donner la première gifle, si l'on savait qu'il faut recevoir la seconde!

EUSÈBE, à madame Gredane, qui a fini ses préparatifs de toilette.

Madame aurai-je l'avantage de vous offrir mon parapluie?

MADAME GRENADE, lui arrachant le parapluie.

Mais j'y compte bien!... Viens ma fille!

*Bigouret rentre chez lui. Les autres personnages se dirigent vers l gauche au fond.*

# ACTE TROISIÈME.

### CHEZ GREDANE.

Un salon de dentiste.— A droite, un canapé ; au milieu, une table couverte de journaux et de livres dorés sur tranche. — Sur la cheminée, à gauche, une pendule surmontée d'un buisson d'oiseaux empaillés. — Chaises, fauteuils, tableaux, gravures. — Porte au fond. — Portes latérales ; une à gauche, deux à droite. — De chaque côté de la porte du fond, un tableau de râteliers.

---

## SCÈNE PREMIÈRE.

### BLANQUETTE, puis GLADIATOR et PEPITT.

BLANQUETTE, seule, époussetant les livres qui sont sur la table.

En v'là des livres... avec des images !... C'est pour les clients de M. Gredane... ils lisent ça en attendant leur tour... ça leur fait oublier qu'ils ont mal aux dents.

GLADIATOR, entre brusquement par le fond, suivi de Pepitt.

Le sieur Gredane, dentiste, c'est ici?

BLANQUETTE.

Ah! vous m'avez fait peur!

GLADIATOR.

Annonce-moi!...

BLANQUETTE.

Ah ben!... à huit heures du matin!

##### GLADIATOR.

Tiens! voilà vingt francs!... je suis pressé.

###### BLANQUETTE, à part, s'en allant.

Faut croire qu'elle lui fait joliment mal.

*Elle sort par la porte, deuxième plan.*

##### PEPITT.

Ah çà! monsieur, pourquoi me faites-vous lever à huit heures du matin pour venir en poste chez un dentiste?... car nous avons pris la poste... flic!... flac!... Vous n'avez pas mal aux dents?

##### GLADIATOR.

Non... mais voici la note de son concierge que j'ai reçue ce matin (Lisant.) « La personne doit aller aujourd'hui chez M. Gredane, dentiste. »

##### PEPITT.

Comme il écrit bien, ce concierge!

##### GLADIATOR, lisant.

« Mes respects à monsieur. »

*Gladiator embrasse la lettre avec transport.*

##### PEPITT, à part.

C'est un tic!

##### GLADIATOR.

Comme ce concierge n'indique pas l'heure, je suis venu à l'aube... Nous allons passer la journée ici.

*Il s'assoit sur le canapé*

##### PEPITT, s'asseyant sur la chaise, à droite du guéridon.

Ah! voilà une partie de plaisir!... mais il faut un prétexte pour rester ici!...

##### GLADIATOR.

J'en ai un!...

## ACTE TROISIÈME.

PEPITT.

Lequel?

GLADIATOR.

Tu te feras arracher une dent!

PEPITT, se levant.

Ah! mais non!... n'y comptez pas! je refuse.

GLADIATOR, se levant.

Égoïste! Le voilà, cet homme qui me parle sans cesse de son dévouement... incapable de me sacrifier une dent... ce hochet de la vanité!...

PEPITT.

Demandez-moi autre chose!...

GLADIATOR.

C'est bien, je vais prendre un commissionnaire!...

PEPITT.

Ah!... très-bien...

GLADIATOR.

Et moi qui t'avais couché sur mon testament pour une forte somme!

PEPITT.

Ah!

GLADIATOR; il se dirige vers la porte.

Je te bifferai!

PEPITT.

Non!... ne biffez pas! envoyez-moi le dentiste... je suis prêt!

## SCÈNE II.

### Les Mêmes, MADAME GREDANE.

**MADAME GREDANE**, entrant par la porte de droite, deuxième plan.

On me dit que vous demandez M. Gredane.

**GLADIATOR**, à part.

Tiens! une seconde bonne! (Haut.) Oui, c'est pour une dent pressée.

**PEPITT.**

Oh! pressée... elle peut attendre.

**MADAME GREDANE.**

J'en suis désolée, mais M. Gredane est sorti, et les salons ne sont jamais ouverts avant midi.

**GLADIATOR.**

Et si l'on souffre à onze heures?

**MADAME GREDANE.**

Oh! c'est bien rare!... Si vous voulez prendre la peine de revenir... on va vous donner des numéros, vous passerez les premiers.

**GLADIATOR.**

Oh! je ne tiens pas à passer avant les autres !

**PEPITT.**

Moi non plus!...

**GLADIATOR**, s'asseyant à la droite du guéridon.

Ce salon est très-gentil... j'y resterai volontiers une partie de la journée.

**PEPITT**, s'asseyant en face de lui.

Très-gentil, ce salon, très-gentil!

## ACTE TROISIÈME.

MADAME GREDANE, étonnée.

Comment?...

GLADIATOR.

Pourrait-on se faire servir à déjeuner?

MADAME GREDANE.

Mais non!... on ne donne pas à manger ici!... c'est un dentiste!... Le restaurant est en face.

GLADIATOR, se levant.

Au fait, puisqu'on ne vient pas avant midi, allons déjeuner... (A madame Gredane.) Tenez, la bonne, voilà vingt francs!

Il sort par le fond, suivi de Pepitt.

## SCÈNE III.

MADAME GREDANE, puis BATHILDE,<br>puis GREDANE.

MADAME GREDANE, indignée.

Insolent!... Tiens!... c'est une pièce d'or.

Elle la met dans sa poche.

BATHILDE, entrant par la gauche.

Maman!...

MADAME GREDANE.

Quoi?

BATHILDE.

C'est M. Eusèbe qui fait demander son chocolat...

MADAME GREDANE.

Ah! mais j'en ai assez, de ce M. Eusèbe! je ne le connais pas! un ivrogne que ton père a ramassé dans rue...

BATHILDE.

Oh!... maman!

MADAME GREDANE.

Il est ici depuis deux jours, et déjà il envahit la maison. Tout est pour lui!... Hier, à déjeuner, il y avait une tourte, M. Gredane lui a donné l'écrevisse!

BATHILDE.

Dame! un invité!

MADAME GREDANE.

Mais je ne l'ai pas invité, moi!... Et voilà l'intrus que ton père installe chez lui! quand il refuse sa porte à ce pauvre M. Bigouret...

BATHILDE.

Puisqu'il a giflé papa, il n'y faut plus penser!

MADAME GREDANE.

Tu en prends bien vite ton parti. Est-ce que tu ne l'aimerais pas?

BATHILDE.

Pas beaucoup...

MADAME GREDANE.

Qu'est-ce que tu lui reproches?

BATHILDE.

Il parle toujours du nez!

MADAME GREDANE, sans comprendre.

Mais le nez est un sujet de conversation comme un autre!

BATHILDE.

Mais, maman...

MADAME GREDANE, apercevant Gredane, qui entre par la porte du fond.

Silence! voici ton père.

GREDANE.

Bonjour, mes enfants... Bathilde, donne-moi ma calotte.

*Il lui donne son chapeau qu'elle pose sur la cheminée à la place de la calotte*

BATHILDE, la lui donnant.

La voilà, papa...

GREDANE.

Eusèbe est-il levé? Je lui apporte des gants!

MADAME GREDANE, bondissant.

Des gants, à présent?

GREDANE.

Il en désirait, ce pauvre jeune homme!

MADAME GREDANE.

Ah çà! monsieur, il est temps que nous causions sérieusement. Pouvez-vous me dire d'où vient l'étrange affection que vous témoignez à ce bohême?...

GREDANE.

Ah! un soir, cet homme, que vous qualifiez si légèrement de bohême, découragé par les luttes de la vie, a tenté de mettre fin à ses jours...

MADAME GREDANE, l'interrompant.

Eh! tu nous as déjà conté ça onze fois! mais maintenant qu'il est sauvé... nous ne pouvons pas continuer à l'héberger à perpétuité... d'abord à cause de ma fille.

BATHILDE.

Oh! moi, maman... il ne me gêne pas

GREDANE.

Sois tranquille! Eusèbe est une nature très fière... et je n'aurai qu'un mot à lui dire.

MADAME GREDANE.

Eh bien, dites-le-lui!

GREDANE.

Je l'entends!... laissez-moi... je vais lui faire comprendre, affectueusement... qu'il peut chercher un autre domicile.

MADAME GREDANE.

C'est ça... dis-lui que nous ne prenons pas de pensionnaires.

BATHILDE, à part.

Pauvre garçon! qu'est-ce qu'il va devenir?

Elle sort avec sa mère par la deuxième porte à droite.

## SCÈNE IV.

GREDANE, puis EUSÈBE.

GREDANE, seul.

C'est une nature très-fière, un mot suffira.

EUSÈBE, entrant par la gauche.

Je viens de prendre mon chocolat.

GREDANE.

Bonjour, cher ami.

EUSÈBE.

Ah! c'est vous... mon sauveur!...

### GREDANE.

Ne parlons pas de cela!... Vous devez commencer à vous ennuyer ici?...

### EUSÈBE.

Moi? pas du tout! je m'étends dans mon lit et je pense à elle!... à la comtesse!...

### GREDANE.

Ah!... D'un autre côté, nous sommes bien petitement logés.

### EUSÈBE.

Mais non, ma chambre est fort convenable... Ne dérangez personne pour moi, je vous en prie; je vous demanderai seulement un second oreiller... je ne peux pas dormir la tête basse.

### GREDANE, à part.

Il ne me comprend pas... je vais lui mettre les points sur les *i!* (Haut.) Voyons, je suis votre ami... faites-moi part de vos projets... Qu'est-ce que vous comptez faire? Vous ne pouvez pas rester éternellement ici à soupirer!...

### EUSÈBE.

Comment! serait-ce un congé?

### GREDANE.

Non! mais...

### EUSÈBE.

A la bonne heure, car, voyez-vous, je suis une nature fière, moi!

### GREDANE.

Je le sais.

### EUSÈBE.

Fière et aimante... Quand un homme m'a fait du bien, je ne le quitte plus jamais!

GREDANE.

Cependant...

EUSÈBE.

Ah! je ne suis pas un lâcheur, moi!

GREDANE, à part.

Ah! mais il est ennuyeux avec son attachement!

EUSÈBE.

Et, s'il fallait me séparer de vous, ne plus voir votre bonne figure à déjeuner, à dîner, à souper... je retomberais dans mes idées noires, et, ma foi...

GREDANE.

Encore! (A part.) Après ça, ça le regarde!

EUSÈBE.

Mais, cette fois, je ne me jetterais pas dans la Seine... j'ai réfléchi... non, je veux mourir dans une maison honnête, tranquille! chez de braves gens... Et, si je me tue (Avec sentiment.), ce sera chez vous, mon ami!

GREDANE, effrayé, à part.

Hein! ici? eh bien, et ma clientèle?...

EUSÈBE.

Ainsi, quand je vous gênerai... dites-le-moi franchement...

GREDANE, vivement.

Mais vous ne me gênez pas... cher ami, au contraire... (A part.) Se tuer chez moi, merci!...

EUSÈBE.

D'ailleurs, je ne vous serai pas longtemps à charge.

GREDANE, naturellement.

Ah! tant mieux!

## ACTE TROISIÈME.

EUSÈBE.

La vie que je mène ici est trop amère.

GREDANE.

Comment?

EUSÈBE.

Je ne gagne pas le pain que je mange, et c'est bien dur pour un homme de cœur!

GREDANE.

Ah! quelle idée!

EUSÈBE.

Voyons, occupez-moi!... faites-moi travailler!...

GREDANE.

Vous faire travailler... à quoi?... Si vous saviez arracher les dents.

EUSÈBE, simplement.

Oh! non!... Dentiste, c'est un état qui me dégoûterait...

GREDANE, froissé.

Bigre! Vous êtes bien difficile!...

EUSÈBE.

Cherchez-moi autre chose... un travail honorable dans votre intérieur.

GREDANE.

Dans mon intérieur, je ne vois pas. (Tout à coup.) Ah!... savez-vous poivrer les habits?

EUSÈBE.

Pourquoi?

GREDANE.

Voici l'été et nous avons l'habitude pour qu'ils ne se mangent pas aux vers...

EUSÈBE, l'interrompant.

Ce n'est pas là positivement la profession que j'avais rêvée... mais enfin...

GREDANE.

C'est entendu, je vais chercher le poivre, les habits, ça vous distraira.

EUSÈBE.

Pour un moment... mais après!... je repenserai à la comtesse, et alors!...

GREDANE.

C'est ce qu'il ne faut pas!... voyons, tâchez d'en aimer une autre, sacrebleu!... il n'en manque pas!...

EUSÈBE.

Une autre? taisez-vous!

GREDANE.

Essayez... essayez... Je vais chercher le poivre. (A part.) Qu'est-ce qui me débarrassera de cet animal-là?

Il entre à droite, premier plan.

## SCÈNE V.

EUSÈBE, puis BATHILDE, puis GREDANE.

EUSÈBE, seul.

En aimer une autre!... Il croit que je suis comme l'abeille qui fait de l'œil à toutes les fleurs!

BATHILDE, entrant par le fond avec des fleurs qu'elle va poser sur la cheminée.

Ah! c'est vous, monsieur Eusèbe!

#### EUSÈBE.

En effet, mademoiselle, en effet. (A part.) Elle n'est pas mal... cette petite... si je m'essayais...

#### BATHILDE.

Qu'est-ce que vous avez donc à me regarder?

#### EUSÈBE.

Je vous regarde, parce que vous êtes jolie... jolie... jolie...

#### BATHILDE.

Ah! vous voulez plaisanter.

#### EUSÈBE.

Non, vrai!... vous avez des yeux... des cheveux... une bouche... des oreilles... (A part.) Elle ne me dit rien du tout!

#### BATHILDE, à part.

Il m'aime!... (Haut, avec coquetterie.) Ah! je ne vous savais pas complimenteur!... C'est la première fois que vous me parlez ainsi!... et ça... m'intimide!...

#### EUSÈBE, à part.

Peut-être qu'en lui prenant la main.... Je vais la frictionner!

*Il lui prend la main.*

#### BATHILDE.

Monsieur Eusèbe!

#### EUSÈBE.

Elle est blanche, votre main... elle est douce... elle est suave, votre main...

*Gredane entre avec un paquet d'habits.*

#### GREDANE.

Hein?... que vois-je?...

BATHILDE.

Oh! papa!...

Elle sort par la gauche.

## SCÈNE VI.

### EUSÈBE, GREDANE.

GREDANE, chargé d'habits.

Ma fille!... C'est ainsi, monsieur, que vous respectez les lois de l'hospitalité!...

EUSÈBE.

Non!... ne vous fâchez pas! c'était pour m'essayer...

GREDANE.

Quoi?...

EUSÈBE.

Vous m'avez dit : « Aimez-en une autre! » Alors je m'essayais!

GREDANE.

Avec ma fille?...

EUSÈBE.

Eh bien, ça ne m'a pas seulement fait ça!

GREDANE, froissé.

Vous êtes bien difficile... Il me semble que Bathilde...

EUSÈBE.

Très-gentille! mais quand la place est occupée.

GREDANE.

Tenez, voici les habits et le poivre. (Il les dépose sur le canapé.) J'ai trouvé par là une idée pour vous utiliser... Ce n'était pas commode, car, entre nous, vous n'êtes pas bon à grand'chose!

#### EUSÈBE.

Je ne veux pas discuter avec mon bienfaiteur... Voyons votre idée!

#### GREDANE.

Je vous fais passer pour un grand personnage, un riche client.

#### EUSÈBE.

Ça n'a rien d'invraisemblable... Après?

#### GREDANE.

Vous vous promènerez dans mes trois salons. J'ai trois salons... et vous direz : « Quel génie que ce Gredane!... Il n'y a que lui! il n'y a que lui!!! »

#### EUSÈBE.

Ah! farceur!... je vous vois venir!

#### GREDANE.

Quand il y aura du monde!... parce que, quand il n'y aura personne, c'est inutile.

#### EUSÈBE.

Naturellement!... On ne bat pas la caisse dans un coffre à bois!

#### GREDANE.

Ce n'est pas tout!... de temps à autre, vous ouvrirez la bouche, comme ceci... et vous montrerez vos dents.

#### EUSÈBE, montrant ses dents.

Comme ça?

#### GREDANE.

En criant : « Elles sont toutes fausses! » aux dames surtout...

##### EUSÈBE.

Oh!

##### GREDANE.

« Comme c'est bien imité!... quel dentiste!... Il n'y a que lui!... il n'y a que lui!!! » Vous voyez que ce n'est pas difficile...

##### EUSÈBE.

Non!... seulement... il y a les dents fausses...

##### GREDANE.

Eh bien, quoi?... Les dents fausses... ce sont les plus belles...

Il passe à gauche.

##### EUSÈBE, commençant à poivrer les habits.

Les dents fausses sont les plus belles!... ce sont les dentistes qui disent ça!... Enfin, il faut gagner sa nourriture! (Il fait un faux mouvement, et renverse la poivrière sur le canapé.) Ah! sapristi!... j'ai tout répandu! (Il éternue.) Ah! ça me pique le nez!...

Il éternue.

##### GREDANE, allant à lui.

Comment! vous avez renversé le poivre?

##### EUSÈBE, cherchant à ramasser le poivre avec ses mains.

Oh! ça ne sera rien, je vais le ramasser!

##### GREDANE.

Mais vous l'étalez, au contraire!

Voix de Gladiator.

##### GLADIATOR, dans la coulisse.

Par ici, Pepitt!

##### GREDANE, bas, à Eusèbe

Des clients!... ne poivrez plus!

Entrent Gladiator et Pepitt par le fond. Eusèbe prend les habits, les pose sur une chaise derrière le canapé et passe à gauche.

## SCÈNE VII.

### Les Mêmes, GLADIATOR, PEPITT.

#### GLADIATOR.

Le sieur Gredane, dentiste ?

#### GREDANE.

C'est moi ! (A part, le reconnaissant.) Oh ! l'homme qui m'a acheté mon parapluie !... viendrait-il défaire le marché ?

#### GLADIATOR.

Je vous présente, M. Pepitt, mon secrétaire, mon ami... et quelquefois mon domestique.

#### GREDANE, à part.

Il ne me reconnaît pas !...

#### GLADIATOR.

Il est tourmenté du désir de se faire arracher une dent...

#### GREDANE.

Ah !... laquelle ?...

#### GLADIATOR

Peu importe !

#### PEPITT.

Celle que vous voudrez...

#### GREDANE.

Mais moi... ça m'est égal !

#### PEPITT.

A moi aussi !

GREDANE, à part.

Quel drôle de client! (A Pepitt.) Monsieur, si vous voulez prendre la peine de passer dans mon cabinet... (Pepitt passe, Gredane à Gladiator désignant Eusèbe.) Je vous laisse avec M. le marquis Eusèbe de Potasse... un de mes plus riches clients. (Faisant entrer Pepitt.) Monsieur...

Gredane et Pepitt sortent par la droite, deuxième porte.

## SCÈNE VIII.

### EUSÈBE, GLADIATOR.

EUSÈBE, à part.

Marquis!... encore, s'il m'avait donné les gants qu'il m'a promis!... Mais avec du chic et de l'élégance...

Il s'adosse à la cheminée, posant ses coudes sur la tablette et allongeant ses jambes.

GLADIATOR, allant s'asseoir sur le guéridon pour lui faire face, et posant ses pieds sur la chaise.

Il y a longtemps, monsieur le marquis, que vous fréquentez le sieur Gredane?

EUSÈBE.

Mais depuis mon enfance. (Récitant sa leçon.) Quel dentiste! quel génie!... Il n'y a que lui! il n'y a que lui!!!

GLADIATOR.

Il arrache bien?

EUSÈBE.

Ah! on croit manger un bonbon!... Étiez-vous aux courses... hier?...

Il se redresse.

## ACTE TROISIÈME.

GLADIATOR.

Certainement! j'aime le cheval... et vous?...

EUSÈBE.

Passionnément... surtout les chevaux russes... je les préfère aux anglais...

GLADIATOR.

Ah!... pourquoi?...

EUSÈBE.

Ils supportent mieux le froid!... pour l'été j'ai des chevaux du Sénégal; ils supportent mieux le chaud!... Ma fortune me le permet.

GLADIATOR, à part.

Il me va cet homme-là... il est original. (Haut.) Ce Gredane me paraît avoir une très-belle clientèle.

*Il descend de la table et, s'approchant d'Eusèbe, se met à cheval sur la chaise qu'il avait sous ses pieds.*

EUSÈBE.

Gredane! (Récitant sa leçon.) Quel dentiste! quel génie! Il n'y a que lui! il n'y a que lui!!!

GLADIATOR, à part.

Il se répète! (Haut.) On prétend qu'il a surtout une clientèle de femmes.

*Faisant tourner la chaise et s'asseyant sur le dossier.*

EUSÈBE, *se mettant à cheval sur une chaise, près de la cheminée.*

Oh! je vous en réponds! (A part.) Soyons débauché (Haut.) Entre nous, c'est même pour cela que je suis ici!...

GLADIATOR.

A l'affût... C'est comme moi!.. Ah! marquis, vous m'avez l'air d'un gaillard.

EUSÈBE, avec fatuité.

Vous savez, chacun a son petit laisser aller!

GLADIATOR.

Connaissez-vous la petite...?

EUSÈBE, vivement.

Je les connais toutes!

GLADIATOR.

Attendez donc!... la petite Caoutchouc?

EUSÈBE.

Parfaitement!... parfaitement!

GLADIATOR.

Et Jus-de-Réglisse?...

EUSÈBE.

Je ne connais que ça! Jus-de-Réglisse! Elle est libre... je lui ai envoyé ce matin vingt-cinq mille... avec deux mots : « Mon bébé, c'est fini!... » Ah! moi, je ne m'envase pas longtemps avec les femmes!...

GLADIATOR, se levant et posant la chaise près du guéridon.

Mais il y a une femme qui les éclipse toutes!

EUSÈBE.

Laquelle?

GLADIATOR.

Non! vous ne la connaissez pas...

EUSÈBE.

Ça m'étonnerait bien... Dites toujours...

GLADIATOR.

Suzanne de la Bondrée...

EUSÈBE, se levant, et allant à Gladiator.

Hein?... Suzanne?...

## ACTE TROISIÈME.

GLADIATOR.

Qu'avez-vous donc?

EUSÈBE.

Rien!

GLADIATOR.

Quelle femme adorable!... et une jambe!... J'en suis fou.

EUSÈBE.

Mais, moi aussi!...

GLADIATOR.

Comment! nous sommes rivaux?

EUSÈBE.

Seulement, moi, je vous préviens que c'est sérieux.

GLADIATOR.

Ah! mais je vous préviens que, moi aussi, j'en suis sérieusement épris!...

EUSÈBE.

Mais je ne suis pas homme à vous céder la place...

GLADIATOR.

Alors, mon cher marquis, c'est entre nous une lutte acharnée... mais courtoise... Je vous jette le gant!

EUSÈBE, à part.

Et moi qui n'en ai pas! (Haut, avec fierté.) Je le ramasse... moralement!

Il se dirige vers la cheminée.

## SCÈNE IX.

### Les Mêmes, GREDANE et PEPITT.

GREDANE, faisant passer Pepitt devant lui.

Passez donc, monsieur! (A Gladiator gaiement.) C'est fini! Nous avons fait notre choix... (A Pepitt, lui remettant un petit papier.) Voici votre dent!... C'est vingt francs.

PEPITT.

Je vous remercie bien!... (Remettant le papier à Gladiator.) Voici ma dent... C'est vingt francs!

GLADIATOR.

C'est pour rien! Dis-moi? (Gaiement.) As-tu un peu souffert au moins?

PEPITT.

Non, j'ai pensé tout le temps à votre testament!...

GREDANE, à Eusèbe.

Et nos conventions? Mes salons commencent à se remplir... c'est le moment de travailler.

EUSÈBE.

A quoi?

GREDANE

Vous savez bien... Quel génie! quel dentiste!

EUSÈBE.

Ah! oui!... ma nourriture!... J'y vais... (Il sort et on l'entend crier.) Quel génie!... quel dentiste! quel dentiste!... Il n'y a que lui!... il n'y a que lui!!!...

## SCÈNE X.

GREDANE, GLADIATOR, PETIT, puis SUZANNE
et JEAN.

GREDANE, l'écoutant, à part.

La voix est bonne... il ira bien!...

SUZANNE, entrant avec Jean, du fond.

Entrez, mon oncle!

GLADIATOR, feignant la surprise.

Vous, madame!

SUZANNE.

Sir Gladiator!

GLADIATOR.

Ah! par exemple!... Voilà une surprise à laquelle j'étais loin de m'attendre... décidément le hasard me favorise...

PEPITT, à part.

Ça me coûte une dent!

JEAN.

Je ne peux pas m'expliquer ça... Sans nous donner rendez-vous, nous nous rencontrons partout...

GLADIATOR.

J'étais venu pour faire tirer une dent à mon secrétaire...

SUZANNE.

C'est comme moi, mon pauvre oncle n'a pas dormi de la nuit!...

JEAN, étonné.

Moi?...

SUZANNE.

Et il veut aussi se débarrasser d'une dent.

JEAN, protestant.

Ah! mais non... je ne...

GREDANE.

Une dent!...

SUZANNE, bas, à Jean.

Silence, ou je vous destitue.

GREDANE, s'approchant de Jean.

Nous disons une dent... laquelle?

SUZANNE, elle remonte vers le guéridon.

Peu importe!

JEAN.

Celle que vous voudrez!...

GREDANE, stupéfait.

Ah bien, je n'ai jamais vu de clients pareils.

GLADIATOR.

Pepitt... accompagnez M. le commandeur et fortifiez-le par de bonnes paroles...

PEPITT, remontant à la porte de droite, deuxième plan.

*All right!*

GREDANE, faisant passer Jean.

Si monsieur veut prendre la peine de passer dans mon cabinet...

JEAN.

Ah! si je m'attendais à ça!...

PEPITT.

Soyez sans inquiétude : la main tournée, il n'y pensera plus.

## ACTE TROISIÈME.

JEAN, à Gredane.

Si vous me faites du mal, je mords!

*Ils sortent tous les trois par la porte, deuxième plan.*

## SCÈNE XI.

### GLADIATOR, SUZANNE.

GLADIATOR, à part.

Nous voilà seuls!... Je la tiens!

SUZANNE, à part, s'asseyant à gauche du guéridon.

Enfin, il va se déclarer!...

GLADIATOR.

Madame, je suis agité par une crainte...

SUZANNE.

Et laquelle?...

GLADIATOR.

J'ai peur de ne pas vous avoir été suffisamment présenté.

SUZANNE.

Comment cela?

GLADIATOR.

Je n'ai d'autre introducteur près de vous que... l'éléphant... et il s'est si mal comporté!...

SUZANNE.

Oh! vous avez racheté ses fautes!...

GLADIATOR.

Enfin, il faut que vous sachiez qui je suis... (Se présentant.) Sir Richard Gladiator, Américain, né dans le Sud, sous les feux de l'équateur !... Trente millions de fortune !

SUZANNE, se levant et jouant l'indifférence.

Ah! je l'ignorais.

GLADIATOR.

Vous comprenez, madame, qu'on n'absorbe pas impunément un soleil comme le nôtre et que les hommes de notre latitude portent en eux deux brasiers ardents !...

SUZANNE, souriant.

Ah! mon Dieu !... mais vous me faites peur.

GLADIATOR.

Je ne ris pas !... Ces deux brasiers s'appellent la tête et le cœur !

SUZANNE, à part.

Il va me faire sa demande.

GLADIATOR.

Je vous ai vue, madame! J'ai vu vos cheveux, ils tiennent !... Votre jambe !... c'est un monde !...

SUZANNE, un peu choquée.

Mais, monsieur...

GLADIATOR.

En vous tout est beau! tout! (Par réflexion.) Tout ce que j'ai vu!

SUZANNE, riant.

En vérité, vous avez une singulière façon de vous exprimer.

GLADIATOR.

Ai-je été trop loin?

SUZANNE.

Non, mais...

## ACTE TROISIÈME.

GLADIATOR.

Vous ai-je offensée?

SUZANNE.

Non... et la preuve... c'est que, si vous avez une soirée à perdre, rappelez-vous qu'il y a bal ce soir, chez moi.

GLADIATOR, avec véhémence.

Un bal!... un bal!... Je pourrais étreindre votre taille dans mes bras nerveux...

SUZANNE, passant et se reculant un peu effrayée.

Mais, monsieur...

GLADIATOR, continuant, avec furie, et se rapprochant de Suzanne.

Sentir craquer vos hanches! voir ruisseler vos cheveux! et brûler comme un damné sous le souffle de votre haleine!...

SUZANNE, poussant un cri.

Ah!

GLADIATOR, avec calme.

J'accepte, madame, j'accepte!

SUZANNE, à part.

Eh bien, il a une façon particulière d'accepter les invitations. (Haut.) A ce bal, vous verrez mon oncle.

GLADIATOR, légèrement.

Ça, ça m'est égal!

SUZANNE.

Vous pourrez, si bon vous semble, le prendre à l'écart.

GLADIATOR.

Pour quoi faire?

SUZANNE.

Mais... pour lui faire part de vos projets, de vos sentiments.

GLADIATOR, indifférent.

Oh! pourquoi parler de ça à monsieur votre oncle?

SUZANNE.

Mais pour obtenir son consentement, car je suppose que vous voulez m'épouser?

GLADIATOR, vivement.

Moi?... pas du tout!

SUZANNE.

Comment?

GLADIATOR, à part.

Et ma femme! (Haut.) Non, voyez-vous, j'appartiens à une famille, où... l'on ne se marie jamais... C'est un vœu!

SUZANNE.

Mais alors, monsieur, que venez-vous faire ici?

GLADIATOR, souriant.

Dame! vous savez...

SUZANNE.

Quoi?...

GLADIATOR.

Enfin, je mets mes trente millions à vos pieds.

SUZANNE, remontant la scène et montrant la porte du fond.

Si j'étais chez moi, je vous dirais : Sortez, monsieur!

GLADIATOR, à part.

Est-ce que je me serais trompé?...

SUZANNE, descendant à droite.

Remerciez-moi de ne pas instruire mon oncle de vos projets... car il est terrible sur le point d'honneur!

GLADIATOR.

Croyez-vous m'effrayer?

##### SUZANNE.

Oh! non!... Je veux simplement vous prier de cesser vos poursuites... et vous annoncer qu'un jeune homme... riche... noble, aspire à l'honneur de ma main.

##### GLADIATOR.

Il veut vous épouser... sérieusement?

##### SUZANNE.

Sans doute.

##### GLADIATOR, incrédule.

Allons donc!

##### SUZANNE, à part.

Oh! tu me payeras toutes tes impertinences!

## SCÈNE XII.

#### Les Mêmes, EUSÈBE.

##### EUSÈBE, sortant à reculons du fond et parlant à la cantonade.

Elles sont toutes fausses! oui, mesdames! (Se tournant vers Suzanne sans la regarder.) Encore une dame! Toutes fausses! (La reconnaissant.) Ciel!... Vous!... (S'appuyant sur Gladiator.) Soutenez-moi!

##### GLADIATOR, le soutenant.

Qu'est-ce qu'il a?

##### SUZANNE, à part.

Le pharmacien!... il va me servir.

##### GLADIATOR, le faisant passer.

Remettez-vous, monsieur le marquis.

SUZANNE, à part.

Il le prend pour un marquis!

EUSÈBE.

Merci, monsieur...

SUZANNE, allant à Eusèbe.

Mon cher Eusèbe, je suis bien heureuse de vous voir.

EUSÈBE.

Et, moi donc, madame la comtesse, ça m'a donné un coup.

SUZANNE.

Et s'il faut vous l'avouer, cher marquis...

EUSÈBE, à part.

Marquis!...

SUZANNE.

Je savais que vous deviez venir ici... Et c'est un peu dans l'espoir de vous y rencontrer...

EUSÈBE.

Il serait possible!... (Avec cœur.) Vous me relancez?

SUZANNE.

Vous savez que je vous aime beaucoup... mais beaucoup!

EUSÈBE.

Oh!... et moi donc!

GLADIATOR, à part.

Eh bien, ils ne se gênent pas... Ils oublient que je suis là...

Il tousse et remonte pour rappeler sa présence.

SUZANNE, à part.

Oui, tousse, va!... (Haut, et tendrement à Eusèbe.) Venez

## ACTE TROISIÈME.

vous asseoir là... près de moi... sur ce divan... marquis...

EUSÈBE, s'asseyant fort près d'elle.

Mais ce divan... quand vous y êtes, c'est le paradis! Ah! je dois vous prévenir que mes dents ne sont pas fausses... J'ai dit ça... pour causer...

SUZANNE.

Je donne aujourd'hui une petite soirée. Je compte sur vous et sur vos amis.

EUSÈBE.

Très-bien. (A part.) J'irai avec la famille Gredane! le père m'a sauvé; nous serons quittes.

SUZANNE.

A ce bal, vous verrez mon oncle.

EUSÈBE.

Il m'intimide.

SUZANNE.

Vous pourrez, si bon vous semble, le prendre à l'écart.

GLADIATOR.

C'est une circulaire!...

*Il désarticule involontairement le dossier de la chaise et il en met un morceau dans sa poche.*

SUZANNE.

Et lui demander ma main!

EUSÈBE.

Votre main! votre main!... Oh! oh!... (Il frappe sur le divan dans un élan de joie. Il en sort un nuage de poussière de poivre qui le fait éternuer.) Non!... C'est trop!... Atchoum!... (Éternuant plusieurs fois, à part.) C'est le poivre!...

GLADIATOR, vexé, se place entre Suzanne et Eusèbe derrière le divan.

Un mariage!... permettez-moi de vous féliciter, madame!...

SUZANNE, railleuse.

J'espère que vous nous ferez l'honneur d'y assister.

GLADIATOR, éclatant.

On ne se moque pas des gens de cette façon-là. Non! non! non!

Il frappe le divan avec colère et en fait jaillir un nuage de poivre.

SUZANNE, se levant et passant en éternuant.

Mais, qu'est-ce qu'il y a donc ici?

GLADIATOR, s'asseyant.

Expliquons-nous...

EUSÈBE.

Pas tant de bruit, monsieur, si vous croyez nous faire peur!

Il frappe le divan et éternue de nouveau. Tous les deux éternuent ensemble.

## SCÈNE XIII.

### Les Mêmes, PEPITT et JEAN.

PEPITT, entrant par le fond, à droite.

C'est fait! on a opéré le command...

Il éternue.

JEAN.

Ce n'est pas agréable, (Il éternue.) mais j'ai avalé un

grand verre d'eau de Botot de 1866, année de la comète, et alors...

Ils éternuent tous.

SUZANNE, prenant le bras du commandeur.

Ah! cette maison est impossible... je me sauve! A ce soir, marquis!

Ils sortent par le fond.

GLADIATOR.

Pepitt, mon chapeau !

PEPITT.

Voilà.

GLADIATOR.

Elle m'aimera, cette femme!...

Il éternue.

PEPITT.

Dieu vous bénisse! elle l'aimera cette femme!

Ils sortent par le fond, tout le monde sort excepté Eusèbe.

## SCÈNE XIV.

EUSÈBE, GREDANE, puis MADAME GREDANE et BATHILDE.

EUSÈBE, seul.

C'est un fameux poivre!... C'est un rêve!... Je suis aimé! elle demande ma main!

GREDANE, entrant par la droite, deuxième plan, et tenant un papier rose.

Monsieur, voici votre dent... c'est vingt francs! (Regardant autour de lui.) Tiens... il est parti!

EUSÈBE.

Vous le reverrez ce soir au bal.

MADAME GREDANE, entrant avec Bathilde à gauche.

Au bal?...

TOUS.

Chez qui?...

EUSÈBE.

Chez la comtesse... Elle tient beaucoup à vous avoir... et ces dames aussi...

BATHILDE.

Un bal!... ah! quel bonheur!...

MADAME GREDANE.

Chez une comtesse!... Ah! mon Dieu!... mais je n'ai pas de toilette.

EUSÈBE.

Bah! en trois heures... on fait une robe!...

BATHILDE.

Et le coiffeur?

MADAME GREDANE.

Et les bouquets?

GREDANE.

Et ma barbe?

EUSÈBE.

Et mes gants blancs? Il faut courir!

Chacun remonte avec empressement.

## SCÈNE XV

Les Mêmes, BLANQUETTE, BIGOURET,

BLANQUETTE, annonçant du fond.

M. Bigouret!

GREDANE, vivement.

Je n'y suis pas!

BLANQUETTE.

Le voici.

Tous descendent. Bigouret entre, il est solennel.

EUSÈBE, à part.

Le patron!

BIGOURET, à Gredane.

Monsieur, j'ai consulté un tribunal d'honneur, qui a décidé que je pouvais accepter... la chose sans déchoir... je suis prêt....

GREDANE.

A demain!... nous n'avons pas le temps... nous allons au bal.

MADAME GREDANE, intercédant.

Voyons, mon ami?... un peu de complaisance, ce n'est pas bien long!...

EUSÈBE, à part.

Il vient pour une dent!

GREDANE, de mauvaise humeur.

D'ailleurs, il nous manque les invités.

MADAME GREDANE.

Nous avons M. Eusèbe.

BIGOURET, à part.

Devant mon commis!...

GREDANE.

Allons! puisque vous le voulez!... (Il retrousse sa manche et applique à Bigouret une formidable gifle... Bigouret emporté par la douleur la rend immédiatement.) Oh!

TOUS.

Oh!...

MADAME GREDANE.

C'est à recommencer!...

GREDANE, remontant et montrant la porte à Bigouret.

Sortez, monsieur!

BIGOURET, s'excusant en sortant par le fond.

J'ai été entraîné... la douleur...

GREDANE.

Sortez!... (Avec le plus grand calme.) Maintenant, mes enfants, occupons-nous de notre bal!

# ACTE QUATRIÈME.

Chez la comtesse Suzanne; un salon très-élégant disposé pour un bal; trois portes au fond donnant sur le salon où l'on danse; porte latérale à gauche; un buffet avec des rafraîchissements à droite, une porte également à droite; une table de jeu à gauche. Chaises, fauteuils, etc. Au milieu deux divans entre lesquels est placée une table supportant une jardinière pleine de fleurs.

---

## SCÈNE PREMIÈRE.

### SUZANNE, JEAN, GREDANE, AGNÈS, puis BIGOURET et PEPITT, Invités.

Au lever du rideau, deux invités jouent à l'écarté à la table de gauche; ils sont entourés de parieurs.

#### UN JOUEUR.

Messieurs, il manque deux louis!

#### JEAN.

Je parie un franc sur parole. (A part.) Il faut animer le jeu.

#### GREDANE, à part, descendant.

Je gagne quarante francs!... deux dents! (Haut.) Je ne joue plus. (A Suzanne.) Mon compliment, comtesse, votre fête est splendide.

#### SUZANNE.

Félicitez mon oncle... qui en a surveillé les apprêts.

GREDANE.

Ah! commandeur...

JEAN.

Oui, ce n'est pas mal!

GREDANE.

Ma fille ne manque pas une contredanse... Mais ce qui m'étonne, c'est qu'on vient d'inviter ma femme... Il est vrai que c'est un nègre.

*Il va à Suzanne*

AGNÈS, à Jean.

Dites donc, l'oncle!

JEAN, bas.

L'oncle! appelez-moi commandeur!

AGNÈS.

Indiquez-moi celui des deux Américains qui a les trente millions!

JEAN.

Vous ne l'avez donc pas rencontré, l'autre jour, au jardin d'Acclimatation?

AGNÈS.

Non, il venait de partir!

JEAN.

Venez, je vais vous le faire voir. (A part.) Je vais lui montrer le secrétaire. (Haut.) Vous voyez bien ce petit bonhomme là-bas, qui a l'air d'un singe? Eh bien, c'est lui.

AGNÈS, elle entre vivement dans le bal, par la droite au fond.

Merci, commandeur!

JEAN, à part.

Elle va s'emballer avec l'autre! nous allons rire!

## ACTE QUATRIÈME.

SUZANNE, s'approchant de Jean et bas.

Où diable avez-vous été chercher ce costume-là?

JEAN.

Chez Babin.

SUZANNE.

Qu'est-ce que c'est que ce nègre qui gigotte dans le salon?

JEAN.

C'est une idée à moi!... Comme nous manquions de danseurs... j'ai invité quelques gens de maison.

SUZANNE.

Des domestiques! Et un nègre, encore! Balayez-moi ça!

JEAN.

Soyez, tranquille, après la contredanse. (A part.) Je vais l'utiliser.

Musique.

SUZANNE, aux invités.

Mesdames, messieurs, voici l'orchestre. (A part.) L'Américain et le pharmacien se dévorent des yeux, je vais voir s'il en reste quelque trace. (Aux invités.) Mesdames, messieurs...

Tout le monde rentre dans le bal, excepté Gredane. Suzanne donne le bras à Jean, ils sortent par la droite au fond.

GREDANE, dégustant un verre de sirop.

Ces sirops sont exquis, on voit tout de suite qu'on est dans une grande maison!

BIGOURET, entrant par le côté gauche, première porte.

Monsieur Gredane...

GREDANE.

Vous! Comment êtes-vous ici?

BIGOURET.

C'est moi qui fournis les sirops, et alors...

GREDANE.

Un pharmacien ! Pouah !

*Il dépose son verre avec dégoût sur le buffet.*

BIGOURET, suppliant.

Monsieur Gredane !

GREDANE.

Quoi ?

BIGOURET, suppliant.

Si vous voulez passer dans la salle de jeu, il n'y a que cinq personnes.

GREDANE.

Non !

BIGOURET, suppliant.

Rendez-la-moi !

GREDANE.

Merci, j'y ai été pincé une fois !...

BIGOURET, suppliant.

Je vous promets d'être calme !... Voyons, monsieur Gredane ?

GREDANE, impatienté.

Non, laissez-moi, vous avez l'air d'un mendiant... Fi ! que c'est vilain !... Je suis dans le monde et je ne cause jamais d'affaires dans le monde !

BIGOURET.

Oh ! ce n'est pas votre dernier mot !... Je reviendrai.

*Il sort par la gauche. Gredane remonte et passe dans le deuxième salon.*

AGNÈS, entrant par le fond, à droite, cramponnée au bras de Pepitt.

Monsieur est étranger?

PEPITT.

Oui, mademoiselle, je suis du Nord.

AGNÈS.

Monsieur ne danse pas?

PEPITT.

Jamais !

AGNÈS.

Oh! si je vous en priais bien?

PEPITT.

Ce serait inutile... Ne me serrez pas le bras, je suis très-chatouilleux. (A part.) Je ne sais pas ce qu'elle a après moi cette demoiselle!

AGNÈS.

Conduisez-moi dans le petit boudoir! (Tendrement.) Nous causerons de votre éléphant!

PEPITT, à part.

C'est un crampon!... je vais la lâcher.

Ils entrent à gauche, première porte.


## SCÈNE II.

GREDANE, puis MADAME GREDANE, un NÈGRE, puis PEPITT et AGNÈS.

GREDANE, seul. venant par le fond à droite.

La vue d'un bal est un sujet de méditations continuelles pour le philosophe et pour le dentiste.

La musique cesse.

MADAME GREDANE, à un nègre qui l'accompagne, venant de gauche au fond.

Monsieur, je vous remercie.

*Le nègre salue.*

LE NÈGRE, riant.

Hi hi!

*Il disparaît.*

GREDANE, à sa femme.

Eh bien, tu as étrenné... En t'amenant, je n'osais pas l'espérer!

MADAME GREDANE.

Et pourquoi donc? Il est fort bien, ce monsieur... Il vient de m'inviter pour la mazurke...

GREDANE.

Diable! tu as de la chance à la noire!

MADAME GREDANE.

Ce doit être un prince africain... Il ne danse pas comme tout le monde... En me reconduisant, il m'a passé la main sur le bras et il m'a dit : « Jolie blanche! »

GREDANE.

C'est un étranger.

JEAN, entrant par la gauche, première porte, dirigeant le nègre qui porte un plateau.

Par ici, par ici... Offrez!

LE NÈGRE, à madame Gredane.

Jolie blanche!

MADAME GREDANE, le reconnaissant.

Ciel! mon danseur, un domestique!

GREDANE.

Un domestique?

MADAME GREDANE.

Votre bras et rentrons dans le bal!

Ils sortent par la droite au fond.

JEAN.

Chipie!... (Au nègre.) Maintenant, dans la salle de jeu, allez, mon ami, allez.

Il sort par la droite au fond.

JEAN, seul, s'approchant du buffet.

Comment peut-on aimer les sirops, ça empâte! (Avisant une bouteille et la prenant.) Cognac! une ancienne que j'ai lâchée, c'est de la vieille! Tu m'aimes donc bien? Moi aussi, je t'adore. Oh! du monde. (Il boit vivement.) Ah! qu'on est faible quand on s'aime!

Il passe à gauche, et pose son verre sur la console.

## SCÈNE III.

### JEAN, EUSÈBE.

EUSÈBE, entrant vivement du fond à droite.

Ah! je suis en nage! (Allant au buffet.) Une groseille, s'il vous plaît? (Apercevant Jean.) Ah! c'est vous, commandeur!... ne vous en allez pas... j'ai à vous parler.

Il boit le verre de sirop qui lui a été versé par un domestique venu pour cette fois seulement au buffet, à son appel.

JEAN, à part.

J'ai peur de sentir l'eau-de-vie!

EUSÈBE.

Commandeur, je vous prie de ne pas prendre en mauvaise part la communication que je vais vous faire.

### JEAN.

Allez!

### EUSÈBE.

Croyez que si je n'avais pas été encouragé par mademoiselle votre nièce... elle m'a dit de vous prendre à l'écart... Enfin, nous nous aimons!... Voilà!

### JEAN, à part.

Eh bien, qu'est-ce que cela me fait à moi?

### EUSÈBE.

Et je viens de sa part vous demander sa main.

### JEAN.

Pour quoi faire?

### EUSÈBE.

Eh bien, pour l'épouser!

### JEAN.

Vous?

### EUSÈBE.

Elle ne vous en a pas parlé?

### JEAN.

Non!

### EUSÈBE.

C'est bien extraordinaire... Elle m'a pourtant bien dit : « Voyez mon oncle. »

### JEAN, à part.

Je n'ai pas d'instructions!... (Haut.) Mon cher, je ne vous dis ni oui ni non... Le mariage est une chose tellement sérieuse... Je vous demande cinq minutes pour réfléchir.

### EUSÈBE.

Comment donc! c'est tout naturel. (On entend l'orchestre.)

Ah! l'orchestre... J'ai invité... Réfléchissez, je reviens dans cinq minutes! (A part.) Il a une drôle d'odeur... Il sent l'omelette au rhum!

Il sort vivement par la droite au fond.

## SCÈNE IV.

JEAN, puis GLADIATOR, puis EUSÈBE.

JEAN, seul.

Mademoiselle de la Bondrée épouser un pharmacien!.. C'est bien extraordinaire... Après ça, les femmes!...

GLADIATOR, entrant vivement par la gauche au fond.

Ah! commandeur... je vous cherche.

JEAN.

Moi?

GLADIATOR.

Le temps presse, il faut en finir!... Commandeur, j'aime votre nièce!

JEAN.

Très-bien... vous avez le numéro deux... (Tirant son carnet.) Attendez... je vais vous inscrire... Je n'ai pas besoin de vous demander si c'est pour le bon motif!

GLADIATOR.

Hélas! non!

JEAN.

Alors, c'est pour l'autre... Parfait! (Tout en inscrivant.) Moi, ça m'est égal.

GLADIATOR, à part.

Il est très-bien, cet oncle-là!... Il voit de haut.

### JEAN.

Seulement, je dois vous prévenir que le numéro un épouse, lui !

### GLADIATOR.

Je ne le sais que trop !... Tenez, vous m'avez l'air d'un homme de cœur...

### JEAN.

Oh ! oui !

### GLADIATOR.

Il y a longtemps que je ne vous ai rien donné...

### JEAN.

Depuis la montre...

### GLADIATOR.

Eh bien, je vais vous proposer une affaire, à l'américaine !

### JEAN.

Parlez...

Il s'approche.

### GLADIATOR.

Il y a cinquante mille dollars... (S'interrompant.) Sapristi ! que vous sentez le kirsch !

### JEAN.

Ce n'est pas étonnant, je viens de prendre un verre de limonade !

### GLADIATOR, reprenant.

Il y a cinquante mille dollars pour celui qui parviendra à rompre le mariage de la comtesse.

### JEAN.

Cinquante mille dollars ! Saprelotte !... C'est qu'il est

amoureux comme un chat, le numéro un! Quel moyen?

GLADIATOR.

Ah! cela vous regarde! Moi, j'apporte mon capital, apportez votre industrie!... Je reviendrai dans une heure... (Remontant.) Cinquante mille dollars! Songez-y.

Il sort par le fond à gauche.

## SCÈNE V.

### JEAN, puis EUSÈBE.

JEAN, seul.

« Songez-y! » parbleu! je ne songe qu'à ça!... Il n'est pas fort, l'apothicaire, si je pouvais lui faire croire que ma nièce a un vice rédhibitoire... quelque chose d'énorme... un coup de massue! Ah! j'ai trouvé!... Oh! non, c'est trop fort!... Il n'avalera jamais ça!

EUSÈBE, entrant par la droite au fond.

Ah! je suis en nage. (Courant au buffet.) Une groseille, s'il vous plaît?

Il boit.

JEAN.

Une groseille! c'est lui!

EUSÈBE.

Eh bien, commandeur, avez-vous réfléchi?... Vous me devez une réponse!

JEAN, à part.

Essayons. (Haut.) Mon ami, dans ces sortes d'affaires, il ne faut pas se tromper... il faut jouer cartes sur table!... Connaissez-vous bien ma nièce?

#### EUSÈBE.

Mais, dame!... autant qu'on peut connaître une femme... qu'on respecte.

#### JEAN.

Certes, elle a pour elle l'esprit, la douceur, la gaieté, la bonté, la santé, tout enfin!... Mais c'est sa jambe!... Avez-vous regardé sa jambe?

#### EUSÈBE.

Oh! je ne me serais pas permis!...

#### JEAN.

Elle est musicienne, elle chante, elle dessine, elle parle l'anglais, l'italien, l'espagnol... Mais c'est sa jambe!

#### EUSÈBE.

Quoi? sa jambe? Qu'est-ce qu'elle a sa jambe?

#### JEAN.

Chut!... Il s'agit d'un secret de famille... Voyez si personne ne peut nous entendre. (Eusèbe remonte pour s'assurer qu'on n'écoute pas; à part.) Il n'avalera jamais ça... c'est trop épais!

#### EUSÈBE, revenant.

Personne! parlez!

#### JEAN.

Jurez-moi d'abord de ne révéler à qui que ce soit que je vous ai fait cette confidence.

#### EUSÈBE.

Je le jure!

#### JEAN.

Eh bien, elle a...

#### EUSÈBE.

Quoi.

## ACTE QUATRIÈME.

#### JEAN.

Non, venez par ici!

*Il l'emmène au bout de la scène à droite.*

#### EUSÈBE.

Vous me faites peur.

#### JEAN.

Eh bien... elle a... (Il lui parle à l'oreille.) Chut!!!

#### EUSÈBE.

Allons donc! ce n'est pas possible! une jambe de...

#### JEAN.

C'est de naissance!

#### EUSÈBE.

Je m'en serais bien aperçu en dansant!

#### JEAN.

Ah! mon ami, on travaille si bien ces petits objets-là aujourd'hui!... C'est en bois de charme!... avec des incrustations!...

#### EUSÈBE.

J'aimerais mieux la nature!

#### JEAN.

Ça coûte quatre mille francs... Voulez-vous voir la facture? j'ai la facture!

#### EUSÈBE.

Non... Ça me ferait trop de peine. (A part, se grattant la tête.) Saperlotte! une jambe... ce n'est pas drôle!

#### JEAN, à part.

Ça a passé! (Haut.) Mon devoir était de vous prévenir... parce qu'à la longue vous auriez fini par vous en apercevoir...

EUSÈBE.

Peut-être... Enfin, je ne vous en remercie pas moins.

JEAN.

Du reste, excellente musicienne... Elle peint comme un ange.

EUSÈBE.

Certainement... mais c'est la jambe!

JEAN.

Ah! voilà!... La jambe! voyez... réfléchissez! (A part.) Il est abruti!

Il sort à droite au fond. Entre Gladiator, par le fond à gauche.

## SCÈNE VI.

### EUSÈBE, puis GLADIATOR.

EUSÈBE, seul.

Nom d'un petit bonhomme!... Épouser une femme... bâtie sur pilotis!

GLADIATOR, entrant par la gauche au fond.

Qu'avez-vous donc, marquis?... Cette figure renversée...

EUSÈBE.

Ah! mon ami, je suis aplati, abasourdi...

GLADIATOR.

Quoi donc?

EUSÈBE.

Vous savez bien, la comtesse... la belle comtesse... celle que nous aimons... tous les deux.

##### GLADIATOR.

Eh bien?

##### EUSÈBE.

Eh bien, elle a...

Remontant.

##### GLADIATOR.

Elle a?...

##### EUSÈBE.

Chut! Venez par ici!
Il l'entraîne de l'autre côté du théâtre à gauche.

##### GLADIATOR.

Voyons... Parlez!

##### EUSÈBE.

Eh bien!... elle a une jambe de bois!

##### GLADIATOR, pouffant de rire.

Qu'est-ce que vous me chantez là! Une jambe!... la comtesse?... (A part.) Ah! j'y suis! (Haut.) Je parie que c'est l'oncle qui vous a révélé ce secret?

##### EUSÈBE, à part.

J'ai juré de ne pas le compromettre. (Haut.) Non... c'est sa femme de chambre que j'ai soudoyée.

##### GLADIATOR, inquiet.

Hein! ce n'est pas le commandeur?... Ah, ça! voyons!... on s'est moqué de vous!...

##### EUSÈBE, avec conviction.

Elle est en bois de charme... avec des incrustations... ça coûte quatre mille francs!... J'ai vu la facture!

##### GLADIATOR.

Avez-vous vu la jambe?

EUSÈBE.

Non! mais j'ai vu la facture.

Il remonte un peu.

GLADIATOR, à part.

Sapristi! si c'était vrai!

Suzanne paraît au fond à droite.

EUSÈBE et GLADIATOR.

— Elle!


## SCÈNE VII.

### Les Mêmes, SUZANNE.

SUZANNE.

Eh bien, messieurs... Vous restez là, dans ce salon, comme deux boudeurs...

GLADIATOR, bas, à Eusèbe.

Il me semble qu'elle boite un peu.

EUSÈBE, bas et descendant à gauche.

C'est positif!

SUZANNE, passant.

Vous ne dansez donc plus?

EUSÈBE.

Je me sens légèrement fatigué.

GLADIATOR.

Moi aussi.

SUZANNE.

Ah! je ne vous reconnais plus... Vous, que je croyais intrépides...

## ACTE QUATRIEME.

GLADIATOR, avec intention.

Il y a des jambes qui résistent plus que d'autres à la fatigue... ça dépend de l'essence!

EUSEBE, à part.

Il a tort de lui dire ça.

GLADIATOR.

Mais je comprends qu'on soit infatigable quand on a, comme vous... *le charme*... pour se soutenir!

SUZANNE.

Ah! très-gracieux!

EUSÈBE, à part.

Il est méchant comme une gale!

GLADIATOR, à part.

Je voudrais bien savoir laquelle?

EUSÈBE, à part.

Celle en bois doit faire toc toc!... Si je pouvais...

SUZANNE.

Sans indiscrétion, puis-je savoir quel était le sujet de votre conversation?

GLADIATOR.

Oh!... nous parlions d'un accident!

EUSÈBE.

Arrivé par suite... d'allumettes chimiques...

GLADIATOR.

Un pauvre enfant de huit ans. (Il donne un petit coup de son gibus dans la jambe de Suzanne, qui se recule du côté d'Eusèbe; à part.) C'est l'autre!

EUSÈBE.

Oui... Un pauvre enfant de huit ans, que sa sœur avait

laissé seul pour aller à son ouvrage... (Il donne un petit coup de son gibus dans la jambe de Suzanne. — A part.) C'est l'autre !

GLADIATOR.

Elle avait eu l'imprudence de laisser un paquet d'allumettes... comme qui dirait sur ce buffet.
Il passe à droite.

EUSÈBE.

Le malheureux s'en empare... et se dirige vers le berceau de sa jeune sœur... comme qui dirait cette table.
Il passe à gauche.

GLADIATOR.

Il allume...
Donnant un coup de son gibus sur la jambe de Suzanne.

EUSÈBE.

Le feu se communique aux rideaux.
Il donne un coup de son gibus.

SUZANNE, se reculant, étonnée.

Mais qu'est-ce qu'ils ont donc ?

GLADIATOR, à part.

C'est la droite !

EUSÈBE, à part.

C'est la gauche, ça sonne le bois !

GLADIATOR.

Et tout a été brûlé !

EUSÈBE.

Tout, tout brûlé.

GLADIATOR, à part.

J'allais faire là une jolie campagne !
Il remonte.

ACTE QUATRIÈME.

SUZANNE, à Gladiator.

Où allez-vous donc?

GLADIATOR.

Prendre mon paletot... Je ne disputerai pas plus longtemps... vos *charmes* à mon courageux rival... (Saluant.) Madame...

Il sort par la droite.

## SCÈNE VIII.

SUZANNE, EUSÈBE.

SUZANNE, inquiète.

Mais qu'y a-t-il? que s'est-il passé?

EUSÈBE.

C'est votre jambe!... Moi, je passe par-dessus... Vous en auriez deux que ça ne me ferait rien.

SUZANNE.

Ah çà! de quoi parlez-vous?

EUSÈBE.

C'est votre âme que j'épouse!... Et elle n'est pas en bois, votre âme!

SUZANNE.

Mais ma jambe non plus, j'espère bien!

EUSÈBE.

Oh! c'est inutile... Je connais le secret de famille...

SUZANNE.

Quel secret?

EUSÈBE.

Le commandeur m'a tout dit... Il a la facture!

SUZANNE, furieuse.

Comment, c'est lui?... A moi, une jambe de... L'imbécile! l'animal!

EUSÈBE.

Oh! un vieillard!

SUZANNE.

Une brute... que je vais mettre à la porte! Mais tout est perdu... M. Gladiator va partir, persuadé que... (Avec désespoir.) Mais je ne peux pourtant pas lui montrer ma jambe!

EUSÈBE, tendrement.

A lui, non... mais à moi!

SUZANNE, passant à gauche.

Vous? Ça m'est égal! laissez-moi tranquille!

EUSÈBE, à part.

Voilà ses caprices qui la reprennent.

SUZANNE.

Rentrons dans le bal... Il faut que je le voie, que je lui parle à tout prix... Donnez-moi votre bras!

EUSÈBE.

Mais vous me faites faire là une démarche... C'est donc lui que vous aimez?

SUZANNE.

Qu'est-ce que ça vous fait? Est-ce que cela vous regarde?

EUSÈBE.

Mais, comtesse...

SUZANNE, l'entraînant dans le bal.

Venez! venez!

<small>Ils sortent tous les deux par la droite au fond, au moment où Jean entre de côté.</small>

## SCÈNE IX.

### JEAN, puis GLADIATOR, puis EUSÈBE.

<small>JEAN, venant du fond à gauche, en titubant un peu.</small>

Je ne sais pas ce que j'ai... Depuis que j'ai bu ce verre d'eau-de-vie... j'éprouve le besoin de m'asseoir sur tous les meubles...

<small>GLADIATOR, entrant par la droite, première porte, en mettant son paletot.</small>

Je ne resterai pas une minute de plus ici!... (Apercevant Jean.) Ah! c'est vous, commandeur!...

JEAN.

L'Américain!

GLADIATOR.

Je n'ai qu'un mot à vous dire, monsieur!... Quand on a une nièce en bois... on prévient les gens!

JEAN.

Comment, en bois?

GLADIATOR.

La jambe!...

JEAN.

Mais c'est une ruse!... J'ai dit ça à l'autre pour le décourager... Et il l'a cru, l'imbécile!

GLADIATOR, éclatant de rire.

Ah! qu'il est bête!!... Mais, moi aussi, je l'ai cru!

JEAN.

Ah! que vous êtes... crédule!

GLADIATOR

Ah! mais je ne pars plus! Je m'implante ici, je lutte plus que jamais!

JEAN.

Retirez votre paletot!

Gladiator donne son paletot et son chapeau à Jean.

EUSÈBE, venant de droite par le fond, sans les voir.

Ah! je suis en nage!... (Courant au buffet.) Une groseille, s'il vous plaît!... (Il boit en mettant la main sur son estomac.) Je m'en repentirai peut-être dans la solitude!

GLADIATOR.

Le marquis!... Il faut en finir! (A Jean.) Laissez-moi seul avec lui...

JEAN, bas.

Oui... Surtout pas de coups!

Il sort.

## SCÈNE X.

### EUSÈBE, GLADIATOR, puis AGNÈS.

GLADIATOR.

Monsieur le marquis..

EUSÈBE, à part.

L'Américain! C'est lui que la comtesse aime pour le moment!... Oh! rage!

## ACTE QUATRIÈME.

GLADIATOR.

Je n'ai pas besoin de vous dire toute la haine que vous m'inspirez...

EUSÈBE.

Croyez que, de mon côté, si je pouvais vous étrangler... également... ce serait avec plaisir.

GLADIATOR.

Il faut que cette lutte ait un terme!

EUSÈBE.

Oui!... Tantôt on vous adore, tantôt c'est moi!... Ça ne peut pas durer comme ça!

GLADIATOR.

Donc, un de nous est de trop sur la terre.

EUSÈBE, vivement.

C'est vous!... Allez-vous-en!

GLADIATOR.

Je ne ris pas!

EUSÈBE.

Moi non plus!

GLADIATOR.

Je ne vous propose pas un duel...

EUSÈBE.

Vous faites bien, je ne l'accepterais pas!

GLADIATOR.

On se blesse, on se guérit, et c'est à recommencer.

EUSÈBE.

Voilà! oui, cherchons autre chose!

GLADIATOR, d'une voix sombre.

Il est un moyen plus sûr de se débarrasser de son ennemi...

## EUSÈBE, effrayé.

Ah!... l'assassinat?

## GLADIATOR.

Savez-vous jouer à l'écarté?

## EUSÈBE.

C'est mon jeu... Pourquoi?

## GLADIATOR, sombre.

Je vous propose de jouer ma vie contre la vôtre?

## EUSÈBE.

Tiens! c'est une idée!... J'accepte! mais il ne faut pas que ça dure longtemps!

## GLADIATOR.

En cinq secs!

## EUSÈBE.

Ça va!

## GLADIATOR.

Avez-vous une carte de visite?

## EUSÈBE.

Certainement. (A part.) M. Gredane m'en a fait faire un cent... à la minute. (Tirant une carte de sa poche.) En voici une.

## GLADIATOR.

Écrivez sur cette carte, comme je vais le faire sur la mienne.

## EUSÈBE, mouillant son crayon.

Allez!

## GLADIATOR, dictant et écrivant.

« Je m'engage... »

## EUSÈBE, répétant.

« Je m'engage... »

GLADIATOR.

« A me faire sauter la cervelle... »

EUSÈBE, appuyant.

Toute la cervelle!..

GLADIATOR, dictant.

« Dans les deux heures qui suivront la partie que j'ai perdue... »

EUSÈBE, répétant.

« Perdue. »

GLADIATOR.

Je signe... Signez.

EUSÈBE.

« Potasse... » C'est fait.

GLADIATOR.

Maintenant, je vous joue ma carte contre la vôtre... c'est l'enjeu.

EUSÈBE.

C'est parfaitement clair. (Donnant sa carte à Gladiator, qui va la poser sur la table; à part.) J'ai une chance inouïe à ce jeu-là... mais il faut que j'ôte une manche de mon habit.

Il va poser son chapeau sur le guéridon.

GLADIATOR, à part.

Je gagne toujours à la condition de mettre un soulier sur la table. (Il prend la table et la pose à quelques pas devant lui; Eusèbe prend la chaise et la recule.) Songez que l'engagement que nous prenons est sérieux!

EUSÈBE.

Je le sais, monsieur.

GLADIATOR, indiquant la table de jeu; prenant les cartes.

Commençons!

EUSÈBE.

J'ai un peu chaud au bras gauche... Je vous demanderai la permission d'ôter une manche?

Il se lève, ôte sa manche et se rassied.

GLADIATOR.

Faites donc!... De mon côté, mon soulier me gêne...

Il se lève, défait son soulier et le pose sur la table.

EUSÈBE.

Faites donc!... Maintenant que nous voilà à notre aise... jouons! (Ils se mettent à la table de jeu. — Prenant les cartes.) A qui fera?

GLADIATOR, retournant une carte.

Un neuf!

Entre Agnès.

EUSÈBE, de même.

Un as!... A moi de donner!

Il donne les cartes.

AGNÈS, paraissant au fond à droite, et indiquant Gladiator.

C'est celui-là qui a les trente millions!... je me suis trompée.

EUSÈBE, retournant une carte.

Le roi!... je le marque!

GLADIATOR.

Malédiction!

AGNÈS, s'approchant d'eux; d'un air très-aimable.

Eh bien, et les dames! nous les abandonnons, les dames?... Ah! que c'est vilain!

GLADIATOR, sans la regarder.

Laissez-moi tranquille!

## ACTE QUATRIÈME.

EUSÈBE.

Vous! fichez-nous la paix... La partie est sérieuse!...

AGNÈS, à part, descendant à gauche.

Ah! ils jouent des souliers!... (A Gladiator.) J'ai bien envie de parier pour vous...

GLADIATOR, exaspéré.

Mais, sapristi! madame...

AGNÈS.

Oh! je m'en vais!... (A part.) Ah! quand les hommes jouent!... Je reviendrai.

*Elle sort par la première porte de gauche.*

EUSÈBE, jouant.

Pique et pique! J'ai la vole! ça m'en fait trois!

GLADIATOR, se levant.

Sapristi! attendez.

*Il ôte son second soulier et le place sur la table.*

EUSÈBE.

Vous avez des cors?

GLADIATOR, donnant les cartes.

Oui. (Retournant.) Le roi!

EUSÈBE.

Aïe!

GLADIATOR.

Atout!... atout.... pique... carreau!... J'ai le point... ça m'en fait deux!

*Il prend un de ses souliers et l'embrasse à la dérobée.*

EUSÈBE, inquiet.

Deux à trois... saprelotte! attendez! (Se levant.) J'ai chaud au bras droit maintenant... (Il ôte la seconde manche de son babit.) Nous allons voir. (Il se rassied, donne et retourne une carte.) Le roi !... Quatre à deux. (A part.) J'en étais sûr !

Il embrasse une manche de son habit.

GLADIATOR, furieux, prend ses souliers et les frappe avec colère
l'un contre l'autre.

Tiens! tiens! tiens !

EUSÈBE, à part.

Il touche toujours à ses souliers !... Il n'a pas le moindre usage du monde ! (Jouant.) Trèfle !

GLADIATOR.

Je prends. (Jouant.) Pique !

EUSÈBE.

A moi... Cœur... et cœur !... J'ai le point ! ça m'en fait cinq !... Vous êtes ce qu'on appelle ratissé !

Il se lève.

GLADIATOR, se levant.

Soit... j'ai perdu ! Voici ma carte.

Il remet les deux cartes à Eusèbe.

EUSÈBE, les prenant.

Vous avez deux heures pour vous acquitter... (Remettant son habit.) Je rentre dans le bal pour annoncer cette bonne nouvelle à la comtesse... (A Gladiator, de la porte.) Remettez vos souliers... Il peut venir du monde !

Il sort par la droite, au fond.

## SCÈNE XI

GLADIATOR, puis SUZANNE.

GLADIATOR, tout en remettant ses souliers.

Tout est fini !... Dans deux heures !... Voyons, à quelle ville vais-je léguer mes trente millions?

SUZANNE, entrant par la première porte de gauche.

Enfin, je vous trouve!... Je craignais que vous ne fussiez parti!

GLADIATOR.

Je vous cherchais pour vous faire mes adieux.

SUZANNE.

Vos adieux! J'espère que vous n'avez pas cru à cette fable ridicule inventée par mon oncle?

GLADIATOR.

Oh! il s'agit bien de cela! Depuis que je vous ai quittée, il s'est passé des événements...

SUZANNE.

Quels événements?...

GLADIATOR.

J'avais un rival... je n'en ai plus!

SUZANNE, vivement.

Vous l'avez tué?

GLADIATOR.

Non, au contraire...

SUZANNE.

Comment, au contraire?

GLADIATOR.

J'ai joué ma vie contre la sienne... Et j'ai perdu!

SUZANNE.

Allons donc! Quelle folie!

GLADIATOR.

C'est très-sérieux... Le marquis a mon engagement écrit...

SUZANNE.

Le marquis?... D'abord, ce n'est pas un marquis... c'est un pharmacien...

GLADIATOR.

Un pharmacien?

SUZANNE.

Vous avez trente millions... Il n'a pas le sou... La partie n'était pas égale... Donc, ça ne compte pas!

GLADIATOR.

J'ai donné ma parole... et dans deux heures...

SUZANNE.

Oh! ne dites pas cela! Il faut que vous viviez, je le veux!

GLADIATOR.

Vivre! à quoi bon?

SUZANNE.

Mais parce que... Vous ne voyez donc pas que je vous aime?

GLADIATOR, transporté.

Vous m'aimez? Ah! Suzanne! que m'importe la fortune maintenant!... Je vais offrir à cet homme mes trente millions!

SUZANNE, vivement.

Ah! non!... (Très-doucement.) Cela me contrarierait!

GLADIATOR.

Ah! quel ange!

SUZANNE.

D'ailleurs, votre engagement n'est pas sérieux... Je me charge de le faire annuler.

## ACTE QUATRIÈME.

GLADIATOR.

Vous! comment?

SUZANNE, apercevant Eusèbe

Le voici... Laissez-moi faire.


## SCÈNE XII.

**GLADIATOR, SUZANNE, EUSÈBE, puis PEPITT**

EUSÈBE, à part, venant de droite par le fond.

Ils sont ensemble!... (Tirant sa montre; bas, à Gladiator.) Vous avez encore une heure quarante-cinq minutes à me raser.

Gladiator remonte et descend à gauche

SUZANNE.

Eusèbe...

EUSÈBE.

Comtesse?

SUZANNE, allant à lui.

Approchez... (Eusèbe s'approche.) Vous venez de jouer avec monsieur une partie insensée...

EUSÈBE

Mais...

SUZANNE

Taisez-vous! Vous avez entre les mains un engagement. (Cherchant à le magnétiser du regard.) Cet engagement, si je vous priais de me le remettre?

EUSÈBE

Ah! permettez...

SUZANNE.

Regardez-moi!

EUSÈBE.

Oui, comtesse...

SUZANNE, très-câline.

Si je vous en priais bien... Si je vous disais : « Mon cher Eusèbe, accordez-moi la première demande que je vous adresse... »

EUSÈBE.

Vous savez bien que je ne peux rien vous refuser... Cet engagement, je le déchirerai le jour de notre mariage...

GLADIATOR, à part.

Bravo! (Bas, à Suzanne.) Épousez-le tout de suite!

SUZANNE, bas, à Gladiator.

Je vous remercie, vous êtes galant! (A Eusèbe.) Eusèbe... j'ai à vous parler sérieusement... Vous tenez donc beaucoup à m'épouser?

EUSÈBE.

Oh!... Je vous ai jouée en cinq secs! ainsi!...

SUZANNE.

Voyons, qu'est-ce qui vous plaît en moi?

EUSÈBE.

Je vous l'ai dit, c'est votre modestie, votre front pur... Parce que là où il n'y a pas d'estime...

SUZANNE.

Eh bien, mon ami, je vous ai caché quelque chose...

EUSÈBE, à part.

Ah! mon Dieu! est-ce que l'autre jambe...?

SUZANNE.

Je ne suis pas la femme que vous croyez...

EUSÈBE.

Comment?

## ACTE QUATRIÈME.

SUZANNE.

J'ai commis une faute...

GLADIATOR.

Ah! fichtre!

SUZANNE, bas, à Gladiator.

Dites comme moi, je vous sauve!

EUSÈBE.

Une faute?... Une petite faute?

SUZANNE, baissant les yeux.

Hélas!

EUSÈBE.

Ah!... Je comprends.

SUZANNE.

Sous l'égide d'un oncle... qui est l'honneur même..

EUSÈBE.

Le commandeur?

SUZANNE.

... J'ai su longtemps rester digne de vous... Mais un étranger parut...

GLADIATOR, à part.

Un étranger!

SUZANNE.

Il était beau, il était bien fait, il était spirituel...

GLADIATOR, à part.

C'est moi... Elle veut lui fait croire que... C'est très-fort!

SUZANNE.

Malgré le charme de sa personne, j'eus la force de lui résister...

EUSÈBE.

Ah!... Je respire!

SUZANNE.

Mais il m'attira dans un piège... à la Maison-d'or.

EUSÈBE.

Aïe!

GLADIATOR.

Oui, à la Maison-d'or.

SUZANNE.

Et là... à l'aide d'un puissant narcotique... dont les naturels de son pays ont seuls le secret...

EUSÈBE.

Ah! c'est horrible!

GLADIATOR.

Un petit narcotique du Sud!

EUSÈBE.

Et cet homme? cet homme?

GLADIATOR, souriant à part.

Nous le roulons! (Haut.) C'est moi.

EUSÈBE.

Vous?... Ah bien, nous allons rire!... ah! vous offrez des narcotiques du sud, à la Maison-d'or. (Tirant sa montre et avec une fureur concentrée.) Monsieur vous n'avez plus qu'une heure vingt-deux...

GLADIATOR.

Mais, monsieur!...

EUSÈBE.

Je suis sans pitié! sans pitié!

## ACTE QUATRIÈME.

GLADIATOR, à part.

Si c'est comme ça qu'elle arrange l'affaire !

SUZANNE.

Oui, pas de pitié ! car cet homme, malgré mes prières, malgré mes larmes, il a refusé de me rendre l'honneur, de réparer sa faute !

EUSÈBE.

Il a refusé !... c'est ce que nous allons voir ! J'ai une idée... (A Gladiator.) Monsieur, si dans une heure vingt-deux, vous n'avez pas réparé madame... je vous signifie votre carte par huissier !

GLADIATOR.

Mais permettez...

EUSÈBE.

Alors épousez... épousez, et je déchire !

SUZANNE, à part.

Cette fois, je le tiens !

GLADIATOR.

Mais je ne le peux pas ! je suis marié !

SUZANNE et EUSÈBE.

Marié !

PEPITT, entrant vivement, à Gladiator.

Monsieur ! monsieur !

GLADIATOR.

Toi, laisse-moi tranquille !

PEPITT.

J'apporte des nouvelles ! (Très-gaiement.) Vous êtes veuf

GLADIATOR.

Veuf ? (Se jetant dans ses bras.) Ah ! mon ami !... je te donne un million !

PEPITT.

Un million? ça vaut bien ça!

Il remonte.

GLADIATOR.

Ah! Suzanne!...

SUZANNE.

Ah! mon ami!

EUSÈBE.

Adieu, Suzanne. (Il l'embrasse.— A Gladiator.) Vous permettez?

GLADIATOR.

Faites donc! faites donc!

EUSÈBE, s'attendrissant.

Adieu, Suzanne...

Il l'embrasse cinq ou six fois.

GLADIATOR, passant au-dessus d'eux et les séparant.

Ah! mais assez!

EUSÈBE.

Ah! ne craignez rien, je quitte la France, je vais finir mes jours dans un désert...

SUZANNE.

Oh!

EUSÈBE.

A Melun... où reste un oncle que je n'ai jamais vu... Et qui n'aura aucun plaisir à me recevoir.

SUZANNE, passant.

Vous êtes un enfant... Il faut vous marier aussi.

EUSÈBE, avec indignation.

Moi?... jamais!

## ACTE QUATRIÈME.

SUZANNE.

Je connais une jeune fille qui vous aime...

EUSÈBE.

Qui ça?

SUZANNE.

La petite Bathilde.

EUSÈBE.

Tiens! j'y pensais!

Entre Gredane venant de droite au fond.

## SCÈNE XIII.

Les Mêmes, GREDANE, MADAME GREDANE, BATHILDE, JEAN, puis BIGOURET.

EUSÈBE, voyant entrer Gredane.

Justement voilà le père!... Monsieur, je vous demande la main de votre fille!

GREDANE.

Vous? allez vous promener!

MADAME GREDANE, entrant par le fond à gauche.

Ah! elle est bonne, celle-là!

BATHILDE.

Mais, maman...

EUSÈBE.

Vous me refusez?... Pourquoi?

GREDANE.

Tiens! parce que vous n'avez pas le sou!

GLADIATOR.

Pardon... monsieur a deux cent mille francs, c'est moi qui les donne.

*Pepitt descend à gauche.*

GREDANE, avec force, et le faisant passer.

Eusèbe, embrassez ma fille!

MADAME GREDANE, ouvrant ses bras.

Moi, d'abord!

EUSÈBE, à part.

C'est juste, on commence toujours par l'absinthe. (Il l'embrasse. Madame Gredane faisant passer Bathilde qu'Eusèbe embrasse.) Maintenant, voilà le miel!

JEAN, venant de droite par le fond, bas, à Gladiator.

Et mes cinquante mille dollars?

GLADIATOR.

Vous les aurez demain!

*Bigouret paraît au fond.*

JEAN.

J'ai envie d'acheter une terre.

GLADIATOR.

Où ça?

JEAN.

Du côté de Cognac.

BIGOURET, regardant Gredane.

Il a l'air de bonne humeur. (A Gredane.) Monsieur, serais-je plus heureux dans ce moment?

GREDANE, l'apercevant.

Tiens, Bigouret!... Ma foi! Je suis si content que je ne peux rien vous refuser.

## ACTE QUATRIÈME.

BIGOURET, tendant la joue.

Ah! que vous êtes bon!

GREDANE.

Vous y êtes?

*Il lui donne une gifle formidable.*

BIGOURET, portant la main à sa joue.

Sapristi!

GREDANE, lui présentant Eusèbe.

Je vous présente mon gendre!

BIGOURET.

Oh!

FIN DES TRENTE MILLIONS DE GLADIATOR.

# LE PETIT VOYAGE

## POCHADE EN UN ACTE

Représentée, pour la première fois, sur le théâtre du Vaudeville,
le 1ᵉʳ décembre 1868.

# PERSONNAGES

|  | ACTEURS<br>qui ont créé les rôles. |
|---|---|
| ERNEST DE MAXENVILLE. | MM. Saint-Germain. |
| GODAIS, maître d'hôtel. | Colson. |
| AUGUSTE, garçon d'hôtel. | Arnal. |
| MARIE, femme d'Ernest. | Mlle Davril. |
| UN GARÇON D'HOTEL.. | |

La scène se passe dans un hôtel de Fontainebleau.

# LE PETIT VOYAGE

Le théâtre représente une chambre d'hôtel. — Porte au fond. — A droite, deuxième plan, une fenêtre avec rideaux. — A gauche, au deuxième plan, une porte avec le n° 7 au-dessus. — A gauche, premier plan, une cheminée avec garniture, pendule et candélabres sans bougies. — Sur la cheminée, un flambeau avec une bougie allumée. — Porte-allumettes; un soufflet au pied de la cheminée; un guéridon couvert d'un tapis devant la cheminée; un fauteuil à côté du guéridon; une chaise, premier plan, à la cheminée; un fauteuil, premier plan, à droite; deux chaises au fond. — Les fauteuils et chaises sont couverts de housses.

## SCÈNE PREMIÈRE.

### GODAIS, AUGUSTE.

GODAIS, entrant, à Auguste, qui dort dans un fauteuil.

Auguste!... Auguste! Auguste!

AUGUSTE, se réveillant.

Hein?... Tiens! c'est le patron!

GODAIS.

Il est onze heures et demie... il ne viendra plus de voyageurs... Tu peux aller te coucher.

AUGUSTE.

Bonsoir, monsieur... (Il remonte et revient.) Ah! je savais bien... Et le turbot, monsieur?

GODAIS.

Eh bien, quoi, le turbot?

AUGUSTE.

Voilà cinq jours qu'il est là!... il commence à... s'impatienter.

GODAIS.

Que veux-tu que j'y fasse? il n'est venu personne à Fontainebleau cette semaine. Tu diras au chef de le mettre en mayonnaise.

AUGUSTE.

Oui... la mayonnaise prolonge le turbot... mais pas longtemps.

GODAIS.

Si, dans deux ou trois jours, je n'en ai pas trouvé le placement... eh bien, vous le mangerez à l'office... Un turbot de douze francs... je vous gâte!

AUGUSTE.

Ah! c'est bien le mot!... Bonsoir, monsieur.

GODAIS.

Bonsoir!

Auguste sort.

## SCÈNE II.

GODAIS, puis UN GARÇON D'HOTEL.

GODAIS.

Je vais faire ma ronde, pour voir si tout est en ordre... et je me coucherai aussi.

## SCÈNE PREMIÈRE.

UN GARÇON D'HOTEL, entrant.

Patron!... une lettre que le facteur apporte à l'instant.

GODAIS.

Une lettre?... donne. (Le garçon sort. — Lisant.) « À monsieur Godais, maître d'Hôtel à Fontainebleau. » (Parlé.) C'est bien pour moi. (Lisant.) « Monsieur, je me marie aujourd'hui, j'arriverai à Fontainebleau avec ma jeune femme par le train de minuit cinq. » (Parlé.) Comment! ce soir? (Lisant.) « Je désire un appartement confortable, pour y passer ma lune de miel. Faites faire du feu partout et préparez-nous un petit souper délicat. Je veux que ce soit très-bien; je ne regarde pas au prix... » (Parlé.) Il n'y a pas une minute à perdre. (Remontant et appelant.) Auguste! Auguste!

AUGUSTE, dans la coulisse.

Bonsoir, monsieur... Je suis couché!

GODAIS.

Habille-toi... et viens tout de suite... tout de suite!

AUGUSTE, dans la coulisse.

Saprelotte!... qu'est-ce qu'il y a?

GODAIS, seul, regardant sa lettre.

Ah! il y a un post-scriptum. (Lisant.) « Vous me mettrez deux oreillers, je ne peux pas dormir la tête basse; cela fera trois oreillers, en comptant celui de ma femme... Mais, dans le cas où elle aussi aimerait à avoir la tête haute... ce que je ne sais pas encore... je vous le dirais... alors il nous faudrait quatre oreillers... Je ne regarde pas au prix... je veux que ce soit très-bien. Recevez mes salutations. — *Ernest de Maxenville*. — Paris, le 1er avril 1868. » (Parlé.) Je vais lui donner la chambre n° 7... avec salon... C'est l'appartement réservé aux lunes de miel... Fontainebleau est très à la mode depuis quelque temps pour ces sortes d'expéditions.

## SCÈNE III.

### GODAIS, AUGUSTE

AUGUSTE, entrant.

Me voilà! Est-ce qu'il y a le feu?

GODAIS.

Non... Une lune de miel qui nous arrive par le train de minuit cinq...

AUGUSTE.

Aujourd'hui?... ce n'est pas possible!

GODAIS, lui montrant la lettre

Voici la lettre!

AUGUSTE, la regardant.

« 1er avril... » J'en étais sûr... c'est un poisson d'avril... Ils ne viendront pas... allons nous coucher...

GODAIS.

Un moment! attendons au moins l'arrivée du train.

AUGUSTE.

Quelle rage ont ces gens-là de venir pendre la crémaillère chez les autres!

GODAIS.

Puisque c'est la mode!

AUGUSTE.

Pas pour tout le monde!... moi, je me suis marié l'année dernière...

GODAIS.

Oui, une fameuse idée!

## SCÈNE TROISIÈME.

AUGUSTE.

Eh bien, je suis resté chez moi... et je n'ai pas eu à le regretter... ma femme non plus!

GODAIS.

Ah ça! pourquoi diable t'es-tu marié, à ton âge?

AUGUSTE.

Monsieur, j'avais depuis longtemps le projet de m'unir à une jeune et jolie femme... Julie a vingt-deux ans...

GODAIS.

Elle louche...

AUGUSTE.

Non, monsieur... elle ne louche pas... elle a un œil qui regarde en haut... un œil qui implore... mais elle ne louche pas.

GODAIS.

Mais à quoi te sert ta femme?... elle est placée à Paris, et toi, tu es à Fontainebleau.

AUGUSTE.

Je prends le train tous les samedis soir... Mais, dans ce moment, la pauvre enfant est sans place... et si monsieur avait besoin de quelqu'un...

GODAIS.

Ici, chez moi?

AUGUSTE.

Ça m'épargnerait des déplacements...

GODAIS.

Merci... je n'ai besoin de personne. (A part.) Une gaillarde pareille... il passe trop de cavalerie à Fontainebleau.

AUGUSTE, montrant la pendule.

Monsieur... minuit et demi... Quand je vous disais que c'était un poisson d'avril!

###### GODAIS.

Non, je ne puis croire à une pareille gaminerie

###### AUGUSTE.

Alors je vais allumer le feu.

###### GODAIS.

Un instant!... s'ils ne viennent pas... Ils devraient être ici depuis un quart d'heure... Attendons encore cinq minutes.

Il s'assied.

###### AUGUSTE, s'asseyant aussi.

Attendons!... (Un temps.) Monsieur, il me vient une idée pour le turbot.

###### GODAIS.

Laquelle?

###### AUGUSTE.

L'employé de l'octroi est très-enrhumé du cerveau... si vous lui en faisiez hommage?

###### GODAIS.

Par exemple!... un turbot de douze francs. (Se levant et regardant la pendule.) Minuit trente-cinq... ils ne viendront pas! Tu peux aller te coucher.

###### AUGUSTE.

Si j'ai un regret... c'est de m'être relevé... (Sortant.) Bonsoir, monsieur.

###### GODAIS.

Bonsoir!

## SCÈNE IV.

#### GODAIS, puis ERNEST DE MAXENVILLE et MARIE.

GODAIS, montrant la lettre.

C'est la première fois qu'on me fait une aussi sotte plaisanterie ! Il y a des gens qui ne savent qu'inventer. (On entend le roulement d'une voiture. Il prend la bougie et se dirige vers la fenêtre.) Hein ? une voiture ! (Courant à la fenêtre.) Un jeune homme... une dame... ce sont eux. (Appelant.) Auguste ! Auguste !

LA VOIX D'AUGUSTE, dans la coulisse.

Bonsoir, monsieur !... Je suis couché...

GODAIS.

Habille-toi ! tout de suite !... tout de suite !

VOIX D'AUGUSTE.

Encore ! nom d'un petit bonhomme !

*Ernest paraît avec Marie. Tous deux portent des sacs de nuit et des nécessaires de voyage.*

ERNEST, à Marie.

Entrez, mademoiselle... n'ayez pas peur... nous serons ici comme chez nous.

GODAIS, les saluant.

Monsieur... madame...

ERNEST.

Ah ! c'est vous le nommé Godais ?...

GODAIS.

J'ai reçu votre lettre... je vous attendais...

ERNEST.

Nous avons eu toutes les peines du monde à touver une voiture à la gare. Voyons, tout est-il prêt, l'appartement ?

GODAIS.

Voici le salon... et la chambre à côté, n° 7.

ERNEST.

Je veux que ce soit très-bien! je ne regarde pas au prix... Le souper?

GODAIS.

Dans un quart d'heure... je puis vous offrir un joli perdreau rôti...

ERNEST, à Marie.

Acceptez-vous le perdreau ?

MARIE, s'asseyant à la cheminée.

Oh! tout ce que vous voudrez... Je n'ai presque pas faim.

ERNEST, bas, à Godais.

L'émotion...

GODAIS, bas.

Je connais ça... Ici, on ne commence à manger que le troisième jour.

ERNEST.

Et après le perdreau?

GODAIS.

Turbot sauce mayonnaise... bien frais.

ERNEST.

Non... je vais peut-être vous faire bondir... mais je n'aime pas le turbot...

GODAIS.

Ah! c'est fâcheux!... Je puis le remplacer par une truite saumonée.

ERNEST, à Marie.

Acceptez-vous la truite saumonée?

MARIE.

Oh! tout ce que vous voudrez!

GODAIS.

Macaroni au gratin... c'est le triomphe de la maison.

ERNEST.

Très-bien... Maintenant, fricassez-nous quelque chose de sucré...

GODAIS.

Parfait glacé... vanille et orange... c'est le triomphe de la maison.

ERNEST.

Accepté! mais dépêchez-vous. (Le rappelant.) Ah! monsieur Godais!...

GODAIS.

Monsieur?

ERNEST, bas.

N'oubliez pas mes deux oreillers...

GODAIS, bas.

Oui, monsieur... j'en ai pris note... Et pour madame, est-ce un ou deux?

ERNEST, bas.

Je ne sais pas encore... vous comprenez... je suis marié de ce matin... je vais le lui demander. (Haut.) Mademoiselle...

MARIE.

Quoi, monsieur ?

ERNEST.

Je ne voudrais pas que ma question vous parût indiscrète... mais chacun a ses petites habitudes. (A part.) Comment lui tourner ça... sans la faire bondir? (Haut.) En ménage... quand on est destiné à vivre ensemble... il faut se mettre à son aise... parce que là où il y a de la gêne... il n'y a pas de plaisir. (Se reprenant.) Non!... ce n'est pas ça... Enfin, les uns ont la tête haute, les autres l'ont basse... Ainsi, monsieur votre père...

MARIE, vivement.

Mon père, monsieur, n'a aucune raison de baisser la tête, je vous prie de le croire.

ERNEST.

Pardon... vous ne me comprenez pas... Loin de moi la pensée...

MARIE.

Mais quoi?

ERNEST.

Rien... rien... (Bas, à Godais qui attend.) Allez, je vous le dirai demain matin.

GODAIS.

Très-bien!... Je vais réveiller tout le monde.

## SCÈNE V.

### ERNEST. MARIE.

ERNEST, à part, regardant Marie.

Je suis un peu ému... c'est la première fois que je me

## SCÈNE CINQUIÈME

trouve seul avec elle... pas de maman... d'oncles... de tantes... de cousines... Elle... Fontainebleau et moi!... (Haut.) Mademoiselle...

MARIE.

Monsieur...

ERNEST.

Vous paraissez triste... contrariée...

MARIE.

Je le crois bien... après la façon dont vous venez de traiter mon père...

ERNEST.

Je me suis fait bien mal comprendre : quand je me suis permis de dire que monsieur votre père avait la tête basse, cela signifiait qu'il ne mettait qu'un oreiller.

MARIE.

Eh bien?

ERNEST.

Cela n'attaque en rien son honorabilité ni son intelligence.

MARIE.

Quelle singulière conversation !

ERNEST, riant.

Le fait est que... (A part.) Pour un jour de noce! je ne sais pas pourquoi je me suis embarqué dans les oreillers. (Haut.) Nous serons très-bien ici...

MARIE.

Vous croyez?

ERNEST.

C'est simple...

#### MARIE.

Oh! oui!... il n'y a pas de luxe... Mais vous aviez mis dans votre tête de faire ce voyage... malgré tout le monde... malgré mon père surtout, un homme de bon sens, quoi que vous en disiez...

#### ERNEST.

Moi? Je n'ai jamais prétendu le contraire..

#### MARIE.

« Je ne comprends pas, vous disait-il, quand vous avez un appartement bien chaud, bien commode, bien meublé... que vous alliez faire vingt lieues, au beau milieu de la nuit, pour tomber dans une misérable chambre d'auberge... »

#### ERNEST.

C'est l'usage... après la cérémonie... on disparait, on fait ce qu'on appelle le petit voyage, c'est consacré. On éprouve le besoin de fuir les regards indiscrets, de se soustraire aux sottes interprétations, aux questions équivoques...

#### MARIE, vivement.

Quelles questions? Je n'en redoute aucune!

#### ERNEST.

Aujourd'hui... c'est possible; (A part.) mais demain!... (Haut.) Enfin, ce que je voulais, c'était de m'isoler du monde... avec vous... Nous ne nous quitterons pas, nous ferons de longues promenades à pied... dans la forêt...

#### MARIE.

Il n'y a pas encore de feuilles... et il pleut.

#### ERNEST.

J'ai apporté des parapluies... Mais ne vous tourmentez pas... ces huit jours passeront comme un rêve.

## SCÈNE CINQUIÈME.

MARIE.

Comment! nous allons rester huit jours ici?

ERNEST.

Vous les regretterez peut-être... Tenez, asseyons-nous près du feu.

MARIE, montrant la cheminée.

Il n'y en a pas.

ERNEST.

Tiens! c'est vrai... (Il va à la cheminée.) Ils ont oublié d'allumer, je vais sonner. (Il sonne plusieurs fois.) Eh bien, la sonnette est cassée! (Appelant.) Garçon! garçon!... personne! Tout le monde est occupé de nous... mais on va apporter le souper...

MARIE, s'asseyant au fauteuil près de la table.

Oh! moi, j'ai juré que je ne mangerais jamais dans un restaurant!

ERNEST.

Pourquoi?

MARIE.

Je n'y suis allée qu'une seule fois... avec mon père... et j'y ai vu faire une chose!...

ERNEST.

Laquelle?

MARIE.

Il y avait dans le salon, tout près de nous, un monsieur... bien désagréable, il faut en convenir!... il ne trouvait rien de bon... Son filet était trop cuit, son poisson ne l'était pas assez... il dérangeait le garçon à chaque instant. « Garçon! du citron!... Garçon!... de la moutarde! Garçon!... un cure-dents!... » Le pauvre homme n'était occupé qu'après lui... et il le traitait d'imbécile, d'idiot...

ERNEST.

Oh! ils sont habitués à ça... et avec un bon pourboire...

MARIE.

Oui, mais celui-là s'est joliment vengé!

ERNEST.

Et de quelle manière?

MARIE.

De ma place, mes yeux plongeaient dans l'escalier par où se faisait le service, et j'aperçus ce garçon montant un macaroni destiné à ce monsieur... Avant d'entrer, savez-vous ce qu'il fit?

ERNEST.

Non.

MARIE.

Il tenait son plat comme ça... devant lui... et il osa... Oh! non! je ne peux pas le dire... c'est trop vilain!...

ERNEST.

Il y jeta du poivre?...

MARIE.

Si ce n'était que cela!...

ERNEST.

De la cendre de cigare?

MARIE.

Non.

ERNEST.

Du tabac?

MARIE.

Non.

ERNEST.

Ah! j'y suis!... Il éternua dedans!

## SCÈNE CINQUIÈME.

MARIE.

Pis que cela !...

ERNEST.

Je comprends... il le traita comme le dernier des lâches. (Il fait très-légèrement le simulacre de cracher.) Ah ! c'est affreux !

MARIE.

Et il eut le front d'entrer en criant : « Macaroni... soigné !... »

ERNEST.

Vraiment !

MARIE.

J'avais envie de prévenir notre voisin, lorsqu'il s'écria. « Enfin ! voilà un plat réussi ! »

ERNEST, riant.

Ah ! charmant !

MARIE.

C'est horrible ! et voilà pourquoi jamais je ne mangerai dans un restaurant !...

ERNEST.

Oh ! à Fontainebleau, il n'y a rien à craindre, les garçons sont sans malice... (Apercevant une boîte d'allumettes sur la cheminée.) Tiens !... un briquet !... je vais allumer le feu. (Il frotte une allumette qui ne prend pas.) En voyage, il faut se servir soi-même. (Il en frotte une seconde, même jeu.) Comme dit le proverbe : « Aide-toi, (Même jeu.) le ciel t'aidera. » (S'impatientant.) Ah ! c'est insupportable ! (Appelant.) Garçon ! garçon !...

## SCÈNE VI.

### Le Mêmes, AUGUSTE.

AUGUSTE, entrant.

Voilà!...

ERNEST.

Allumez le feu... Vos allumettes ne prennent pas...

AUGUSTE.

Monsieur... cela dépend de la manière de les frotter... Regardez... (Il prend une allumette et l'allume à la bougie.) Ce n'est pas bien difficile. (A part, désignant Ernest.) Et cela croit appartenir aux classes supérieures...

MARIE, à part, regardant Auguste.

Oh! c'est singulier... ce garçon... il m'a semblé reconnaître... Ah! je me trompe...

ERNEST, à Auguste, qui a allumé le feu.

C'est bien... Maintenant, allumez dans la chambre... au numéro 7...

AUGUSTE, prenant une seule allumette, et la montrant à Ernest.

Monsieur, je n'en prends qu'une... il ne m'en faut pas davantage à moi. (A part, en sortant.) J'en ai d'autres dans ma poche

*Il entre au numéro 7.*

## SCÈNE VII.

### ERNEST, MARIE.

MARIE, à part.

Oh! je me trompe... Quelle apparence que ce garçon se retrouve juste à Fontainebleau?

ERNEST, à la cheminée.

Ce bois est mouillé... il ne flambe pas... je vais baisser la trappe... (Il fait des efforts pour baisser la trappe, qui résiste.) Bien!... elle est rouillée!... Ah! un soufflet!...

Il fait manœuvrer le soufflet, qui jette des cris plaintifs.

MARIE.

Écoutez... on dirait d'un enfant qui pleure...

ERNEST.

Non! c'est ce soufflet qui est crevé... (Il le rejette.) Ah çà! c'est donc un magasin de bric-à-brac que cette maison?...

MARIE.

Il me semble que mon père n'avait pas tout à fait tort...

ERNEST.

Moi, ces petites mésaventures ne me déplaisent pas.. Tenez, je vais peut-être vous faire bondir... eh bien... (s'interrompant.) Sapristi!... Est-ce que vous ne sentez pas un courant d'air... là... derrière la tête?...

MARIE.

Non.

ERNEST, courant à la fenêtre.

Allons, bon!... un carreau cassé! (Appelant.) Garçon! garçon!...

## SCÈNE VIII.

### Les Mêmes, AUGUSTE.

AUGUSTE, entrant.

Monsieur?

ERNEST, lui montrant la fenêtre.

Qu'est-ce que c'est que ça?

AUGUSTE, allant à la fenêtre, après avoir examiné.

Tiens! monsieur a cassé un carreau?

ERNEST.

Ce n'est pas moi... imbécile!

MARIE, bas, à Ernest.

Prenez garde!

ERNEST.

Va me chercher un vitrier!

AUGUSTE.

A une heure du matin?... Monsieur veut rire...

ERNEST, s'emportant.

Nous ne pouvons pourtant pas rester dans un courant d'air, sacrebleu! (A Marie.) Oh! pardon!

MARIE, à part.

Il jure!

AUGUSTE.

Calmez-vous!... j'ai une idée... je la crois bonne... Attendez cinq minutes.

Il sort.

## SCÈNE IX.

#### ERNEST, MARIE, puis AUGUSTE.

###### ERNEST, à part.

Brrr! Ordinairement je porte de la flanelle... mais un jour de noces... je sens que je m'enrhume. (Haut.) Je vous demanderai la permission de remettre mon paletot.

###### MARIE.

Et moi, mon manteau...

###### ERNEST, mettant son paletot et son cache-nez.

Il fait un froid de loup...

###### MARIE, à part, mettant son manteau.

Je suis gelée...

###### ERNEST, à part.

Un jour de noces... quel drôle d'uniforme!... C'est égal... je sens la chaleur qui revient. (S'approchant de Marie, et tendrement.) Mademoiselle... non, permettez-moi de vous appeler Marie... ma chère Marie...

###### MARIE, frappant le parquet du pied.

Mon Dieu, que j'ai froid aux pieds!

###### ERNEST.

Voulez-vous une chaufferette?

###### AUGUSTE, entrant avec une feuille de papier.

Voilà l'affaire!...

###### ERNEST.

Quoi?

###### AUGUSTE.

Le carreau! (Il colle le carreau en papier sur la fenêtre.) Au moins, si vous cassez celui-là... ça ne vous coûtera pas cher.

ERNEST.

Mon ami, voulez-vous avoir l'obligeance d'apporter une chaufferette pour madame?

AUGUSTE.

Une chaufferette?

ERNEST.

Vous devez en avoir.

AUGUSTE.

Il y en a une... mais je ne sais pas si elle est complète... je vais voir.

Il sort.

MARIE.

Il faut avouer que nous ne pouvions pas plus mal tomber.

Tous deux arpentent la scène en frappant du pied pour se réchauffer.

ERNEST.

C'est l'installation qui est pénible... mais, une fois que nous aurons pris nos petites habitudes... Ce carreau... en papier... est déjà une amélioration... Je sentais sur la nuque un courant d'air...

MARIE.

Tiens! voilà le feu qui prend!

ERNEST.

C'est, ma foi, vrai! (La faisant asseoir devant la cheminée.) Approchez-vous! chauffez-vous les pieds...

MARIE.

Ah! avec plaisir.

## SCÈNE NEUVIÈME.

ERNEST, s'asseyant près d'elle.

Notre horizon s'éclaircit!... un bon feu... un bon souper et... (Lui prenant la main.) Marie!... permettez-moi de vous appeler Marie...

MARIE, baissant les yeux.

Je le veux bien, monsieur.

ERNEST.

Et vous... vous m'appellerez Ernest... plus tard!...

MARIE, vivement.

Oh! pas devant le monde!

ERNEST.

Non!... quand nous serons seuls... tous les deux, votre main dans la mienne... comme en ce moment... moment délicieux! (Se levant et à part.) Ah! j'ai trop chaud maintenant... (Il ôte son paletot ainsi que son cache-nez. Marie laisse tomber son manteau sur sa chaise. Ernest, revenant s'asseoir près d'elle.) Marie... permettez-moi de vous appeler Marie!... c'est la première fois que je me trouve vraiment seul avec vous... car, en chemin de fer, nous avions dans notre compartiment... un capitaine de dragons dont la présence m'empêchait de vous exprimer tous mes sentiments...

MARIE.

Oh!... il sentait affreusement le cigare! Fumez-vous monsieur?

ERNEST.

Moi, je fume... c'est-à-dire... je fume quand on le désire...

MARIE.

Eh bien, moi, monsieur, je ne le désire pas!

ERNEST.

Cela suffit, mademoiselle, un mot de vous...

MARIE.

Papa dit que tous les fumeurs deviennent fous ou imbéciles...

ERNEST.

Oh!... monsieur votre père a des idées...

MARIE.

Quoi?

ERNEST.

Un peu arriérées...

MARIE.

Encore!... Ah! je le vois bien... vous n'aimez pas mon père!...

ERNEST.

Mais si!

MARIE, lui tournant le dos.

C'est de l'antipathie!...

ERNEST.

Je vous jure... (Se mettant à genoux devant elle.) Voyons, Marie... ma petite Marie... ne me boudez pas... mais votre père... je l'adore... et vous aussi!...

    Il l'embrasse. Auguste paraît avec une chaufferette à la main et un oreiller sous le bras. Ernest, surpris à genoux, prend le soufflet pour se donner une contenance et lui fait rendre des cris plaintifs.

AUGUSTE.

Monsieur, c'est la chaufferette... il manque le couvercle.

ERNEST, se relevant.

C'est inutile... le feu est pris...

AUGUSTE.

Ça, c'est votre oreiller...

###### ERNEST.

Ah! très-bien!...

###### AUGUSTE.

Je vous gâte... c'est le mien!...

Il entre au n° 7.

###### ERNEST, courant à la porte de la chambre et criant.

Comment, le sien?... Mets-le par-dessous! par-dessous! (Revenant.) Je n'ai pas envie de poser ma joue... Ah çà, mais... notre souper ne vient pas... Ils dorment à la cuisine... je vais les réveiller... (A Marie.) Vous permettez?... deux minutes...

Il sort par le fond.

## SCÈNE X.

#### MARIE, AUGUSTE, puis ERNEST

###### MARIE, seule.

Quand je pense que nous allons passer huit jours ici...

###### AUGUSTE, entrant et à part.

J'ai réfléchi... Un jeune ménage, ils doivent avoir besoin d'une femme de chambre. (Haut.) Madame...

###### MARIE, à part, le regardant.

La ressemblance est frappante...

###### AUGUSTE.

J'oserai vous adresser une petite requête... Ma femme...

###### MARIE.

Est-ce qu'il y a longtemps que vous êtes à Fontainebleau?

##### AUGUSTE.

Trois ans... Ma femme...

##### MARIE.

Et auparavant?

##### AUGUSTE.

Je servais à Paris, dans un des premiers restaurants du boulevard Montmartre.

##### MARIE, à part.

Boulevard Montmartre! c'est lui!

##### AUGUSTE.

Ma femme, Julie... désirerait se placer comme femme de chambre, et, si vous n'avez personne en vue...

##### MARIE, prenant ses paquets sur la table.

Oh! cela ne me regarde pas! Adressez-vous à monsieur... c'est lui qui est chargé de choisir les domestiques...

##### ERNEST, entrant.

On va servir...

##### MARIE.

Vous me ferez appeler... je vais procéder à notre installation. (Bas à Ernest.) Surtout, soyez très-poli avec ce garçon! je vous dirai pourquoi.

Elle entre au n° 7.

## SCÈNE XI.

#### ERNEST, AUGUSTE.

##### ERNEST, à lui-même.

Il me semble que je n'ai pas l'habitude d'être malhonnête avec les domestiques...

## SCÈNE ONZIÈME.

#### AUGUSTE.

Monsieur... j'oserai vous adresser une petite requête... je connais une femme de chambre à placer.

#### ERNEST.

Justement j'en cherche une.

#### AUGUSTE.

Elle coud, elle repasse, elle raccommode... elle touche même un peu du piano..

#### ERNEST, effrayé.

Hein?

#### AUGUSTE.

Quand les maîtres sont sortis... Elle s'appelle Julie...

#### ERNEST.

Tiens! j'en ai connu une... qui louchait...

#### AUGUSTE.

Celle-là ne louche pas... elle a un œil qui implore... mais elle ne louche pas... Quant aux renseignements, monsieur peut s'adresser à madame la comtesse de Pertuisan...

#### ERNEST.

Ma tante!... Ah! c'est la Julie qui était chez ma tante?... une grande... belle fille?...

#### AUGUSTE.

Superbe!

#### ERNEST.

Eh bien! mon ami, c'est impossible!

#### AUGUSTE.

Pourquoi?

#### ERNEST.

Ma tante l'a renvoyée parce qu'elle s'est aperçue de notre liaison... Ne parle pas de ça à ma femme!

AUGUSTE.

Quelle liaison?

ERNEST.

Eh bien, notre liaison!... tu comprends?

AUGUSTE.

C'est faux!

ERNEST.

Comment?

AUGUSTE.

Il y a dans le monde une foule de petits crevés...

ERNEST.

Hein?

AUGUSTE.

Qui se vantent d'avoir des femmes et qui ne sont que des hâbleurs et des rien du tout!

ERNEST.

Ah! mais prends garde!

AUGUSTE.

Et des rien du tout!

ERNEST

Insolent!... Tiens!

*Il lui donne un coup de pied, Marie paraît.*

AUGUSTE, à part.

Il lève la main sur moi!... Il me le payera. (Il se dirige vers la porte du fond, se ravise et va crever le carreau en papier. Il retourne à la porte et dit avant de sortir.) Et des rien du tout!

*Il disparaît.*

## SCÈNE XII.

#### ERNEST, MARIE, puis GODAIS.

###### MARIE.

Eh bien, monsieur, si c'est comme cela que vous tenez compte de mes recommandations.

###### ERNEST.

Quoi donc?

###### MARIE.

Je vous avais prié d'être très-poli avec ce garçon...

###### ERNEST.

Oh! une petite altercation... je lui donnerai cent sous...

###### MARIE.

Frapper un domestique! Ah! je vois bien que j'ai épousé un homme violent, emporté...

###### ERNEST.

Mais non!... c'est tout le contraire!

###### MARIE.

Vous avez su vous contenir tant que je n'étais pas votre femme... mais maintenant..

###### ERNEST.

Je vous assure que je suis un mouton... Tenez, je vais vous raconter mon caractère... avec tous ses défauts. Voici mon caractère: Je suis bon, je suis doux, je suis généreux... (Il éternue.) Oh! je ne vous cache rien!

###### MARIE.

Oui, mais vous commencez par les qualités...

### ERNEST.

J'arrive aux défauts... A vrai dire, je ne m'en connais qu'un...

### MARIE.

Vraiment?

### ERNEST.

Je suis doué d'une extrême sensibilité... je ne peux pas voir un malheureux... je le fuis!

### MARIE.

Ah!

### ERNEST.

Mes aspirations me portent à la rêverie, à la mélancolie... Je suis ce qu'on appelle un homme mélancolique. (Il éternue, à part.) Ça y est, me voilà enrhumé! (Haut.) Je puis le dire sans fausse modestie... je porte un cœur de poëte...

Il se mouche.

### MARIE.

Vous faites des vers?

### ERNEST.

Oh! quelques romances... assez réussies... Je suis organisé d'une façon exceptionnelle, j'entends vibrer en moi toutes les harmonies de la nature... (Il prononce tout ce qui va suivre comme un homme fortement enrhumé du cerveau.) Je comprends les voix qui ne parlent pas... le frémissement des feuilles sous les pieds de la femme aimée (Il se mouche.), la chanson plaintive du vent qui souffle dans les grands bois (Il se mouche.), le concert des étoiles... la goutte de rosée... qui dit à sa sœur... (Se retournant vivement.) Sapristi! il y a encore un courant d'air! (Courant à la fenêtre.) On a crevé le carreau!

Il éternue et baisse le rideau de la fenêtre.

## SCÈNE DOUZIÈME.

MARIE.

Vous êtes enrhumé?

ERNEST.

Non... ce n'est rien... Marie... permettez-moi de vous appeler Marie!... Je vous le dis du fond du cœur... ce que j'aime avant tout... c'est le bruit harmonieux de vos pas... (Il se mouche.), c'est le frissonnement de votre robe... c'est... (Il se mouche, à part.) Ah! je deviens impossible! (Haut, avec résolution.) Marie!...

MARIE.

Monsieur?

ERNEST.

Je vais peut-être vous faire bondir... Si nous retournions à Paris... chez nous?

MARIE.

Oh! ça, avec plaisir... tout de suite!

ERNEST.

C'est-à-dire après souper.

MARIE.

Comment, monsieur, vous aurez le courage de souper... et de vous faire servir par ce garçon?...

ERNEST.

Pourquoi pas?

MARIE.

Si vous saviez...

GODAIS, qui est entré, suivi de deux garçons portant une table servie.

Monsieur est servi.

ERNEST.

Ah! ce n'est pas malheureux! Nous repartons dans une heure

MARIE.

Le plus tôt possible.

ERNEST.

Chargez-vous de nous procurer une voiture.

GODAIS.

Est-ce que monsieur n'est pas content de la maison?

ERNEST, se mouchant.

Mon ami... je n'ai apporté qu'une douzaine de mouchoirs... et je vois que c'est insuffisant...

GODAIS.

Je puis en prêter à monsieur.

ERNEST.

Merci, mon ami.

GODAIS.

Comme monsieur voudra... et, dès qu'Auguste sera rentré...

MARIE.

Ah!... il est sorti?

GODAIS, en sortant.

Il est parti comme un fou, pour envoyer une dépêche à Julie.

MARIE.

A sa femme?

ERNEST, bondissant.

Comment!... Julie!... c'est sa femme?

MARIE.

Sans doute... Qu'avez-vous donc?

###### ERNEST.

Rien... c'est le rhume! (A part.) Et moi qui lui ai raconté... saprelotte!...

Il tombe sur une chaise, près de la table servie.

## SCÈNE XIII.

#### Les Mêmes, AUGUSTE.

###### AUGUSTE, entrant avec un plat de macaroni

Macaroni... soigné!

###### MARIE.

Lui! (Bas, à Ernest.) Pour rien au monde, ne touchez à ce macaroni.

###### ERNEST.

Comment?

###### MARIE.

Plus tard, je vous dirai... Je vais chercher les manteaux... les sacs de nuit.

Elle entre au numéro 7.

## SCÈNE XIV.

#### ERNEST, AUGUSTE.

###### ERNEST, à part, regardant Auguste.

Je l'ai trompé... et il le sait!... ce sourire sardonique... et vindicatif... (Tout à coup, à part.) Ce macaroni doit être empoisonné!!!

###### AUGUSTE, montrant la table.

Monsieur... ça va refroidir.

###### ERNEST, à part.

Comme il est pressé! (Haut.) Malheureux, tu comptes sans doute sur l'impunité... mais ce macaroni, je puis le faire analyser; car, aujourd'hui, il n'y a plus de secrets pour la science... La chimie a su trouver des appareils... qui permettent de découvrir de l'arsenic dans un bâton de chaise.

###### AUGUSTE.

Monsieur ne me paraît pas avoir bien faim.

###### ERNEST.

Je pourrais me transporter immédiatement chez le procureur impérial...

###### AUGUSTE.

Il est à la chasse...

###### ERNEST.

Mais non!... mais non!... je serai clément, car j'ai eu des torts envers toi... torts involontaires... j'ignorais que cette Julie fût ta femme...

###### AUGUSTE.

Ah! monsieur, pour ce qui est de Julie, je vous engage à ne pas continuer votre petite balançoire... J'ai dans ma poche la preuve de son innocence...

###### ERNEST.

La preuve?... Ah! c'est un peu fort.

###### AUGUSTE.

Nous avons un télégraphe de nuit à Fontainebleau... et je l'ai fait jouer. (Tirant une dépêche de sa poche.) Lisez!

###### ERNEST, lisant

« Imbécile.. »

## SCÈNE QUATORZIÈME.

**AUGUSTE.**

C'est à moi qu'elle s'adresse.

**ERNEST.**

Je le vois bien. (Lisant.) « Tu crois les cancans du premier cocodès venu... »

**AUGUSTE.**

Ça, c'est pour vous...

**ERNEST,** lisant.

« M. Ernest m'a offert une montre en or avec sa chaîne; je l'ai refusée... » (A part.) Elle a préféré un bracelet.

**AUGUSTE.**

Brave fille!

**ERNEST,** lisant.

« Sois tranquille... si jamais je te trompe, je te le dirai... »

**AUGUSTE,** reprenant sa dépêche.

Vous entendez... elle me le dira... (Avec triomphe.) Eh bien, qu'est-ce que vous avez à répondre à ça?

**ERNEST.**

Rien... mon ami... rien!... je me vantais. Mais alors qu'as-tu fourré dans ce macaroni?

**AUGUSTE.**

Rien, parole d'honneur!... J'ai eu un moment l'idée... quand vous avez levé la main sur moi... d'y déposer l'expression de mon mécontentement... mais la dépêche de Julie est arrivée...

## SCÈNE XV.

### Les Mêmes, GODAIS, puis MARIE.

#### GODAIS.

La voiture est en bas.

#### ERNEST.

C'est bien... prévenez madame.
<small>Godais remet la carte à payer à Auguste, et entre au numéro 7.</small>

#### AUGUSTE, à Ernest.

Monsieur... c'est la petite note...

#### ERNEST, la prenant et lisant.

« Souper... feu... bougies... service... un carreau cassé... recollage dudit carreau... Total : soixante-cinq francs. » (Marie entre, suivie de Godais, qui porte des paquets. — A Auguste.) Tiens! voilà cent francs... tu garderas le reste... (A part.) Je lui dois bien ça!...

#### AUGUSTE, à part.

Trente-cinq francs de pourboire!... il a des remords. (A part, à Godais.) Il y a quatre francs à déduire, le carreau était cassé...

#### GODAIS, présentant le livre des voyageurs à Marie.

Si madame est contente et veut avoir la bonté de le certifier... voici le livre des voyageurs.

#### MARIE.

Moi?... (A Ernest, bas.) Qu'est-ce qu'il faut écrire là-dessus?

## SCÈNE QUINZIÈME.

ERNEST.

Êtes-vous contente?

MARIE.

Mais non!

ERNEST.

Moi non plus! Alors écrivez : « Jeunes époux, restez chez vous! »

MARIE, écrivant.

Oh! approuvé!

*Elle ferme le livre.*

ERNEST.

Marie... permettez-moi de vous appeler Marie!... pardonnez-moi ce voyage... inutile... et acceptez mon bras.

MARIE.

Volontiers.

*Elle éternue.*

ERNEST.

Vous aussi? sauvons-nous!

*Ils remontent vivement vers la porte du fond, accompagnés de Godais.*

AUGUSTE, se mettant à table.

Moi, je vais manger le macaroni.

*Le rideau baisse.*

**FIN DU PETIT VOYAGE**

_# 29 DEGRÉS A L'OMBRE

## COMÉDIE EN UN ACTE

Représentée pour la première fois, à Paris, sur le théâtre du Palais-Royal,
le 9 avril 1873.

# PERSONNAGES

|  | ACTEURS<br>qui ont créé les rôles. |
|---|---|
| POMADOUR. | MM. Geoffroy. |
| M. ADOLPHE. | Lhéritier. |
| COURTIN. | Pellerin. |
| PIGET. | Lassouche |
| THOMAS, jardinier. | Guyot. |
| MADAME POMADOUR. | Mlle Z. Reynold. |

La scène se passe à la campagne de Pomadour, aux environs de Paris.

# 29 DEGRÉS A L'OMBRE

Un jardin. A droite, la maison d'habitation. A gauche, un petit bâtiment servant d'orangerie. Un jeu de tonneau au fond. Chaises, bancs et tables de jardin.

## SCÈNE PREMIÈRE.

### PIGET, POMADOUR, COURTIN.

Au lever du rideau, les trois personnages sont au fond et jouent au tonneau.

POMADOUR, achevant de lancer son dernier palet.

C'est incroyable... je ne peux pas mettre dans le mille... Toujours dans le dix...

COURTIN, écrivant sur une petite ardoise.

Je vais faire ton compte... Nous disons : Pomadour dix... trente... dix... dix... ça t'en fait soixante.

POMADOUR.

Pas plus? C'est à Piget à jouer.

PIGET.

Ce n'est pas pour me vanter... mais il fait joliment chaud aujourd'hui.

POMADOUR, *regardant le thermomètre qui est près de la porte de l'orangerie.*

Vingt-neuf degrés à l'ombre... Après la partie de tonneau, si vous voulez, pour nous reposer, nous arroserons un peu.

PIGET.

Ah! merci!... Je ne sais pas ce que j'ai!... tu nous as donné à déjeuner un petit vin blanc... J'ai envie de dormir.

POMADOUR.

Qu'il est mollasse, ce Piget!... Voyons, de l'énergie, sacrebleu!... Songeons que la partie est sérieuse... Nous jouons cinquante centimes, et il s'agit d'une bonne œuvre... Les bénéfices seront versés intégralement à la souscription qui est ouverte dans la commune pour la construction de notre maison d'école.

COURTIN.

Tiens! c'est une jolie idée, ça!

POMADOUR.

Elle est de moi. Jusqu'à présent, on apprenait à lire dans une grange... Ce n'était pas digne.

COURTIN.

Oh! pourvu qu'on apprenne!

PIGET.

A-t-on déjà versé beaucoup à ta souscription?

POMADOUR.

Moi, j'ai donné vingt francs, comme propriétaire et comme notable... L'adjoint a donné quarante sous.. comme adjoint... ça fait vingt-deux francs.

COURTIN.

Ils ne sont pas chauds pour l'instruction dans ta commune.

POMADOUR

C'est égal... il ne faut pas se décourager... Retenez bien ceci : plus un peuple a de lumières, plus il est éclairé.

PIGET.

C'est comme les salles de bal.

POMADOUR.

Et plus il est éclairé...

COURTIN.

Plus il a de lumières.

POMADOUR

Voilà!... C'est à Piget à jouer.

PIGET, à part.

Est-il rasant avec son tonneau!

*Il va jouer au fond*

POMADOUR, à Courtin.

Mais où est donc passé ton ami?

COURTIN.

Adolphe?... Il est remonté dans sa chambre.

PIGET, à part.

Lui, pas bête!

COURTIN.

Il était un peu fatigué... la chaleur, le soleil... Dis donc, tu ne m'en veux pas de te l'avoir amené?

POMADOUR.

Du tout; il est charmant, ce garçon, il m'a plu tout de suite.

COURTIN.

Je l'ai rencontré au chemin de fer, je lui ai dit : « Où vas-tu comme ça? » Il m'a répondu : « Je n'en sais rien.

— Eh bien, viens avec nous chez Pomadour. — Mais je ne le connais pas. — Qu'est-ce que ça fait?... C'est dimanche, je te présenterai... » Et il est venu.

POMADOUR.

Et il a bien fait... Il m'a l'air d'un homme comme il faut... des gants!

COURTIN.

Oh! très-bien élevé!... et instruit!... et musicien!

POMADOUR.

On voit tout de suite que c'est un homme du monde; à table, il a dit à madame Pomadour que toutes les femmes étaient des roses.

PIGET.

Moi, je le pensais.

POMADOUR.

Joue donc!

COURTIN.

Oh! il n'est pas embarrassé pour décocher un compliment. Entre nous, c'est un homme à femmes...

POMADOUR.

Mais il m'a l'air de friser la cinquantaine, ton homme à femmes.

COURTIN.

Ah! ça ne fait rien... Il sait s'arranger... A partir de trois heures, il est toujours jeune; et puis c'est un gaillard, son système est de brusquer.

POMADOUR.

Moi, je n'ai jamais pu; je suis trop timide.

PIGET.

Moi non plus, mais c'est pas par timidité.

COURTIN.

Il vous a des histoires impayables!

POMADOUR.

Des histoires de femmes?

COURTIN.

Oui!

POMADOUR.

Salées?

COURTIN.

Oh!

POMADOUR.

Nous les lui ferons raconter au dessert... J'enverrai ma femme porter des fraises chez le curé... Et qu'est-ce qu'il fait?

COURTIN.

Adolphe?... Rien; il va à la Bourse.

POMADOUR.

Tiens, il faudra que je le consulte sur mes cinquante Saragosse. Qu'est-ce que tu penses de l'Espagne, toi?

COURTIN.

Mais, dame! l'espagne... C'est un pays... grandiose... par ses montagnes.

PIGET, au fond.

J'en ai cent vingt... c'est à Courtin à jouer...

POMADOUR.

Vite! dépêche-toi!

COURTIN.

Voilà! (A part, remontant.) Dieu! que c'est assommant!

PIGET, qui est redescendu, à Pomadour.

Je ne sais pas si c'est ton jambon, mais je meurs de soif.

POMADOUR.

Attends! je vais faire apporter de la bière... Jouez toujours... Je reviens!

*Il entre à droite dans la maison*


## SCÈNE II.

### PIGET, COURTIN, puis POMADOUR.

PIGET.

Est-il embêtant avec son tonneau! Nous passons tous nos dimanches à lancer des petits palets dans des petits trous... comme si, avec sa fortune, il ne pouvait pas avoir un billard... Moi, je ne reviendrai plus.

COURTIN.

Encore si la partie était intéressée.... mais nous jouons pour lui bâtir sa maison d'école!... Est-ce qu'elle vous intéresse, sa maison d'école?

PIGET.

Moi? vous ne pouvez pas vous figurer comme je m'en fiche!

COURTIN.

Certainement il faut répandre l'instruction dans les campagnes.

PIGET.

Pourquoi?

COURTIN.

Dame.. parce que... je n'en sais rien... ça se dit.

## SCÈNE DEUXIÈME.

POMADOUR, dans la maison.

C'est ignoble! c'est révoltant!

COURTIN.

Pomadour! A qui en a-t-il?

PIGET.

Il cause avec sa femme.

POMADOUR, paraissant sur le seuil de la maison et à la cantonade.

Polisson!... oui, polisson! (A Courtin.) Eh bien, il est gentil, ton invité!

COURTIN.

Quoi donc?

POMADOUR.

J'entre pour demander de la bière... et qu'est-ce que je vois dans le vestibule? M. Adolphe, l'ignoble Adolphe!... qui tenait les deux mains de ma femme... comme ça... et qui l'embrassait de force.

COURTIN.

Allons donc! pas possible!

PIGET.

C'est un peu fort.

POMADOUR

En voilà un invité! (A Courtin.) Pourquoi m'as-tu amené cet animal-là? Je ne le connais pas, moi.

COURTIN.

Une pareille inconvenance! Mon ami, je suis désolé!

POMADOUR.

A ma vue, il s'est sauvé dans sa chambre... et il a bien fait!... Mais ça ne se passera pas comme ça... Il me faut une explication.

PIGET, à part, content.

Tiens! ça va faire une diversion au tonneau!

POMADOUR, à Courtin.

Va me le chercher, et nous allons voir, nom d'un petit bonhomme!

COURTIN.

J'y cours... Il te fera des excuses... mais du calme, mon ami, du calme!

Il entre dans la maison.

## SCÈNE III.

### POMADOUR, PIGET.

POMADOUR.

Des excuses! Parbleu! je l'espère bien!

PIGET.

Et ta pauvre femme... qu'est-ce qu'elle disait?

POMADOUUR.

Elle disait: « Non, monsieur! non, monsieur! Je ne veux pas!... » Et lui, il allait toujours!... (Faisant mine d'embrasser.) V'lan! v'lan!... Oh! j'ai envie de lui administrer une...

PIGET.

Oh! non! ce ne serait pas digne! tu as le beau rôle; garde-le.

POMADOUR.

C'est juste!... Et puis, il est peut-être plus fort que moi.

## SCÈNE IV.

### Les Mêmes, COURTIN, ADOLPHE.

COURTIN, entrant.

Le voici... Il est désolé !

*Adolphe entre, l'air penaud et confus.*

POMADOUR.

Approchez, monsieur.

ADOLPHE, à part.

Mon Dieu ! que c'est donc bête de se laisser pincer comme ça !

POMADOUR, à part, regardant Adolphe.

En effet, je le crois plus fort que moi. (Haut.) J'attends vos explications, monsieur.... Comment se fait-il que vous vous soyez comporté de la sorte avec une dame... que vous voyez pour la première fois ?

ADOLPHE.

Monsieur, c'est un malentendu, un simple malentendu. Mais, d'abord, je tiens à vous dire que j'appartiens à une bonne famille... Mon père était receveur à Poitiers, et mon grand-père...

POMADOUR.

Je ne vous demande pas votre généalogie... je vous demande une explication.

ADOLPHE, très-gêné.

Oui, voilà toute la vérité... Je rentrais pour me reposer un peu... parce que votre petit vin blanc m'avait frappé sur la tête...

POMADOUR, froissé.

Ce que vous appelez mon petit vin blanc est du chablis, monsieur! Continuez.

ADOLPHE.

Oui... Où en étais-je? (Au public.) Certainement, je ne suis pas gris... mais je suis un peu éméché.

POMADOUR.

Vous êtes donc sourd, je vous dis de continuer.

ADOLPHE.

M'y voici. (A part.) J'ai une soif! (Haut.) En rentrant, j'aperçois madame Pomadour... je m'avance pour la saluer... mais, comme votre chablis... (Se reprenant.) votre parquet est extrêmement bien ciré... c'est une glace... mon pied glisse... je me rattrape à elle... et ma joue s'est trouvée, par hasard... contre la sienne.

POMADOUR, ironiquement.

Par hasard?

PIGET, à part.

Elle est raide!

ADOLPHE.

Mais croyez bien que je n'ai jamais eu l'intention de manquer de respect à madame Pomadour... Je suis un homme du monde... Demandez à M. Courtin.

COURTIN, sèchement.

Ne me parlez pas, monsieur!

POMADOUR.

Ainsi, voilà votre dire : Votre pied a glissé, et c'est par accident que vous avez rencontré la joue de madame Pomadour?

ADOLPHE

Tout à fait.

## SCÈNE QUATRIÈME.

POMADOUR.

Et vous croyez nous faire avaler ça?

ADOLPHE.

Je suis incapable de faire une plaisanterie: *non est hic locus*. (A part.) Tiens je rends du latin.

POMADOUR, à Piget.

Qu'est-ce que c'est que ça?

PIGET.

C'est du latin.

POMADOUR.

Et ça veut dire?

PIGET

*Hic locus?* Ça veut dire qu'il est désolé.

POMADOUR.

A la bonne heure... Nous allons maintenant vous confronter avec votre victime.

ADOLPHE.

Oh! ma victime!

POMADOUR.

Voudriez-vous insinuer que ma femme est votre complice?

ADOLPHE.

Oh! non; mais une victime suppose toujours un sacrifice... et il n'y a pas eu de sacrifice.

POMADOUR, sévèrement.

Assez!

PIGET, à part.

Il me fait rougir.

POMADOUR.

Piget?

PIGET.

Mon ami?

POMADOUR.

Ayez l'obligeance de prier ma femme de venir un moment.

PIGET.

Tout de suite.

*Il se dirige vers la maison. Pomadour l'accompagne jusqu'à la porte.*

COURTIN, bas à Adolphe.

Animal! je te conduirai dans le monde une autre fois!

ADOLPHE, bas.

Qu'est-ce que tu veux! j'ai perdu la tête... C'est la chaleur... Vingt-neuf degrés à l'ombre! (A part.) Mon Dieu, que j'ai soif!

## SCÈNE V.

ADOLPHE, POMADOUR, COURTIN, puis THOMAS.

POMADOUR, à Adolphe.

Dans une minute, monsieur, tout va s'éclaircir.

ADOLPHE.

Monsieur, je vous demanderai la permission de ne pas rester à dîner avec vous...

POMADOUR.

Mais je l'espère bien! (A part.) Il ne manquerait plus que de le nourrir!

ADOLPHE.

A quelle heure repart le train? C'est demain la liquidation.

## SCÈNE CINQUIÈME.

POMADOUR.

Oh! pas si vite; nous avons une autre liquidation à liquider entre nous. Il serait trop commode de venir déjeuner, d'embrasser violemment la maîtresse de la maison et de reprendre le train!... Non, monsieur, il faut un exemple!

ADOLPHE.

Je vous jure, monsieur, que je suis navré!... je donnerais vingt francs de ma poche, pour que... l'incident ne fût pas arrivé!... et, si vous vouliez accepter mes excuses...

POMADOUR.

Cela ne suffit pas! On voit bien que vous ne me connaissez pas... Je suis un homme, moi! et, par profession, en relations continuelles avec des militaires... Je vends des sabres, des épées et des épaulettes... Vous me comprenez?

ADOLPHE.

Parfaitement! (A part.) C'est une affaire : quel bête de dimanche!

THOMAS, entrant avec de la bière et des verres.

Monsieur, voici de la bière.

ADOLPHE.

Ah! bravo!

POMADOUR.

Il y a un verre de trop. (Indiquant Adolphe, et sévèrement.) Monsieur ne boit pas avec nous.

ADOLPHE.

En payant?

POMADOUR.

Je ne suis pas marchand de chopes!

COURTIN, bas, à Pomadour.

Ah! tu es bien dur pour lui!

POMADOUR, bas.

Il faut faire un exemple!

Thomas sort.

ADOLPHE, à part.

Est-il rancuneux!

POMADOUR, emplissant deux verres.

Allons, Courtin, à ta santé! (Élevant son verre.) Je bois aux hommes bien élevés!

ADOLPHE, à part.

C'est pour moi, ça!

POMADOUR, continuant son toast.

A ceux qui, toujours maîtres de leurs passions, savent se maintenir dans les bornes du respect et de la bienséance... et qu'il me soit permis, en terminant, de flétrir ces natures inférieures, bestiales et sans vergogne... qui ont brisé honteusement toutes les traditions de la vieille chevalerie française!

Il boit.

COURTIN, à part.

Bien tapé!

ADOLPHE, à part.

Ah! mais il commence à m'ennuyer! Encore s'il m'offrait à boire.

## SCÈNE VI.

### Les Mêmes, PIGET, puis MADAME POMADOUR.

PIGET, sortant de la maison.

Voilà ta femme... elle ne voulait pas venir, mais je l'ai décidée.

MADAME POMADOUR, entrant, et un peu honteuse.

Tu m'as fait demander, mon ami?

POMADOUR.

Oui, madame... approchez!... Asseyons-nous... (A Adolphe.) Et pas de signes d'intelligence.

ADOLPHE, à part.

Si je pouvais la prévenir.

POMADOUR, à sa femme, avec le ton d'un juge.

Remettez-vous, mon enfant... et dites-nous tout ce que vous savez.

MADAME POMADOUR

Sur quoi, mon ami?

POMADOUR.

Eh bien, mais sur... sur les entreprises de monsieur.

MADAME POMADOUR.

C'est que, devant tout le monde... je n'ose pas.

ADOLPHE, bas à Courtin.

Est-elle gentille!

COURTIN, bas, et courroucé.

Veux tu te taire... cynique!

POMADOUR.

Je comprends tout ce que votre situation a de pénible... mais il s'agit d'une confrontation... ne nous cachez rien.

MADAME POMADOUR, baissant les yeux.

J'étais dans le vestibule... Je rentrais du jardin avec un bouquet de roses... alors monsieur s'approche de moi et me dit : « La plus belle n'est pas dans le bouquet. »

PIGET.

Ah! c'est gentil, ça!

ADOLPHE, modestement.

Ce n'est pas mal!

POMADOUR, sévèrement, à Adolphe.

Taisez-vous! (A sa femme.) Continuez!

MADAME POMADOUR.

Naturellement je me mets à sourire... Il me prend les deux mains, je me débats... et il m'embrasse de force.

COURTIN et PIGET, indignés.

Oh!

POMADOUR.

Silence! (A sa femme.) Combien de fois vous a-t-il embrassée, à peu près?

MADAME POMADOUR.

Oh! je n'ai pas compté!

ADOLPHE, à part.

Moi non plus!

MADAME POMADOUR.

Une dizaine, au moins.

POMADOUR, se levant.

Ainsi, messieurs, vous le remarquerez sans doute

## SCÈNE SIXIÈME.

comme moi... pendant ce long espace de temps qui est nécessaire pour perpétrer dix baisers, le remords n'a pu trouver une minute, une seconde, pour se faire jour dans la conscience du prévenu... Rien! pas un éclair!... Tout cela est bien triste.

*Il se rassied.*

PICET, à part.

Il conduit bien les débats!

POMADOUR, à sa femme.

La défense prétend que son pied a glissé sur le parquet fraîchement ciré... l'avez-vous remarqué?

MADAME POMADOUR.

Oh! ça, non! pour sûr!

ADOLPHE, à part.

Maladroite!

POMADOUR, à sa femme.

Vous n'avez plus rien à ajouter?

MADAME POMADOUR.

Non, monsieur... (Se reprenant.) Non, Edmond.

POMADOUR.

Il suffit... Vous pouvez vous retirer.

MADAME POMADOUR.

Il ne me tutoie plus... il est fâché... Dame, moi, ce n'est pas ma faute!...

*Elle rentre dans la maison.*

POMADOUR, à Adolphe.

Eh bien, monsieur, qu'avez-vous à répondre?

ADOLPHE.

Rien... Je me suis fait une loi de ne jamais contredire les dames.

**POMADOUR.**

Très-bien... Veuillez entrer un moment dans l'orangerie... J'ai besoin de me concerter avec mes amis sur le genre de réparation que je suis en droit d'exiger de vous.

**ADOLPHE.**

A vos ordres, monsieur... (A part.) Que c'est donc bête de se laisser pincer comme ça! (Regardant le thermomètre accroché à la porte de l'orangerie.) Vingt-neuf degrés à l'ombre.

Il rentre dans l'orangerie.

## SCÈNE VII.

### COURTIN, PIGET, POMADOUR.

**POMADOUR, à ses amis.**

Voyons! qu'est-ce qu'il faut faire?

**PIGET.**

Dame, c'est embarrassant.

**COURTIN, avec véhémence.**

Quant à moi, je suis furieux! je suis exaspéré!... Un animal que je rencontre au chemin de fer, que je présente dans une famille honorable... et qui se comporte de cette façon-là! Oh! il me le paiera, et je ne sais ce qui me retient...

**POMADOUR, à Courtin.**

Très-bien... je serai ton témoin!

**COURTIN.**

Oh! mais je n'ai pas parlé de me battre.

**POMADOUR.**

Puisque c'est toi qui l'as présenté.

## SCÈNE SEPTIÈME.

COURTIN.

Je l'ai présenté... je ne le présenterai plus, voilà tout!... D'ailleurs je n'ai pas le droit de croiser le fer pour **ta** femme, ça ferait des cancans.

PIGET.

Oh! oui! on dirait : « Tiens! tiens! tiens! »

POMADOUR.

Mais alors, sacrebleu! qu'est-ce qu'il faut faire?... Décidons-nous. Ce monsieur est là, dans l'orangerie.

COURTIN.

Oui... il ne faut pas avoir l'air d'hésiter.

POMADOUR.

Mais j'y pense! toi, Piget, tu as été trompé maintes fois par ta femme.

PIGET.

Mais tais-toi donc! il n'est pas nécessaire de crier ça!

POMADOUR.

Bah! tout le monde le sait.

PIGET.

Mais ton jardinier ne le sait pas.

POMADOUR.

Voyons! qu'est-ce que tu as fait?... Bien que la position ne soit pas la même... la tienne est infiniment plus complète.

PIGET.

Moi, je me suis battu... à l'épée... Tous mes amis m'ont dit : « Il faut te battre! »

POMADOUR.

Sapristi! c'est bien grave!

COURTIN.

Mais il n'y a aucun danger... ton adversaire ne se défendra pas.

POMADOUR.

Comment?

COURTIN.

Il ne le peut pas... on ne se défend jamais contre un mari.

PIGET.

Ça serait indécent!

COURTIN.

On découvre sa poitrine.

POMADOUR.

Comme ça, un mari peut s'amuser à... (Il fait mine de bourrer des coups d'épée.) Vous en êtes bien sûrs, au moins?

COURTIN.

Parfaitement.

POMADOUR.

Alors le tien ne s'est pas défendu?

PIGET.

Non!... Il a été très-gentil!

POMADOUR.

Ceci me décide! Mon Dieu! je ne veux pas le tuer, cet homme... je veux simplement lui donner une leçon... faites-le venir!

COURTIN, à la porte de l'orangerie.

Ha! monsieur! monsieur!

## SCÈNE VIII.

### Les Mêmes, ADOLPHE.

ADOLPHE, entrant.

Messieurs!...

POMADOUR, solennel.

Monsieur, après en avoir conféré avec mes témoins, à mon tour... je suis désolé... *hic locus*... d'avoir à vous annoncer qu'une rencontre est devenue indispensable... Il y a des injures qui ne peuvent se laver que dans le sang... du coupable. Étant le mari, j'ai naturellement le choix des armes... Vous trouverez bon que je choisisse l'épée... j'en vends...

ADOLPHE, s'inclinant.

Je suis à vos ordres, monsieur. (A part.) Il m'a l'air d'une fine lame.

POMADOUR.

Courtin?

COURTIN.

Mon ami?

POMADOUR.

Prie ma femme de te remettre deux épées... tu lui demanderas l'échantillon numéro trois.

COURTIN.

Numéro trois... j'y vais.

Il entre dans la maison.

## SCÈNE IX

### ADOLPHE, POMADOUR, PIGET.

POMADOUR, à Adolphe, d'un air résolu.

Je demande l'échantillon numéro trois, parce que ce sont les plus longues.

ADOLPHE.

Oh! moi, toutes les épées me sont bonnes.

POMADOUR, le regardant avec inquiétude.

Ah! toutes les épées vous sont...? (Bas, à Piget.) Dis donc il m'a l'air d'avoir envie de se défendre.

PIGET, bas.

Non, c'est impossible... c'est contraire aux usages

POMADOUR, bas.

C'est égal, touche-lui-en un mot... Tu comprends, il vaut mieux être sûr de son affaire... Moi, je vais jouer au tonneau... d'un air calme, ça fera bien... parle-lui.

Pomadour remonte vers le jeu de tonneau, et lance quelques palets, tout en fredonnant.

PIGET, s'approchant d'Adolphe.

Comme témoin, M. Pomadour m'a confié ses intérêts. Je pense que monsieur n'est pas dans l'intention de se défendre?

ADOLPHE.

Moi! Pourquoi ça?

PIGET, souriant.

Dame, avec un mari!..

## SCÈNE NEUVIÈME.

ADOLPHE.

Je vous trouve superbe! Est-ce que vous croyez que j'ai envie de me faire embrocher pour un baiser?

PIGET.

Mais, monsieur, l'usage...

ADOLPHE.

Je ne connais pas cet usage-là.

PIGET.

Alors la délicatesse... la délicatesse la plus élémentaire...

ADOLPHE.

Oh! fichez-moi la paix, vous commencez à m'échauffer les oreilles.

PIGET.

Mais, monsieur...

ADOLPHE, remontant.

Si vous croyez que je m'amuse ici! avec une soif de vingt-neuf degrés.

PIGET.

Il suffit, monsieur, il suffit... (A part, s'éloignant d'Adolphe.) Ça, un amant!... ça fait pitié!...

POMADOUR, qui est redescendu, bas, à Piget.

Eh bien?

PIGET, bas.

Eh bien, il veut se défendre; c'est un lâche!

POMADOUR, bas.

Ah! mais, je n'entends pas ça!... ce n'était pas convenu! ça change tout! (Haut, à Adolphe.) Pardon, monsieur, voulez-vous avoir la bonté d'entrer un moment dans l'orangerie?... j'ai quelques instructions dernières à donner à mes témoins.

ADOLPHE.

Je suis à votre disposition, monsieur... (A part.) Il m'ennuie avec son orangerie !...

Il entre à gauche.

## SCÈNE X.

### PIGET, POMADOUR.

POMADOUR.

Sapristi! dans quelle affaire m'avez-vous fourré là?

PIGET.

Ce n'est pas moi.

POMADOUR.

Mais si!... tu m'as dit que le tien ne s'était pas défendu.

PIGET.

C'est vrai... il n'a fait que parer... Par exemple, je n'ai jamais pu le toucher.

POMADOUR.

Comment?

PIGET.

Nous sommes allés cinq jours de suite au Vésinet... Le premier jour, il y a eu vingt-huit reprises... j'avais amené un médecin... c'était horrible!... le second, dix-neuf... le troisième seize... J'avais lâché le médecin... il me prenait vingt francs par séance; ma foi, quand j'ai vu que je ne pouvais pas le toucher, je n'y suis plus retourné! Tu comprends, j'ai mes affaires, moi!

POMADOUR.

Parbleu! moi. aussi!... Mais, voyons, sacrebleu! qu'est-ce qu'il faut faire? Il faut prendre un parti... il est là dans l'orangerie... qui attend...

PIGET.

Moi à ta place, j'accepterais ses excuses.

POMADOUR.

C'est que... j'aurais l'air de reculer.

PIGET.

Tu ne recules pas, puisque c'est lui qui te fait des excuses!

POMADOUR.

C'est juste!... De quoi s'agit-il, au bout du compte?... d'un baiser?... Ah! s'il s'agissait... comme pour toi... d'une de ces injures qui déshonorent un homme à tout jamais...

PIGET.

Hein?

POMADOUR.

Mais pour un simple baiser!... Nous serions au jour de l'an... on se la souhaite... je n'aurais rien à dire!... et parce que nous sommes au mois d'août, le préjugé... le stupide préjugé exige que je me fasse transpercer!... Allons donc!... Va me chercher ce monsieur.

## SCÈNE XI.

Les Mêmes, COURTIN, puis MADAME POMADOUR.

COURTIN, entrant avec deux épées.

Voilà les épées... Ta femme me suit.

MADAME POMADOUR, entrant et se jetant dans les bras de son mari.

Ah! mon ami!... Merci!... merci!

POMADOUR, étonné.

Quoi?

MADAME POMADOUR.

Tu vas te battre, je le sais!

POMADOUR.

Permets...

MADAME POMADOUR.

Ne cherche pas à le nier... M. Courtin m'a tout dit.

POMADOUR.

C'est vrai, j'avais eu d'abord cette pensée...

MADAME POMADOUR.

Et c'est toi!... toi que je croyais faible, timide; car je puis te l'avouer maintenant, j'avais une pauvre idée de toi, mon ami.

POMADOUR.

Comment?

COURTIN.

Lui? c'est un lion!

POMADOUR, modestement.

Oh! un lion!... dans une certaine mesure.

PIGET, à part.

Petite mesure!

MADAME POMADOUR.

Te rappelles-tu ce jour où, pendant le feu d'artifice, place de la Concorde, je fus... inquiétée par un jeune homme placé derrière nous?...

## SCÈNE ONZIÈME.

POMADOUR.

Oh! si légèrement!...

MADAME POMADOUR.

Mais non!... Tu ne soufflas pas mot... Alors une pensée me traversa l'esprit... Est-ce qu'il aurait peur?

COURTIN.

Oh!

POMADOUR.

Mille canons!

MADAME POMADOUR.

Oh! pardonne-moi... j'étais folle, injuste... et la preuve, c'est que tu vas exposer ta vie pour moi.

POMADOUR.

Oui... c'est-à-dire... (A part.) Elle avait bien besoin de venir.

PIGET, à part.

C'était arrangé.

MADAME POMADOUR.

Oh! mais, sois tranquille... je serai forte aussi... je sais qu'il est des injures qu'un homme de cœur ne peut supporter.

POMADOUR.

Parce que nous sommes au mois d'août... nous serions au mois de janvier...

MADAME POMADOUR.

Tiens, Edmond... je suis fière de toi... (Elle lui saute au cou et l'embrasse.) Maintenant, va te battre!

Elle prend les deux épées des mains de Courtin et les donne à son mari.

POMADOUR.

Tout de suite... (A part.) Ne me parlez pas des femmes dans les affaires d'honneur... ça vous énerve.

MADAME POMADOUR.

Où est ton adversaire?

POMADOUR.

Dans l'orangerie.

MADAME POMADOUR.

Appelez-le.

POMADOUR.

Un instant, que diable! (A part.) Est-elle pressée!... (Haut.) Avant de commencer la lutte, j'ai besoin de causer quelques instants avec mes témoins... Toi, rentre, ma chère amie, ta place n'est pas ici... nous allons arranger l'affaire... ça s'arrangera... Venez, messieurs!

*Il disparaît dans le jardin, suivi de Courtin et de Piget.*

## SCÈNE XII.

### MADAME POMADOUR, ADOLPHE.

ADOLPHE.

Je m'ennuie dans son orangerie : il y fait une chaleur! (Apercevant les bouteilles sur la table.) Ah! de la bière.

*Il boit plusieurs verres coup sur coup.*

MADAME POMADOUR, au fond.

Pauvre homme!... j'éprouve pour lui... ce que je n'avais jamais éprouvé... il me semble que je l'aime!... mais je ne veux pas qu'on le tue!...

ADOLPHE.

Ah! ça va mieux.

## SCÈNE DOUZIÈME.

MADAME POMADOUR, l'apercevant.

Lui!

ADOLPHE, à part.

Elle! (Haut.) Ah! vraiment, madame, je suis honteux de me présenter devant vous, et je ne sais comment me faire pardonner ma... petite vivacité de tantôt.

MADAME POMADOUR.

Ah! monsieur, c'est bien mal!

ADOLPHE.

Ah! oui, surtout de s'être laissé pincer.

MADAME POMADOUR.

Mais non, monsieur, c'est votre conduite qui est impardonnable.

ADOLPHE.

Que voulez-vous!... avec une pareille température...

MADAME POMADOUR.

Comment?

ADOLPHE.

Vingt-neuf degrés à l'ombre! il faut tenir compte de cela.

MADAME POMADOUR.

Je n'ai pas envie de rire, monsieur; vous allez vous battre avec mon mari?

ADOLPHE.

Dame, puisqu'il me cherche querelle.

MADAME POMADOUR.

M. Pomadour est père de famille... il a une femme...

ADOLPHE.

Charmante!

MADAME POMADOUR.

Et un fils... qui est au collège... il travaille très-bien... ses notes sont excellentes.

ADOLPHE.

Mon compliment, madame; c'est une grande satisfaction pour les parents.

MADAME POMADOUR.

Plus tard, cet enfant aura besoin de son père pour le guider dans le monde.

ADOLPHE.

C'est un devoir.

MADAME POMADOUR.

Pauvre enfant! le voyez-vous, abandonné à lui-même, seul, sans soutien, sans appui...

ADOLPHE.

Oh! vous vous exagérez...

MADAME POMADOUR.

Tandis que vous, vous êtes célibataire, aucun lien ne vous rattache à l'existence.

ADOLPHE.

Ah! permettez...

MADAME POMADOUR.

Lesquels?

ADOLPHE.

Mais les femmes, les truffes et la musique.

MADAME POMADOUR.

Cela ne compte pas... Donc, vous êtes complétement inutile sur cette terre.

## SCÈNE DOUZIÈME.

ADOLPHE.

Ah! pardon! si vous me connaissiez mieux, j'aurais la prétention de vous faire changer d'avis.

MADAME POMADOUR.

Enfin, monsieur, après ce qui s'est passé... je crois avoir le droit d'espérer que vous ne vous défendrez pas.

ADOLPHE.

Encore! Ah! permettez, madame, on m'a déjà fait cette gracieuse proposition... et j'ai eu le regret de la refuser.

MADAME POMADOUR, avec éclat.

Comment, monsieur, vous auriez le courage de tuer un homme après lui avoir ravi sa femme?

ADOLPHE.

D'abord, je ne lui ai rien ravi du tout... je le regrette.

MADAME POMADOUR.

J'avais cru pouvoir compter sur vous... j'espérais avoir affaire à un galant homme.

ADOLPHE.

Voyons, madame, raisonnons un peu... Vous me proposez de me laisser larder à discrétion par monsieur votre mari... ce n'est pas très-aimable, ça.

MADAME POMADOUR.

Mais il a une femme, lui!

ADOLPHE.

Mais j'en ai plusieurs, moi!

MADAME POMADOUR.

Alors vous me refusez?

ADOLPHE.

Douloureusement!... (A part.) Elle est gentille, mais dame!..

MADAME POMADOUR.

Est-ce que vous savez tirer l'épée?

ADOLPHE.

Je ne suis pas maladroit... je fais des armes tous les deux jours... pour maigrir.

MADAME POMADOUR.

Ah! mon Dieu! et Pomadour qui n'y connaît rien.

ADOLPHE.

Mais il y a une chose bien simple... qu'il renonce à ce duel... je ne lui en veux pas, moi.

MADAME POMADOUR.

Il ne manquerait plus que ça!... Renoncer à ce duel... maintenant... c'est impossible! il deviendrait la risée de ses amis... et puis, pour moi-même... je l'avoue... ça me flattait.

ADOLPHE.

Ah!

MADAME POMADOUR.

Parce que je croyais que vous ne vous défendriez pas

ADOLPHE.

Vous êtes bien bonne.

MADAME POMADOUR.

Mais, au moins... personne ne peut nous entendre... (Avec mystère.) Me promettez-vous de ne pas lui faire de mal?

ADOLPHE.

Oh! ça!... je ferai mon possible... mais je ne puis rien garantir.

MADAME POMADOUR.

Comment?

## SCÈNE DOUZIÈME.

ADOLPHE.

Vous comprenez... s'il se jette sur moi... je tends le bras.. il est embroché!

MADAME POMADOUR.

Ah! mon Dieu! mais je ne veux pas!... pauvre homme!... (Avec câlinerie.) Voyons, monsieur Adolphe... si je vous en priais bien... vous qui êtes si aimable avec les dames...

ADOLPHE.

Comment le savez-vous?

MADAME POMADOUR.

Votre inconvenance de ce matin le prouve assez.

ADOLPHE, à part.

Elle est adorable!

MADAME POMADOUR.

Vous ne lui ferez pas de mal, n'est-ce pas?

ADOLPHE.

A une condition...

MADAME POMADOUR.

Laquelle?

ADOLPHE.

Personne ne peut nous entendre... (Passant à droite.) Vous me rendrez...

MADAME POMADOUR.

Quoi?

ADOLPHE.

Mon **inconvenance** de ce matin.

MADAME POMADOUR.

Oh! jamais!

ADOLPHE.

Et je vous promets... dût-il m'en coûter la vie...

MADAME POMADOUR.

Vous ne le toucherez pas ?

ADOLPHE.

Non, je ne ferai que parer.

MADAME POMADOUR.

Mais, si vous parez toujours, il ne vous touchera jamais.

ADOLPHE.

Naturellement.

MADAME POMADOUR.

Eh bien, alors?

ADOLPHE.

Quoi?

MADAME POMADOUR.

Ce sera un duel ridicule.

ADOLPHE.

Infructueux.

MADAME POMADOUR.

On se moquera de nous...

ADOLPHE

Dame! je ne sais plus que vous proposer, moi... Voyons, voulez-vous que je lui fasse seulement une petite piqûre à la main?

MADAME POMADOUR.

Oh! non!

ADOLPHE.

Une simple égratignure... Vous mettrez dessus un peu de taffetas d'Angleterre.

## SCÈNE TREIZIÈME.

MADAME POMADOUR.

Par exemple! Il portera son bras en écharpe... pour le monde!

ADOLPHE.

Seulement, recommandez-lui bien de ne pas se jeter sur moi.

MADAME POMADOUR.

C'est convenu... il ne bougera pas.

ADOLPHE, lui prenant la taille.

Et maintenant, exécutez-vous.

MADAME POMADOUR.

Oh! c'est bien pour lui, allez!... car je vous déteste, je vous déteste, je vous exècre! (Passant à droite, avec impatience.) Voyons, dépêchez-vous!

Adolphe l'embrasse. — Pomadour paraît au fond.

ADOLPHE.

Est-elle pressée!

## SCÈNE XIII.

Les Mêmes, POMADOUR.

POMADOUR.

Encore!

MADAME POMADOUR

Mon mari!

ADOLPHE, à part.

Que c'est bête de se laisser pincer comme ça.

VII. 12.

POMADOUR, à Adolphe.

Ah çà! monsieur, c'est donc une maladie?

MADAME POMADOUR, bas, à son mari.

Tais-toi!

POMADOUR.

Comment, que je me taise!

MADAME POMADOUR, bas.

C'est le plus généreux des hommes... si tu savais.. il m'a promis...

POMADOUR, vivement.

De ne pas se défendre?

MADAME POMADOUR, bas.

Oh! non! Il ne te fera qu'une piqûre à la main, mais ne te jette pas sur lui.

POMADOUR.

Une piqûre!... Comment! on embrasse ma femme, et il faut encore que je me fasse piquer? Jamais!... (A Adolphe.) Monsieur, pour un baiser, je pouvais me battre... mais deux!... il y a récidive, ça change complétement la situation!

MADAME POMADOUR, à part.

Comment! Il recule?

POMADOUR.

J'ai besoin de causer de nouveau avec mes témoins... (Apercevant Courtin et Piget qui entrent.) Les voici... veuillez entrer un moment dans l'orangerie... Vous, madame, laissez-nous.

MADAME POMADOUR.

Oui, mon ami! (A part.) Oh! s'il recule!

Elle sort

ADOLPHE, à part, entrant à gauche.

Eh bien, je la connaîtrai, son orangerie!

## SCÈNE XIV.

#### PIGET, POMADOUR, COURTIN.

POMADOUR.

Vous ne savez pas ce qui arrive?

COURTIN et PIGET.

Quoi donc?

POMADOUR.

Le misérable vient d'embrasser ma femme une seconde fois.

PIGET.

C'est une profession.

COURTIN.

Alors c'est un duel à mort!

POMADOUR.

Qui est-ce qui te parle de ça? Il est enragé celui-là!... Voyons, soyons calmes... je ne sais pas me battre, moi; je vends des épées, mais je ne sais pas me battre... Eh bien, s'il me tue, il n'en aura pas moins embrassé ma femme.

PIGET.

Onze fois!

COURTIN.

Le malheur, c'est que tu l'as provoqué!

POMADOUR.

Je l'ai provoqué!... oui, je l'ai provoqué!... mais, depuis, il s'est passé un fait nouveau qui nécessite une répression plus sévère... Est-ce que vous ne pensez pas qu'un bon procès en dommages-intérêts...?

COURTIN.

Il sera condamné à quinze francs

PIGET.

Comme pour un soufflet.

POMADOUR.

Tu as donné un soufflet, toi?

PIGET.

Non... je l'ai reçu... et j'ai reçu quinze francs.

COURTIN.

Et les journaux s'empareront de l'affaire... ils feront connaître à tout le monde que ta femme a été embrassée...

PIGET.

Et le public croira autre chose.

POMADOUR.

Mais, sacrebleu! messieurs, nous ne sommes pas protégés! Il faut faire une loi... Ah! si jamais j'arrive à la Chambre...

COURTIN.

Qu'est-ce que tu feras?

POMADOUR.

Tout homme qui aura embrassé une femme mariée... sera déporté!

PIGET.

Quelle belle colonie!

POMADOUR.

... Déporté dans une île où il n'y aura que de vieilles

négresses!... Ah! tu veux embrasser les femmes! en voilà!!!

#### COURTIN

Dis donc, tu sais qu'il est toujours dans l'orangerie?

#### POMADOUR.

C'est juste... Voyons, il faut décider quelque chose. Je ne veux pas me battre, je ne veux pas faire de procès, je ne peux pas le déporter...

#### COURTIN.

Si on pouvait lui imposer une forte amende.

#### POMADOUR.

Tiens!... une amende!... c'est une idée!... deux cents francs!

#### PIGET.

C'est beaucoup.

#### POMADOUR.

Nous le verrons venir... on est toujours à même de diminuer. Rappelez-le!... rappelez ma femme.

## SCÈNE XV.

### Les Mêmes, MADAME POMADOUR, ADOLPHE, puis THOMAS.

Madame Pomadour et Adolphe paraissent.

#### POMADOUR.

Approchez, monsieur... vous aussi, madame... (A Adolphe.) Après en avoir conféré avec mes témoins, nous avons trouvé convenable de vous condamner à une amende... proportionnée au délit... et nous avons pensé que deux cents francs...

ADOLPHE, et MADAME POMADOUR.

Oh!

POMADOUR.

C'est trop?... mettons cent francs! je n'en fais pas une question d'argent... Je n'ai pas besoin de vous dire que cette somme n'entrera pas dans ma caisse, car je ne saurais sous quel chapitre la faire figurer sur mes livres... Elle sera employée intégralement à l'édification de notre maison d'école.

COURTIN et PIGET.

Bravo!

POMADOUR.

Il est bon que, de temps à autre, l'obole du pêcheur vienne grossir le budget de la moralisation des masses!

ADOLPHE.

Monsieur, je ne marchanderai pas... j'accepte le chiffre de deux cents francs.

POMADOUR, touché.

Ah!

ADOLPHE.

Mais, comme j'ai failli deux fois... c'est quatre cents francs que j'aurai l'honneur de vous remettre.

POMADOUR, lui serrant la main avec effusion.

Bien, jeune homme!

ADOLPHE.

Ne me remerciez pas. (Regardant madame Pomadour.) Car, à ce prix, j'y gagne encore.

POMADOUR, transporté.

C'est tout à fait un homme du monde.

COURTIN.

Je te l'avais bien dit.

POMADOUR.

Enfin! l'affaire est arrangée. (A Adolphe.) Embrassez ma

## SCÈNE QUINZIÈME.

femme! (Se reprenant.) Non, moi. (Ils s'embrassent. — Appelant.) Thomas! (Thomas paraît.) Un verre pour monsieur... Vous prendrez bien un verre de bière avec nous?

ADOLPHE.

Volontiers!... Il fait chaud dans votre orangerie.

POMADOUR.

Et maintenant, reprenons notre partie de tonneau. (A Adolphe.) Nous sommes ensemble.

PIGET, à part.

Ah! voilà la scie du tonneau qui recommence!

Les hommes sont remontés près du tonneau. C'est Pomadour qui joue.

MADAME POMADOUR, rêveuse, regardant Adolphe qui ôte lentement ses gants.

Mon Dieu, ce n'est pas un tout jeune homme, mais il a vraiment l'air distingué.

POMADOUR, redescendant, et avec joie.

J'ai mis dans le mille! (Serrant les mains d'Adolphe.) Nous sommes ensemble!

FIN DE 29 DEGRÉS A L'OMBRE

# LE MAJOR CRAVACHON

## COMÉDIE-VAUDEVILLE

### EN UN ACTE

Jouée pour la première fois, à Paris, sur le théâtre du PALAIS-ROYAL,
le 15 février 1844.

---

COLLABORATEURS : MM. LEFRANC ET JESSÉ

# PERSONNAGES

|  | ACTEURS<br>qui ont créé les rôles. |
|---|---|
| CRAVACHON. | MM. Leménil. |
| DERVIÈRES. | Berger. |
| ANTONIN, domestique de Cravachon. | Dublaix. |
| OLYMPE, fille de Cravachon. | Mmes Scriwaneck. |
| AMÉLIE, amie de pension d'Olympe (rôle travesti). | Aline Duval. |
| UN NOTAIRE. | M. Lemeunier. |

La scène se passe à Saumur, en 1813

# LE MAJOR CRAVACHON

Le théâtre représente un salon. — Ameublement simple, fleurets suspendus. — Porte principale au fond. — A droite, au premier plan, une porte et une table garnie. — Au second plan, une cheminée avec glace et pendule. — A gauche, deux portes, l'une au premier, l'autre au second plan.

## SCÈNE PREMIÈRE.

### LE NOTAIRE, CRAVACHON.

Tous deux sont assis au milieu de la scène, au lever du rideau.

CRAVACHON, se levant.

Ça suffit, monsieur... Vous n'aurez pas ma fille.

LE NOTAIRE, se levant.

Comment!... mais songez donc que je suis...

CRAVACHON, brusquement.

Quoi? que voulez-vous dire?... Que vous êtes notaire impérial, que vous êtes honnête homme, que votre étude est payée... Eh bien, après?

LE NOTAIRE.

Il me semble que ces avantages...

### CRAVACHON.

Ce ne sont pas là des avantages... Moi, monsieur, je suis le major Cravachon, je suis un honnête homme aussi : j'ai vu l'Allemagne, la Prusse et l'Italie, et je ne m'en vante pas, moi, monsieur... Et, aujourd'hui, je suis commandant de la forteresse de Saumur, une prison d'État, monsieur, et je n'en suis pas plus fier pour ça. Parbleu !... notaire, voilà-t-il pas le diable !

### LE NOTAIRE, avec calme.

J'ai suivi avec attention le fil de votre raisonnement, et je ne comprends pas...

### CRAVACHON.

Ce n'est pas nécessaire... Vous n'aurez pas ma fille Olympe, c'est clair, c'est net... Ainsi, monsieur...

### LE NOTAIRE, cérémonieusement.

Monsieur, j'ai bien l'honneur d'être avec une profonde considération...

### CRAVACHON, le reconduisant.

Serviteur, monsieur, serviteur, de tout mon cœur.

Le notaire sort

## SCÈNE II.

### OLYMPE, CRAVACHON.

### CRAVACHON, revenant.

J'ai cru qu'il n'en finirait pas avec ses salamalecs.

### OLYMPE, entrant.

Eh bien, papa, ce jeune homme?... ce notaire?...

### CRAVACHON.

Je l'ai remercié poliment.

## SCÈNE DEUXIÈME.

OLYMPE.

Encore !... vous êtes trop difficile aussi.

CRAVACHON.

Tiens ! je donne cent mille francs !

OLYMPE.

Songez donc, mon petit papa, je me fais vieille... dix-neuf ans !... Et voilà le sixième que vous congédiez... Six ! qui en épousent d'autres ! si ce n'est pas affreux !... Il n'en restera plus !

CRAVACHON.

Puisque je donne cent mille francs, sois donc tranquille. Quand on a un père qui a vu le monde, vois-tu, qui a détrôné des rois, qui a mangé du cheval...

OLYMPE.

Oh ! là-dessus, vous savez bien que tous les jours j'écoute et j'admire... Mais... (Câlinant.) dites donc, petit papa, si vous me les présentiez, peut-être que mes avis...

CRAVACHON.

Une entrevue ?... Il ne manquerait plus que ça !...

OLYMPE.

Alors, tâchez qu'ils vous plaisent... Toutes mes amies de pension ont des maris.

CRAVACHON.

Tu appelles ça des maris, toi ?... Tu t'y connais !... ce sont des... Ça fait pitié !... Un peu de patience, et nous t'en aurons un... comme je l'entends.

OLYMPE.

Et comment l'entendez-vous ?

CRAVACHON.

Comment, sacrebleu ?... Je voudrais la... un... morbleu!... Voilà l'homme qui te rendrait heureuse!... et je le trouverai...

OLYMPE.

Sera-ce bien long?

CRAVACHON.

Est-ce que je sais, moi!... Tiens, au fait, j'en attends un ce matin de Paris... et tu sais que Paris est le centre des lumières.

OLYMPE.

Oui, et des coups d'épée... Vous souvenez-vous il y a trois mois?

CRAVACHON.

Si je me souviens!... Je crois bien, une blessure superbe! ça me fait encore mal!... mais c'est égal, quel beau coup!... On a bien raison de dire: « Il n'y a qu'un Paris! »

OLYMPE.

Je suis sûre que c'est encore vous qui aviez tort.

CRAVACHON.

Oh! non... Cette fois, j'avais été insulté!... mais insulté!... Ah! le digne jeune homme!... je ne pense jamais à lui sans plaisir.

OLYMPE.

Que vous avait-il fait? car vous ne m'avez jamais dit...

CRAVACHON.

Ce qu'il m'avait fait, le brigand? Tu vas voir. Je sortais du théâtre Feydeau... il faisait un brouillard à ne pas distinguer une vivandière d'un tambour-major... je descendais la rue Vivienne en ruminant à part moi le morceau d'Elleviou que je venais d'applaudir... Elleviou tu sais? c'est mon idole!... quand j'entends sur le trottoir, à trois pas devant moi, une voix dans le brouillard, qui écorchait le même morceau. J'avais beau ralentir le pas, ou marcher plus vite, je ne pouvais pas me dépêtrer de ce maudit chanteur! Dame! moi, ça commençait à m'échauffer les oreilles... Il était évident que le particulier y mettait de la méchanceté... Il s'était dit: « Voilà un bourgeois qui sort de Feydeau... Elleviou est son idole, bon! je vais le taquiner... »

OLYMPE.

Oh! pouvez-vous croire...

CRAVACHON.

Laisse faire, on connaît son monde... Alors, moi, je lui crie : « Holà! hé! monsieur! monsieur! chantez autre chose, vous m'ennuyez... » Il me répond par un grand éclat de rire!... puis il entame avec son infernal fausset... quoi? le morceau de Martin... Martin, tu sais? c'est mon idole!... Mille tonnerres! je n'y tenais plus!... « Ah pour le coup, mon oiseau, lui criai-je en le rejoignant, nous allons changer de musique!... » « Un duel? ça me va, j'ai froid aux doigts, qu'il me répond sans ostentation... Voilà un armurier, je vais chercher des outils... » Et il part en chantant.

Malbrough s'en va-t-en guerre...
Mironton, ton, ton...

Et faux! toujours faux! le gueux!

OLYMPE.

Il ne pouvait peut-être pas chanter autrement.

CRAVACHON.

Ça ne me regarde pas... J'arrête deux fiacres, chacun le nôtre ; il revient avec des épées, nous nous embarquons, et bientôt nous voilà hors Paris, dans la campagne, au milieu d'une belle route, ma foi! mais il faisait noir... noir!... Mon inconnu fait en un clin d'œil ranger les sapins sur les bas côtés, il en décroche lui-même les lanternes, et, bon gré mal gré, nos cochers immobiles nous servent à la fois de candélabres et de témoins... à quarante sous l'heure... Nous croisons le fer... Oh! je vis tout de suite que j'avais affaire à forte partie... (S'animant.) Aussi, comme nous nous comprenions, c'était un plaisir; tous nos coups étaient mutuellement portés et parés... Sans presque nous voir, nous nous devinions dans l'obscurité, et...

OLYMPE.

Et vous êtes resté sur la place avec une blessure!

CRAVACHON.

Oui, ce cher ami, il m'a désossé l'épaule... (Vivement.) Mais je ne m'en plains pas, oh! Dieu!

OLYMPE.

Vous lui devez des remerciements, peut-être.

CRAVACHON.

Pourquoi pas? car tous les jours on est blessé... Qu'est-ce qui n'est pas blessé?... Mais pas comme ça! oh! non! pas comme ça! (Tristement.) Ah! je ne regrette qu'une chose...

OLYMPE.

Quoi donc?

CRAVACHON.

Tu ne le croirais pas... je ne sais pas encore comment il m'a touché... il faisait si noir... Je donnerais dix napoléons pour connaître ce coup-là... car, enfin, je ne me découvre jamais, c'est connu. Est-ce en quarte? est-ce en tierce?

OLYMPE.

La belle avance!

#### CRAVACHON.

Tu n'es pas artiste, toi... Ah! si tu l'avais vu, ce brave jeune homme! avec quelle modestie il s'est dérobé à mes félicitations... Il est parti, là, tout bonnement comme le premier venu... Je l'ai à peine vu, ce garçon-là; il me serait impossible de le reconnaître... (Regardant la pendule.) Diable! déjà dix heures! et moi qui suis témoin dans une affaire!

#### OLYMPE.

Encore?

#### CRAVACHON.

Oh! presque rien... des commençants! des mazettes! des pékins!

#### OLYMPE.

C'est toujours la même chose; quand vous ne vous battez pas, vous faites battre les autres!

#### CRAVACHON.

Il faut bien s'occuper... et prouver à l'empereur que je ne suis pas encore un invalide, bien qu'il ne me juge plus bon qu'à faire un geôlier... Oh! je lui en veux!... Moi, le major Cravachon, moi qui l'ai aidé à gagner la bataille de Marengo, m'employer à garder des prisonniers d'État, des conspirateurs!

#### OLYMPE.

De mauvaises têtes comme vous... et que pourtant vous traitez avec une rigueur...

#### CRAVACHON.

Ah! dame! je ne connais que ma consigne, c'est vrai.

#### OLYMPE.

Jusqu'à empêcher ces pauvres détenus de communiquer avec leurs femmes, leurs filles, leurs sœurs.... Si ce n'est pas affreux!

### CRAVACHON.

C'est l'ordre de l'empereur... Il ne veut pas que les femmes entrent ici... faut croire qu'il a ses raisons pour ça... Pour lors, bon, très-bien, assez causé... (Allant décrocher les fleurets.) Voyons, mes fleurets... Toi, tu vas rentrer dans ton appartement... Si le prétendu en question arrivait, je veux l'examiner le premier... Allons, sois bien raisonnable.

AIR: *Adieu, tâche de distraire.*

Adieu rentre chez toi, ma chère,
Je m'en vais au plus tôt régler cette affaire!
Après ce rendez-vous d'honneur,
Je ne veux m'occuper que de ton bonheur.

### ENSEMBLE.

### CRAVACHON.

Adieu..., etc.

### OLYMPE.

Oui, je rentre chez moi, mon père,
Quant à vous terminez vite cette affaire!
Après ce rendez-vous d'honneur,
Il ne faut s'occuper que de mon bonheur.

# SCÈNE III.

### OLYMPE, seule.

Oui, sois bien raisonnable... Il me dit ça chaque fois... ou bien il s'en va sans rien dire... boutonné jusqu'en haut... Alors, j'ai encore plus peur... et pourtant, c'est la bonté même... Mais il a été toujours comme ça... il faisait trembler ma pauvre mère.

## SCÈNE IV.

### ANTONIN, OLYMPE.

ANTONIN.

Mademoiselle, c'est un jeune homme qui demande à parler à monsieur.

OLYMPE, à part.

Un jeune homme!... le futur, sans doute.

ANTONIN.

Je lui ai dit que monsieur était sorti.

OLYMPE, à part.

Ah! mon Dieu! encore un que je ne verrai pas... (Haut.) Est-ce qu'il est parti?

ANTONIN.

Non, il est là?

OLYMPE, avec joie.

Ah! il est là.

ANTONIN.

Oui; il dit comme ça que monsieur, ça lui est égal, qu'il aime mieux causer avec mademoiselle.

OLYMPE.

Ah! mon Dieu! que c'est désagréable... Ce qu'il a à me dire est peut-être important... je ne peux pas le renvoyer.

ANTONIN.

Oh! que ça ne vous chagrine pas, je vais lui dire que vous êtes sortie.

Fausse sortie.

OLYMPE, le rappelant.

Antonin! Antonin!... Comment! vous savez donc mentir?

ANTONIN.

Dame! puisque ça vous ennuie de le voir.

OLYMPE.

Certainement!... surtout en l'absence de mon père... mais un mensonge... Ah! Antonin... faites entrer ce jeune homme.

ANTONIN, sortant.

Tout de suite, mademoiselle.


## SCÈNE V.

**OLYMPE, puis AMÉLIE.**

OLYMPE, s'arrangeant vivement devant une glace.

Il va venir... vite! vite!... Bon! mes cheveux qui s'en vont! Ah! mon Dieu! il ne voudra jamais m'épouser dans cet état-là... Le voici... tenons-nous droite.

AMÉLIE, en uniforme de lieutenant de hussards.

Mademoiselle...

OLYMPE, à part.

Je rougis, je rougis! comment faire? (Ils se saluent tous les deux.) Monsieur... (A part.) Un militaire!... tenons-nous encore plus droite.

AMÉLIE.

Excusez, mademoiselle, la liberté que j'ai prise...

OLYMPE.

Il n'y a pas de mal... Croyez, au contraire, monsieur, que... je suis flattée...

## SCÈNE CINQUIÈME.

AMÉLIE, riant aux éclats.

Ah! ah! ah!

OLYMPE, à part.

Il rit!

AMÉLIE.

Ah çà! tu ne veux donc pas me reconnaître?

OLYMPE.

Amélie!... Ah! quel dommage!

AMÉLIE.

Comment?

OLYMPE.

Quel bonheur veux-je dire!... Comment! c'est toi... tu m'as fait une peur... Embrasse-moi donc!...

AMÉLIE, l'embrassant.

Cette chère petite Olympe!... Nous ne nous sommes pourtant pas revues depuis la pension. Mais je suis loin de t'avoir oubliée! Tiens, cette bague qui me vient de toi, je ne l'ai jamais quittée.

OLYMPE.

Bonne Amélie! mais pourquoi ce déguisement?

AMÉLIE.

Pourquoi? oh! c'est un grand secret... une bien grande audace... mais tu ne me trahiras pas... tu m'aideras au contraire... M. Cravachon peut-il nous entendre?

OLYMPE.

Non... Mais d'où vient ce mystère?

AMÉLIE.

Écoute... Mon mari... car je suis mariée.

OLYMPE, à part.

Encore une!

#### AMÉLIE.

Mon mari, M. Doffin, compromis dans une prétendue conspiration contre l'empereur, a été arrêté, il y a huit jours, et conduit ici, dans la citadelle commandée par ton père.

#### OLYMPE.

Ah! mon Dieu!... tu as un mari sous clef!

#### AMÉLIE.

Et tu sais qu'un ordre impitoyable, mais motivé par quelques abus, ferme depuis un certain temps l'entrée de cette forteresse, de cette prison, à toutes les femmes quelles qu'elles soient... Pourtant, je ne pouvais abandonner ainsi mon mari.

#### OLYMPE.

Je crois bien!

#### AMÉLIE.

Pendant que des amis puissants sollicitent à Paris son élargissement, j'ai voulu à toute force le voir, lui parler...

#### OLYMPE.

C'est si naturel!

#### AMÉLIE.

Mais comment faire? J'espérais d'abord que le titre de ton ancienne amie pourrait aplanir la difficulté... mais bientôt la réputation de l'inflexible commandant vint m'ôter tout espoir...

#### OLYMPE.

Alors?

#### AMÉLIE.

Alors, j'ai pris un parti extrême, violent... j'ai pris les habits de mon frère l'officier, et, sous cette enveloppe, je viens affronter la consigne du major et solliciter mon laissez-passer.

## SCÈNE CINQUIÈME.

OLYMPE.

Pourvu que papa Cravachon se laisse prendre à la ruse... Voyons, tourne-toi, que je t'examine. (Elle la fait tourner autour d'elle.) La!... marche un peu... encore... Eh bien, ce n'est pas trop mal... tu peux faire illusion.

AMÉLIE.

Ma foi, j'ai confiance. Ton père ne m'a jamais vue, et, pour peu que je fasse honneur à mon uniforme...

OLYMPE, confidentiellement.

Entre nous, je t'avouerai que je n'en suis pas contente du tout de papa Cravachon... mais du tout, du tout!

AMÉLIE.

Que veux-tu dire ?

OLYMPE.

Enfin, ma chère, en me regardant, certainement on le voit tout de suite, je suis bien d'âge... Eh bien, pourtant, je crois qu'il ne veut pas me marier.

AMÉLIE.

Quel enfantillage !

OLYMPE.

Je parle très sérieusement... car, enfin, je suis demandée de tous côtés ; c'est incroyable... chacun veut m'épouser.

AMÉLIE, souriant.

Ça ne m'étonne pas du tout.

OLYMPE.

Moi, je ne demande pas mieux... mais lui ne veut pas... Mes prétendus, on me les cache... ensuite, mon père s'enferme avec eux... là... (Elle montre la première porte à gauche.) Je ne sais pas ce qui se dit... mais ce doit être affreux!... car ils partent tous, et l'on n'entend plus parler d'eux.

AMÉLIE.

Au fait, c'est étrange!

OLYMPE.

C'est abominable! quelquefois, j'écoute à la porte... c'est mal, mais c'est par raison.

AMÉLIE.

Eh bien?

OLYMPE.

Je n'entends rien... Seulement, papa fait la grosse voix comme un bourdon, l'amoureux disparait et je continue à rester fille.

AMÉLIE.

Pauvre enfant!... Ça ne peut pourtant pas durer ainsi!

OLYMPE.

Je crois bien que ça ne peut pas durer ainsi!...

AMÉLIE.

Il faudrait savoir... Mais j'y pense... je ne peux voir mon mari que demain... après deux heures, on n'entre plus... d'ici là, je puis m'occuper de toi, de ton bonheur... Je vais demander ta main à ton père.

OLYMPE.

Toi?... mais pas du tout!

AMÉLIE.

Eh bien, voyons, n'as-tu pas peur que je ne t'épouse? De cette façon, j'aurai avec lui cette entrevue si mystérieuse, si redoutable, et...

OLYMPE.

Eh bien, oui... mais comment?

AMÉLIE.

Le meilleur moyen de prouver que je suis un homme,

## SCÈNE CINQUIÈME.

c'est de vouloir épouser une jolie personne comme toi... Je suis ton nouveau prétendu.

#### OLYMPE.

Toi? Mais prends bien garde!

#### AMÉLIE.

Moi prendre garde?... (Elle s'avance menaçante sur Olympe, qui recule effrayée.) Un militaire, un officier, un hussard! Maintenant, du papier, une plume...

*Elle va à la table placée à droite.*

#### OLYMPE.

Que vas-tu faire?

#### AMÉLIE.

Je vais écrire à ton père... J'ai mon idée... ce sera court mais nerveux!

*Elle écrit.*

#### OLYMPE.

Comme nous allons nous amuser! (Elle sonne. — Antonin entre.) Antonin, préparez tout de suite pour monsieur la chambre verte.

#### ANTONIN.

Oui, mademoiselle.

*Il sort par la droite.*

#### AMÉLIE.

Tiens, voici ma lettre... Trois lignes d'éloquence. (Lisant.) « Monsieur, je suis gentil, bien tourné, jeune et hussard; j'aime mademoiselle votre fille, je vous demande sa main... Causons-en! — *Nota.* Je suis pressé, corbleu! »

#### ANTONIN, rentrant.

Mademoiselle, la chambre est prête.

#### OLYMPE.

C'est bien.

AMÉLIE, à Antonin.

Mon garçon, tu vas remettre cette lettre à M. Cravachon

ANTONIN.

Ça suffit.

AMÉLIE.

Tout de suite, entends-tu?

ANTONIN, se rangeant pour la laisser passer et saluant militairement.

Oui, mon lieutenant.

AMÉLIE, passant.

A la bonne heure, corbleu !

OLYMPE, passant à son tour devant Antonin.

A la bonne heure, corbleu !


# SCÈNE VI.

### ANTONIN, seul.

Eh ben !... ils entrent... tous les deux... Ne vous gênez pas ! Avec ça qu'il a l'air mauvais sujet, le hussard... il vous a un petit œil !... J'ai bien vu des œils, mais jamais, au grand jamais... Après ça, c'est peut-être un mari... Imprudent! s'il avait, comme moi, réfléchi sur la matière... il se garderait bien...

AIR : *Je loge au quatrième étage.*

Tout le drame du mariage
Dans ma main est représenté.

*Il montre sa main les doigts en l'air.*

La femme, premier personnage,

*Il indique le pouce.*

Se place ici sur le côté,

Avec fortune,

*Il indique l'index.*

Et jeunesse,

*Il indique le médium.*

Et beauté ;

*Il indique l'annulaire.*

Puis un mioche d'humeur folâtre,

*Il indique le petit doigt.*

Mais le temps vient disperser tout cela !

(Parlé.) A son approche, la fortune s'esquive par la droite. (Il baisse l'index.) La beauté par la gauche. (Il baisse l'annulaire.) Et la jeunesse par le fond. (Il baisse le médium.) De façon qu'au dénoûment...

Il ne reste sur le théâtre
Que ces deux petits acteurs-là.

**Le pouce et le petit doigt restent levés et forment deux cornes**

## SCÈNE VII.

### ANTONIN, DERVIÈRES.

DERVIÈRES.

Holà ! hé ! personne !... (Apercevant Antonin, brusquement.) M. Cravachon ?

ANTONIN, à part.

Ah ! un monsieur... (Haut.) Vous demandez ?

DERVIÈRES.

M. Cravachon ? Est-ce que vous êtes sourd ?

ANTONIN, niaisement.

Oh ! que non, monsieur, je ne suis pas sourd... (S'approchant.) Par exemple, j'ai un oncle qui l'est, sourd, mais qui l'est...

DERVIÈRES.

M. Cravachon.

ANTONIN, sans l'écouter.

Comme un pot, sauf votre respect.

DERVIÈRES, s'emportant.

Ah çà! veux-tu me répondre?

ANTONIN.

Il est sorti. (Reprenant.) Ça lui est arrivé bien drôlement, allez...

DERVIÈRES.

Mademoiselle Cravachon?

ANTONIN.

Elle est occupée... elle cause avec un hussard.

DERVIÈRES, à part.

Un hussard?

ANTONIN.

Oui. (Reprenant.) Il ne s'attendait à rien, le pauvre cher homme... quand, tout à coup...

DERVIÈRES, le poussant violemment.

Ah çà! vas-tu te taire, imbécile!

ANTONIN.

Oui, monsieur.

DERVIÈRES.

Va-t'en! j'attendrai.

ANTONIN, s'en allant.

Oui, monsieur.

DERVIÈRES, traversant le théâtre de droite à gauche

Un hussard!... (Plus haut.) Ici!

## SCENE HUITIEME.

###### ANTONIN, revenant.

**Voilà,** monsieur.

###### DERVIÈRES, traversant de gauche à droite.

Un parent, sans doute... Je suis bien bon de m'inquiéter...

###### ANTONIN, qui l'a suivi.

Voilà, monsieur.

*Dervières se retourne, ils se trouvent face à face.*

###### DERVIÈRES.

Quoi? que veux-tu? Tu ne me laisseras donc pas tranquille, mille tonnerres? Va-t'en! mais va-t'en donc!

###### ANTONIN.

Oui, monsieur.

*Dervières le pousse dehors par les épaules.*

## SCÈNE VIII.

###### DERVIÈRES, seul.

Par tous les diables!... Allons, bon; voilà que j'oublie déjà mes recommandations... On m'a pourtant assez sermonné, à Paris... Si vous voulez plaire à la jeune personne, soyez doux, calme, conciliant; ils croient que c'est facile, quand on a été toute sa vie emporté, brutal, querelleur... vingt-cinq millions... Bien! voilà que je rejure! Allons, c'est dit, il faut que l'on me prenne ici pour un modèle d'aménité... On dit la demoiselle jolie, ça mérite bien quelques sacrifices... Quelqu'un!... attention!...

## SCÈNE IX.

### DERVIÈRES, OLYMPE.

OLYMPE, sortant de la chambre de droite, et parlant à la cantonade

Un peu de patience, donc! il va rentrer! (A elle-même.) Est-elle pressée! (Apercevant Dervières.) Ah! un jeune homme!...

DERVIÈRES, s'inclinant.

Mille pardons... c'est sans doute mademoiselle Olympe Cravachon que j'ai l'honneur de saluer?

OLYMPE, faisant la révérence.

Oui, monsieur.

DERVIÈRES.

Excusez ma curiosité... mais elle vous paraîtra naturelle quand vous connaîtrez les espérances que monsieur votre père m'a permis de concevoir...

OLYMPE.

Comment, monsieur, vous seriez...?

DERVIÈRES.

Un prétendu... oui, mademoiselle.

OLYMPE, à part, après l'avoir regardé.

Ah! en voilà un!... un vrai! (Même jeu.) Eh bien, quel mal ça fait-il?

DERVIÈRES.

Mon nom ne vous est sans doute pas tout à fait inconnu... Dervières.

OLYMPE, à part.

Ah! le joli nom.. pour une femme! (Haut, avec embarras.)

## SCÈNE NEUVIÈME.

Monsieur, je suis très-honorée... de l'honneur que... et je vous en... remercie... (A part.) Oh! non, on ne remercie pas... (Haut.) Mais mon père est absent...

### DERVIÈRES.

Je le sais, mademoiselle, et je bénis l'heureux hasard qui me permet de causer un moment avec vous. (A part.) Elle n'a encore rien dit, mais elle est charmante.

### OLYMPE.

Puisque vous voulez m'épouser, (Étourdiment.) mon intention n'est certainement pas de vous décourager, monsieur, mais je dois vous prévenir que c'est très-difficile.

### DERVIÈRES.

Quand on vous a vue, mademoiselle, les obstacles ne comptent plus. (A part.) Eh bien, mais ça va! ça va!

### OLYMPE.

Ah! c'est qu'il s'agit d'abord de plaire à mon père... et mon père... il refuse tout le monde.

### DERVIÈRES, à part.

Comme c'est encourageant!... Mais j'étais prévenu. (Haut.) Eh bien, mademoiselle, j'ose vous l'avouer, ce père inflexible m'effrayerait beaucoup moins s'il m'était permis d'espérer que vous ne m'êtes pas tout à fait contraire.

### OLYMPE, vivement.

Moi? par exemple!

### DERVIÈRES.

Il y aurait bien encore un moyen de s'entendre plus vite. Si vous étiez assez bonne, assez confiante, pour me donner un petit aperçu du mari que vous avez rêvé... car vous avez dû en rêver un (Olympe fait un oui de tête.)? je m'efforcerais alors de lui ressembler.

OLYMPE.

Comment, monsieur, vous voulez...?

DERVIÈRES.

Je conçois votre embarras... Mais n'est-ce pas le chemin le plus court, le plus sûr pour juger de la sympathie des caractères et ne s'engager qu'avec connaissance de cause?

OLYMPE, à part.

Il raisonne très-bien!

DERVIÈRES.

Ainsi, mademoiselle, parlez sans crainte.

OLYMPE.

C'est que je ne sais guère faire les portraits... Cependant, puisque vous insistez...

AIR de *l'Herbagère.*

Je veux d'abord qu'il ait beaucoup d'esprit,
 Qu'il ait bonne tournure ;
Je veux encore qu'il soit assez instruit
 Et d'aimable figure ;
Je veux aussi qu'il soit d'excellent ton,
 Qu'il ne parle pas politique,
Qu'il n'aime pas à jouer au boston,
 Et qu'il fasse un peu de musique

DERVIÈRES.

Vraiment, il vous faut tout cela ?

OLYMPE.

Oui, j'ai rêvé ce mari-là,
 Vraiment il me faut cela,
Car j'ai rêvé ce mari-là.

DERVIÈRES.

(Parlé.) Mais... je tâcherai..

## SCÈNE NEUVIÈME.

OLYMPE.

A la rigueur je pourrais me passer
D'une haute naissance,
Mais je voudrais qu'il sût un peu valser,
Et qu'il chérît la danse ;
Pourvu qu'il fasse enfin ma volonté,
Qu'il soit toujours d'humeur joyeuse,
Et qu'il n'aime pas trop sa liberté,
Je sens qu'il peut me rendre heureuse.

DERVIÈRES.

Vraiment, il vous faut tout cela?

OLYMPE.

Oui, j'ai rêvé ce mari-là...
Etc.

DERVIÈRES, à part.

Elle est ravissante!

OLYMPE.

Ah! j'oubliais une condition... oh! mais très-importante! Je ne pourrais jamais me résoudre à épouser un homme emporté, querelleur, qui eût des duels enfin !

DERVIÈRES.

Fi donc! (A part.) Comme ça se trouve.

OLYMPE.

Voilà tout, monsieur.

DERVIÈRES.

C'est extraordinaire, tout ce que vous aimez, je l'aime, tout ce que vous détestez, je le déteste.

OLYMPE, avec joie.

Vraiment? Ah! qu'on a bien raison de s'expliquer franchement! Voilà ce que les parents ne veulent pas comprendre... Si mon père savait que je vous ai vu... que je vous ai parlé... Ah! mon Dieu! je l'entends!... il ne faut pas qu'il se doute... (Saluant solennellement.) Monsieur, je vous permets d'aspirer à ma main.

Elle sort par la seconde porte de gauche.

## SCÈNE X.

DERVIÈRES, puis CRAVACHON, puis AMÉLIE.

DERVIÈRES, la regardant sortir.

Et j'userai de la permission, je vous prie de le croire... Quelle bonne petite nature; franche, naïve, aimante... Je l'ai bien un peu trompée... mais je me corrigerai... c'est décidé, plus de querelles, plus d'affaires d'honneur... Je veux rivaliser de douceur avec le papa Cravachon, qui doit être, d'après les principes qu'il a donnés à sa fille, l'invalide le plus pacifique... On le dit un peu original... j'éviterai de le froisser...

AIR de *Julie*.

Pour enjôler ce père de famille,
   Adoptons des mœurs de couvent,
   Je ferais des travaux d'aiguille,
   Je consens même à jouer au volant...
Pour ta douceur, beau-père, on te renomme,
   De patience, eh bien! faisons assaut :
   Pour épouser ta fille, s'il le faut,
   J'oublierais que je suis un homme.

(Parlé.) Ah! le voici!

CRAVACHON, entrant sans voir Dervières, une lettre à la main, à part.

Les poltrons!... ils ont arrangé l'affaire... et maintenant ils déjeunent... N'ont-ils pas eu le front de m'inviter!... « Messieurs, je ne déjeune jamais entre mes repas. »

## SCÈNE DIXIÈME.

DERVIÈRES, à part.

Il a l'air bon diable! mais il ne me voit pas... (Toussant.) Hum! hum!

CRAVACHON, l'apercevant.

Hein?

DERVIÈRES, saluant.

Monsieur...

CRAVACHON.

Vous êtes enrhumé?

DERVIÈRES.

Nullement.

CRAVACHON.

Que voulez-vous?

DERVIÈRES, à part.

Diable! il est brusque! (Haut.) Monsieur, je m'appelle Dervières et je pense que mon nom...

CRAVACHON.

Ah! très-bien, très-bien.

AMÉLIE, entr'ouvrant la porte de droite.

Hein? quelqu'un!...

Pendant toute cette scène, elle écoute, à moitié masquée par la porte.

DERVIÈRES.

J'ose prétendre à l'honneur...

CRAVACHON.

Vous voulez épouser ma fille?

AMÉLIE.

Comment! j'ai un rival?

CRAVACHON.

Je suis enchanté que nous soyons seuls!... (Avec intention.) J'ai l'habitude de causer en particulier avec les prétendus.

DERVIÈRES.

C'est trop juste.

AMÉLIE, à part.

Enfin je vais connaître ce grand secret.

CRAVACHON, remontant la scène.

Vous permettez... (Il ferme la porte du fond.) On ne saurait trop prendre de précautions pour n'être pas dérangé.

DERVIÈRES, à part.

Voilà un singulier préambule.

CRAVACHON, présentant un fauteuil.

Asseyez-vous. (Il va chercher un autre fauteuil pour lui, et voyant Dervières encore debout.) Asseyez-vous donc.

Ils s'asseyent.

DERVIÈRES, après un temps, à part.

Soyons insinuant. (Haut.) C'est en tremblant, monsieur...

CRAVACHON.

Permettez... (Il tousse.) Monsieur, je suis le major Cravachon, j'ai brûlé l'Allemagne, la Prusse et l'Italie, j'ai détrôné des rois, monsieur, j'ai mangé du cheval...

DERVIÈRES, gaiement.

Sans sel?

CRAVACHON.

Il n'en avait pas... Enfin je suis un honnête homme et je donne cent mille francs à ma fille... A vous maintenant... Allez.

Il s'enfonce dans son fauteuil et allonge les jambes.

## SCÈNE DIXIÈME.

DERVIÈRES, à part.

Il est drôle, le beau-père. (Haut.) Ma foi, monsieur, je n'ai encore brûlé ni l'Allemagne, ni la Prusse, ni l'Italie; et je vous avouerai que l'occasion ne m'a jamais été présentée de consommer du quadrupède en question... mais...

CRAVACHON.

Pardon... dites-vous ça pour vous moquer de moi?

DERVIÈRES.

Ah! pouvez-vous croire...?

CRAVACHON, reprenant sa première position.

Allez.

DERVIÈRES.

J'allais ajouter que je n'en crois pas moins posséder les qualités nécessaires au bonheur d'une femme. (Une pause. — Cravachon reste dans la même attitude. — A part.) Eh bien, il ne répond pas. (Haut.) Monsieur...

CRAVACHON.

Allez, j'écoute.

DERVIÈRES, à part.

Allons. (Haut.) Vous ne me connaissez que par quelques recommandations toutes bienveillantes, et vous désirez sans doute que j'entre dans quelques détails sur ma position et sur ma fortune... Orphelin fort jeune et seul héritier d'une famille...

CRAVACHON, immobile.

La fortune ne fait pas le bonheur... Passons.

DERVIÈRES, avec étonnement.

Ah! la fortune ne fait pas... (Se ravisant.) Vous venez de dire là une bien grande vérité, monsieur, car enfin qu'est-ce que la fortune? Mon Dieu! la fortune!... c'est un fait...

une... comment dirai-je?... Ah! monsieur... bien peu de pères comprennent cela! tandis que... l'éducation, par exemple... certainement il ne m'appartient pas de vanter la mienne, mais...

### CRAVACHON.

L'éducation ne fait pas le bonheur... Passons.

### DERVIÈRES, étonné.

Ah! l'éduc... (Se ravisant.) J'allais le dire... l'éducation! qu'est-ce que ça prouve? qu'on a été bien élevé, pas autre chose... Ce qu'il faut pour faire le bonheur d'une femme, c'est une âme tendre, c'est un cœur brûlant, c'est un amour...

### CRAVACHON.

Oh! l'amour!... l'amour ne fait pas le bonheur... Passons.

### DERVIÈRES.

Comment!... l'amour non plus?... (A part.) C'est un logogriphe que ce beau-père-là.

### AMÉLIE, à part.

Ah çà! qu'est-ce qui fait donc le bonheur?

### DERVIÈRES.

Alors, monsieur, pour être véritablement heureux, quelles sont, je vous prie, les qualités...?

### CRAVACHON.

Ah! là-dessus, jeune homme, j'ai des idées... des idées à moi, et... (Dervières tend l'oreille.) et je les garde... Mais vous ne m'avez pas encore dit un mot de votre existence de garçon.

Il se lève.

### DERVIÈRES, à part, en se levant.

Diable! (Haut.) Je ne vous cacherai pas que, comme tous les jeunes gens, je me suis un peu amusé!...

## SCÈNE DIXIÈME.

AMÉLIE, à part.

Je ferais peut-être bien de m'en aller.

CRAVACHON.

Vrai? eh bien, vous avez bien fait... bah! la jeunesse n'a qu'un temps! Mais il ne s'agit pas de cela... Voyons, la... franchement... un gaillard comme vous doit avoir la tête chaude... vive... Rien qu'à vos oreilles, ça se voit...

DERVIÈRES, à part.

Ah! mon Dieu!

CRAVACHON.

Pour un mot, flamberge au vent!

DERVIÈRES.

Mais... (A part.) D'où sait-il?

CRAVACHON.

Voyons, combien avez-vous eu de duels? contez-moi ça; je suis un vieux loup, moi.

DERVIÈRES, à part.

C'est un piège. (Haut.) Moi, monsieur, je ne me suis jamais battu.

CRAVACHON, brusquement.

Ce n'est pas vrai.

DERVIÈRES, avec vivacité.

Monsieur...

CRAVACHON.

Ah! vous voyez bien que vous vous êtes battu?

DERVIÈRES, à part.

Quelle faute! (Haut.) J'ai bien eu quelques petites altercations...

CRAVACHON.

A la bonne heure!

DERVIÈRES, froidement.

Mais j'ai toujours arrangé l'affaire.

CRAVACHON.

Hein?

DERVIÈRES.

Le duel est un préjugé barbare!... Avez-vous lu Jean-Jacques, monsieur?...

CRAVACHON, fièrement.

Je n'ai lu ni l'un ni l'autre, monsieur.

DERVIÈRES, avec une feinte exaltation.

Quel dommage! vous auriez vu flétrie, dans ces pages immortelles, cette coutume à jamais sanglante, vous auriez vu...

CRAVACHON.

Est-ce que vous avez été curé, monsieur? Ah çà! vous qui parlez, si on vous insultait?

DERVIÈRES, après un mouvement réprimé.

Je mépriserais l'insulte, monsieur.

CRAVACHON, à part.

C'est ce que nous allons voir.

DERVIÈRES.

Mais ce n'est là pour nous qu'un simple sujet de conversation... et je crois que, sur les points essentiels, nous sommes à peu près d'accord.

CRAVACHON.

D'accord! d'accord! comme vous y allez, vous... Mais je ne vous connais pas.

## SCÈNE DIXIÈME.

DERVIÈRES.

Il me semble pourtant vous avoir donné des détails assez précis...

CRAVACHON.

Et qui vous dit que je les crois, vos détails?

DERVIÈRES.

Comment? (Se calmant tout à coup.) Je pense pourtant que vous ne doutez pas de ma loyauté!

CRAVACHON.

Votre loyauté, votre loyauté... c'est un mot qu'on trouve tous les jours dans la bouche des...

DERVIÈRES, vivement.

Assez, monsieur.

CRAVACHON, à part.

Très-bien.

AMÉLIE, à part.

Il l'insulte, à présent.

DERVIÈRES, à part.

Qu'allais-je faire! (Haut, avec beaucoup de calme.) Mais à quoi bon nous emporter?... Je suis persuadé, monsieur, que vous n'avez pas eu l'intention de m'offenser...

CRAVACHON, à part, avec un geste de dédain.

Incurable!

DERVIÈRES.

Et j'espère que ce mariage...

CRAVACHON.

Vous! épouser la fille du major Cravachon?... j'aimerais mieux la marier... à un Anglais.

AMÉLIE, à part.

Jolie conclusion!

DERVIÈRES.

Mais...

CRAVACHON.

Voulez-vous me laisser tranquille?... Je ne vous écoute plus. (Il appelle.) Antonin! Antonin!... (A part.) Maintenant, il s'agit de voir l'autre.

ANTONIN, entrant.

Voilà!

CRAVACHON.

Dès que la personne qui t'a remis cette lettre sera venue, tu l'introduiras dans mon cabinet. (A Dervières en lui tendant la main.) Je peux vous dire une chose... c'est que vous ne serez jamais mon gendre. (Goguenard.) Serviteur, monsieur, serviteur. (Près de sortir.) Ah! pouah!

Il sort par la première porte à gauche.

## SCÈNE XI.

### DERVIÈRES, ANTONIN, AMÉLIE.

DERVIÈRES.

Je n'y comprends rien... Je rêve sans doute.

ANTONIN, à la porte de droite, appelant Amélie.

Hé! monsieur! lieutenant!

AMÉLIE, sortant.

A mon tour maintenant; s'il croit que je vais me laisser traiter comme l'autre... ah! mais non! mon uniforme me le défend.

###### ANTONIN.

Le major vous attend dans son cabinet.

###### AMÉLIE, traversant le théâtre.

C'est bien.

###### DERVIÈRES, l'apercevant.

Un officier! D'où sort-il?...

*Il passe à droite et échange un salut avec Amélie*

###### AMÉLIE.

Pauvre jeune homme! il me fait de la peine!

*Elle entre par la première porte à gauche.*

## SCENE XII.

#### ANTONIN, DERVIÈRES.

###### DERVIÈRES, à Antonin.

Quel est cet officier?

###### ANTONIN.

Cet officier? c'est un militaire... Pour vous achever l'histoire de mon oncle...

###### DERVIÈRES.

Laisse là ton oncle, et dis-moi...

###### ANTONIN, poursuivant son idée.

Le vétérinaire a prétendu que c'était le serein qui lui était tombé...

###### DERVIÈRES, à part.

Maudit homme!

###### ANTONIN.

Sur les oreilles... Faut se méfier du serein!

DERVIÈRES, le prenant au collet.

Mais cet officier... cet officier... dis-moi donc...

ANTONIN.

Eh bien, quoi? un hussard qui vient pour épouser mademoiselle.... (Reprenant.) Pour lors, quand mon oncle à vu...

DERVIÈRES.

Comment!... es-tu sûr?

ANTONIN.

Parbleu! puisque monsieur le demande dans son cabinet... Pour lors...

DERVIÈRES, se promenant avec agitation.

Mais, en ce cas, on s'est joué de moi! Ah! je me vengerai, oui, je me vengerai!

ANTONIN.

Pour vous achever l'histoire de mon oncle...

DERVIÈRES.

Eh bien, que fais-tu là? Va-t'en donc, imbécile!

ANTONIN.

Merci, monsieur. (A part.) Décidément ce n'est pas le moment de lui conter l'histoire de... Ça se retrouvera. (Haut.) Monsieur, ça se retrouvera.

DERVIÈRES.

Eh! va donc te promener, animal! (Antonin sort.) Pendant que je m'étudiais là à flatter ce vieux maniaque... il y avait ici un autre prétendu tout prêt qui écoutait sans doute, et qui a été témoin de... et un militaire encore! Oh! ce que j'ai été insulté, méprisé, conspué... et je n'ai rien dit! j'ai fait de la philosophie avec ce traîneur de sabre, quand j'aurais dû le.... Moi qui me suis battu vingt fois sans motifs, il n'y a pas quinze jours encore, pour un carambolage... on me le contestait... et, maintenant qu'on m'insulte... Oh! ce n'est pas fini... je vais trouver le major, il est encore d'âge à tenir une épée et... quant à sa fille, j'y renonce... C'est dommage pourtant... Ah! au diable le sentiment! Nous allons voir!... je redeviens moi, je me retrouve, je me reconnais... Qu'on me reprenne à faire le moraliste, vingt-cinq millions de tonnerres! Ah! ça fait du bien de jurer... morbleu!... sacrebleu!...

Il frappe du pied.

## SCÈNE XIII.

### OLYMPE, DERVIÈRES.

OLYMPE, entrant.

Ah! mon Dieu!

DERVIÈRES, à part.

La petite!... je crois qu'elle m'a entendu.

OLYMPE.

Eh bien, monsieur, c'est joli... Qu'est-ce que vous faites donc là?

DERVIÈRES, embarrassé.

Moi? je... je... je m'épanchais!

OLYMPE.

Ils sont gracieux, vos épanchements... Avez-vous vu mon père?

DERVIÈRES.

Je l'ai tellement vu, que je le cherche pour me couper la gorge avec lui!

OLYMPE.

Comment, avec mon père ?

DERVIÈRES.

N'essayez pas de m'arrêter... c'est impossible... Voyez-vous, il m'a outragé !

OLYMPE.

Lui ?

DERVIÈRES.

Lui-même ! aussi, adieu... J'en suis fâché pour vous, qui êtes bien bonne, bien douce, mais...

Fausse sortie.

OLYMPE, pleurant.

Je le vois bien... vous ne voulez plus m'épouser...

DERVIÈRES, revenant.

Moi ?... c'est-à-dire... (A part.) Est-elle gentille, mon Dieu ! (Haut.) Au contraire, je veux bien vous épouser... mais... après.

OLYMPE.

C'est ça, quand vous aurez tué mon père.

DERVIÈRES.

Mais non... soyez donc tranquille... on ne sait pas... c'est peut-être lui qui me tuera.

OLYMPE, pleurant.

Alors, ce sera encore plus difficile.

DERVIÈRES.

C'est juste... je ne sais plus ce que je dis... Comment faire ?

OLYMPE.

Moi qui vous croyais si doux, si paisible... Tenez, je vois bien que vous m'aviez trompée... et que votre caractère...

## SCÈNE TREIZIÈME.

DERVIÈRES.

Justement, c'est que je n'y suis pas dans mon caractère, j'en suis sorti !...

OLYMPE.

Alors, rentrez-y monsieur, rentrez-y.

DERVIÈRES.

C'est bien ce que je demande.

*Bruit dans la chambre à droite.*

OLYMPE.

Ciel ! j'entends la voix de mon père.

DERVIÈRES.

Ah ! grâce au ciel !

OLYMPE.

Qu'allez-vous faire ?

DERVIÈRES

Je vous en prie, laissez-nous.

OLYMPE.

Je vous devine... je reste !

DERVIÈRES.

Je l'entends !... je ne réponds plus de moi !

OLYMPE, effrayée.

Ah ! mon Dieu ! cachez-vous !

DERVIÈRES.

Moi, le fuir !

OLYMPE.

Ah ! je vous en supplie... dans l'état d'exaspération où vous êtes...

DERVIÈRES.

Je n'ai plus rien à ménager... il m'a refusé votre main..

Il l'avait peut-être accordée d'avance à cet officier de hussards.

OLYMPE, à part.

Amélie! (Haut.) Le hussard? mais je n'en veux pas.

DERVIÈRES

Il serait possible?

OLYMPE.

A une condition... partez.

DERVIÈRES.

Et vous m'aimerez?

OLYMPE.

Oui, oui, dépêchez-vous!

DERVIÈRES.

Et vous m'épouserez?

OLYMPE.

Je ferai mon possible; allez, allez.

DERVIÈRES.

Mais où?... Ah! cette chambre?

*Il se dirige vers la gauche, deuxième plan.*

OLYMPE.

La mienne! non, non.

DERVIÈRES, allant à droite.

Celle-là?

OLYMPE, à part.

La chambre d'Amélie! (Haut.) Monsieur!

DERVIÈRES, entrant.

Voyez ce que je fais pour vous!

## SCÈNE XIV.

### CRAVACHON, AMÉLIE, OLYMPE.

OLYMPE, voyant entrer Amélie.

Ah! Dieu soit loué!

CRAVACHON.

Allons, allons, jeune homme, du calme!

AMÉLIE.

Morbleu! ventrebleu! sacrebleu!

OLYMPE, à part.

Dieu comme elle jure!

CRAVACHON.

Monsieur!

AMÉLIE.

Je ne veux rien entendre!

CRAVACHON.

Mais...

AMÉLIE, frappant du pied.

Tête-bleu!

CRAVACHON.

Puisque je vous dis que c'est une ruse...

AMÉLIE.

Je n'aime pas les ruses.

CRAVACHON

Une plaisanterie.

AMÉLIE.

J'abhorre les plaisanteries... Vous m'avez insulté!

OLYMPE, à part.

Comment! elle aussi?

AMÉLIE.

Ça ne se passera pas comme ça, mille bombes

CRAVACHON.

A la fin, voilà un homme! (Haut, avec effusion.) Mon ami, je vous dois une réparation...

OLYMPE, à part.

Encore un duel!

CRAVACHON.

Touchez là : vous êtes mon gendre.

OLYMPE.

Hein?

AMÉLIE.

Vrai?... Eh bien, j'accepte!...

OLYMPE, à part.

Par exemple!... (Haut.) Mais, papa...

CRAVACHON.

Te voilà?... avance ici... (Il la prend par la main et la présente à Amélie avec cérémonie.) Monsieur, voilà ma fille... c'est jeune, c'est timide, ne faites pas attention à elle... (A Olympe.) Voici l'époux que je t'ai choisi... il réunit toutes les qualités...

OLYMPE.

Pourtant, papa...

CRAVACHON.

Pas d'observations... je connais monsieur, je l'ai étudié, je l'ai éprouvé...

OLYMPE.

Si vous vous trompiez...

## SCÈNE QUATORZIEME

CRAVACHON.

Je ne me trompe jamais.

OLYMPE, à part.

La! laissez donc faire les grands parents.

AMÉLIE, à part.

J'ai une envie de rire!...

*Elle remonte la scène, en se donnant un air décidé.*

CRAVACHON, à Olympe.

Regarde donc quel air décidé! quelle tournure martiale!... c'est un héros que je t'ai donné là, ma fille... et un jour... qui sait? il deviendra peut-être maréchal.

OLYMPE.

Oui, papa.

CRAVACHON.

Et toi, on t'appellera madame la maréchale.

OLYMPE.

Oui, papa.

CRAVACHON, à Amélie.

Alors, vous avez vu le feu?

AMÉLIE.

Si j'ai vu le feu! j'en ai vu plus d'un.

CRAVACHON.

Ah! bah!

AMÉLIE.

AIR connu.

Oui, mon vieux,
Courageux,
En tous lieux,
J'ai vu, par mes yeux,

Un peu tous les feux.
De retour,
En ce jour,
Je viens pour
Connaître à son tour,
Celui de l'amour;
J'ai vu le feu du canon,
Feu de peloton,
Feu de bataillon,
Feu de bastion,
Le feu du bivouac,
Le feu du tillac.
Même celui... du cognac!

Si je vous disais que le gouvernement a eu trois chevaux tués sous moi, monsieur!

### CRAVACHON.

Et si je vous disais, moi, que j'en ai mangé, monsieur!

### AMÉLIE.

De quoi monsieur?

### CRAVACHON.

Du cheval, monsieur; et vous?

### AMÉLIE.

Moi?

Mon vieux,
Etc.

### CRAVACHON, enthousiasmé.

Ah! vous serez mon gendre! vous serez mon gendre!

### OLYMPE, à part.

Elle va tant faire, qu'elle va faire renvoyer l'autre

### CRAVACHON.

Je vais écrire au notaire.

## SCÈNE QUATORZIÈME.

AMÉLIE.

A la bonne heure !... j'aime qu'on mène les choses rondement.

CRAVACHON.

Et quant à cette permission que vous m'avez demandée pour voir le capitaine Doffin, je vais vous la donner.

*Il va à la table, à droite.*

AMÉLIE, à part.

Ah ! enfin !

CRAVACHON, écrivant.

Demain, à dix heures, les portes vous seront ouvertes.

AMÉLIE.

Merci, major.

OLYMPE, bas, à Amélie.

Tu n'y penses pas... Il y a ici un autre prétendu auquel tu nuis !

AMÉLIE, bas.

Ah bah ! tu l'aimes ?

OLYMPE, bas.

Dame ! tu ne peux pas le remplacer.

AMÉLIE, à part.

A-t-elle peur !

*Elle indique par signes à Olympe qu'elle va tâcher d'arranger cela.*

CRAVACHON, présentant un papier à Amélie.

La, voilà la chose... (Amélie prend le papier.) Et, ce soir, le contrat.

AMÉLIE, et OLYMPE, à part.

Ce soir !

AMÉLIE.

Major, je suis on ne peut plus flatté de votre alliance

mais je n'ai pu encore m'expliquer avec mademoiselle, et j'ignore si son cœur...

CRAVACHON.

Laissez donc! elle vous adorera... un homme qui a eu trois chevaux tués sous le gouvernement. (A sa fille.) N'est-ce pas que tu...?

OLYMPE.

Mais non, papa.

CRAVACHON, bas, à Olympe.

Veux-tu te taire!... (Haut, à Amélie.) Et puis vous me plaisez, ça suffit... Vous avez de ça... c'est tout dire... Au moins, vous, vous saurez protéger votre femme; et, si une figure lui déplait dans la rue, elle n'a qu'un mot à dire... vous mettez le particulier à l'infirmerie, vous!... Et vous croyez que ça ne flatte pas une demoiselle?

AMÉLIE.

Cependant...

CRAVACHON.

Je vous dis que vous êtes mon homme et qu'elle vous chérira... Quant à moi, je suis si heureux de vous avoir pour gendre, que, si vous n'épousez pas ma fille, je me bats avec vous!... Voyez...

# SCÈNE XV

OLYMPE, CRAVACHON, AMÉLIE, DERVIÈRES,
puis ANTONIN.

DERVIÈRES, à Amélie.

Et, si vous l'épousez, moi, je vous tue! Voyez!

## SCÈNE QUINZIÈME.

AMÉLIE, à part.

Ah! mon Dieu! à l'autre maintenant!

CRAVACHON, à part.

Le poltron! d'où sort-il?

DERVIÈRES.

Décidez-vous bien vite... je veux en finir.

OLYMPE.

Un duel? mais c'est impossible.

CRAVACHON, à Olympe.

Le hussard va lui appliquer son affaire.

DERVIÈRES, à Amélie.

J'attends votre réponse.

CRAVACHON, à Amélie, en faisant le geste de donner un soufflet

Comment! vous ne répondez pas?...

AMÉLIE.

Si... si... Eh bien, monsieur, c'est très-bien! (Résolûment.) Nous nous battrons! Cinq minutes, et je suis à vous! Major, ce jeune homme m'appartient, vous m'en répondez.

CRAVACHON.

Bravo!

### CHŒUR.

AMÉLIE et DERVIÈRES.

AIR : *de la Prova.*

Pour laver cet outrage,
Je reviens
Revenez à l'instant.
Craignez tout de ma rage,
Car il me faut du sang!

CRAVACHON.

Comme il ressent l'outrage!

Son rival n'est pas blanc !
Pour apaiser sa rage,
Il lui faudra du sang !

OLYMPE.

Pourquoi tout ce tapage ?
On peut heureusement,
Apaiser tant de rage,
Sans répandre le sang.

Amélie sort, Dervières reste un instant au fond comme pour accompagner Amélie de ses menaces.

OLYMPE, revenant, à Cravachon.

Allez, papa, c'est affreux ! toujours des querelles, des affaires d'honneur ; mais, cette fois, ce duel ne s'accomplira pas, car, puisqu'il faut vous le dire, depuis ce matin vous guerroyez avec une femme, une de mes camarades de pension, ma meilleure amie.

Elle sort.

## SCÈNE XVI.

### CRAVACHON, à part.

Une femme ?... comment !... (Examinant Dervières.) Il se pourrait ?... Au fait, cette poltronnerie n'était pas naturelle, et j'aurais dû me douter... (Il s'approche de Dervières en riant.) Eh eh eh !

DERVIÈRES.

La drôle de figure !

CRAVACHON, mignardement.

Eh bien, nous voulons nous battre... avec ces petites menottes-là !... et les petits petons que voici ?

DERVIÈRES, à part.

Qu'est-ce qui lui prend ?

## SCÈNE SEIZIÈME.

CRAVACHON.

Ah ! vous croyez qu'on a les yeux dans sa giberne? (Lui frappant doucement sur la joue.) Petit lutin !

DERVIÈRES.

Eh! morbleu, monsieur!

CRAVACHON, étonné

Morbleu !

DERVIÈRES, avec emportement.

Ces plaisanteries... Si je ne respectais votre âge...

CRAVACHON, à part.

Comment! elle me cherche querelle, à présent? Ah çà! mais ce n'est donc pas...? (Haut.) Vous êtes donc brave, vous?...

DERVIÈRES.

Je ne crains personne.

CRAVACHON.

Vous vous êtes donc déjà battu?

DERVIÈRES.

Vingt fois!

CRAVACHON.

Je n'y suis plus... (Haut.) Où ça?

DERVIÈRES.

Partout!... Dernièrement encore, à Paris, à onze heures du soir, entre deux fiacres.

CRAVACHON, faisant un bond en arrière.

Entre deux fiacres!... vous avez dit : « Entre deux fiacres! » Chantez! ou plutôt non, non, ne chantez pas!

DERVIÈRES.

C'est ça! comment savez-vous?...

CRAVACHON.

C'était moi, mon ami! c'était moi!

DERVIÈRES, à part.

Lui?... je suis perdu!

CRAVACHON.

Enfin je vous retrouve!... Embrassez-moi donc... puisque je vous dis que c'était moi!...

DERVIÈRES.

Vraiment, monsieur je suis désolé!... j'espère du moins que vous êtes entièrement guéri?

CRAVACHON.

Du tout! ça me fait encore mal! et c'est ce qui en fait le charme... Une égratignure, je l'aurais oubliée tout de suite avec son auteur; mais vous, ce n'est plus ça, aussi:

AIR : *Connaissez-vous le grand Eugène.*

Je vous aimais sans vous connaître!
Enfin, Dieu merci, vous voilà!
Vous vous étiez montré mon maître,
Votre souvenir était là;
Il était gravé là,

*Il montre son cœur.*

Puis là.

*Il montre son épaule.*

Vraiment la circonstance est drôle,
Quand vous m'avez porté ce coup vainqueur
Vous n'en vouliez qu'à mon épaule,
Et vous m'avez touché le cœur.

Ah çà! vous dînez avec nous, n'est-ce pas? Voyons, veux-tu prendre quelque chose?

DERVIÈRES.

Merci mille fois. (A part.) Quel homme singulier! (Haut.) Je n'ose plus maintenant me présenter devant mademoiselle votre fille.

CRAVACHON.

Ma fille?... mais, au contraire, plus que jamais, puisque le hussard... Je suis fixé sur le hussard. (Appelant.) Antonin!

ANTONIN, entrant.

Monsieur?...

CRAVACHON.

Où est-elle?

ANTONIN.

Qui ça?

CRAVACHON.

Le lieutenant?

DERVIÈRES, à part.

Le lieutenant.

ANTONIN.

Il monte l'escalier... Je ne sais pas ce qu'il a, mais il est d'une joie...

CRAVACHON, à part.

Eh bien, à la bonne heure! nous allons rire.

## SCÈNE XVII.

CRAVACHON, AMÉLIE, DERVIÈRES, puis OLYMPE et ANTONIN.

AMÉLIE, à Dervières.

Eh bien, petit, sommes-nous prêt?

DERVIÈRES.

Je suis à vos ordres, monsieur.

CRAVACHON, goguenard.

Ah çà! nous allons donc nous massacrer, nous tailler en pièces?

DERVIÈRES.

Les témoins?

AMÉLIE.

Je viens de prévenir le mien, et, dans un instant...

CRAVACHON.

Oh! sans le connaître, j'ai mieux que cela à vous offrir... un gaillard solide qui, une fois sur le terrain... (Il appelle.) Olympe! Olympe!

Il monte la scène.

AMÉLIE, à Dervières.

Monsieur, entre deux rivaux, on se doit de la franchise... me voilà prêt à vous donner toute satisfaction... Mais avant tout, j'ai un aveu à vous faire... (A Cravachon, qui s'est approché.) Pardon... (A Dervières.) Apprenez que, depuis longtemps, (Avec fatuité.) je suis au mieux avec mademoiselle Olympe depuis longtemps; je porte à ce doigt le gage d'une affection...

DERVIÈRES.

Monsieur! c'est une infâme calomnie, et tout votre sang...

CRAVACHON et OLYMPE, qui entre.

Qu'y a-t-il donc, messieurs?

DERVIÈRES.

Votre témoin?

AMÉLIE.

Le capitaine Doffin.

CRAVACHON.

Le prisonnier?... impossible!

## SCÈNE DIX-SEPTIÈME.

AMÉLIE.

Silence dans les rangs! et lisez.

*Elle lui présente un papier.*

CRAVACHON.

Que vois-je?... « Ordre de mettre en liberté le capitaine Doffin, reconnu innocent. » Le capitaine!

DERVIÈRES.

C'est encore un nouveau prétexte... Finissons!

AMÉLIE.

Je ne me bats jamais sans son consentement.

CRAVACHON.

Et pourquoi ça?

AMÉLIE.

Parce que?...

CRAVACHON et DERVIÈRES.

Parce que...

AMÉLIE.

Parce que... c'est mon mari.

DERVIÈRES.

Son mari!

CRAVACHON.

Comment! vous seriez...?

OLYMPE.

Madame Amélie Doffin, une de mes bonnes amies. Tu n'aurais pas deviné celui-là, toi qui as vu le monde!

AMÉLIE.

Et mangé du cheval!

CRAVACHON.

Ah! vieux quinze-vingts... Si je m'appelais Napoléon, je donnerais des lunettes à la garde impériale.

DERVIÈRES, à Amélie.

Ah! madame, que d'excuses!

CRAVACHON.

Oui! je comprends... vous vouliez voir votre mari à toute force, et... (A Olympe.) Elle est très-espiègle, ton amie, très-espiègle. (Prenant Dervières, à part.) Ah çà! dites-moi donc, mon cher... il y a une chose qui m'intrigue depuis longtemps... Quel diable de coup m'avez-vous donc porté?

DERVIÈRES.

Oh! mon Dieu! un coup bien simple... un coup de seconde.

CRAVACHON.

Ah! que c'est bête! j'aurais dû parer cercle. (Avec solennité, haut.) Ma fille, voici l'époux que je vous ai choisi.

OLYMPE, à part.

Ah! enfin!

CRAVACHON.

Et j'espère, cette fois, avoir eu la main heureuse.

ANTONIN, à Dervières.

Pour vous achever l'histoire de mon oncle... vous savez bien qu'il avait perdu l'ouïe...

DERVIÈRES, avec complaisance.

Eh bien?

ANTONIN.

Eh bien, il ne l'a pas retrouvée.

CRAVACHON, à Dervières.

Dites donc, Dervières, si vous étiez bien gentil, vous me feriez répéter ce coup-là, hein? Avant la nuit, nous avons bien le temps de faire un petit assaut.

## SCÈNE DIX-SEPTIÈME.

DERVIÈRES.

Avec plaisir.

> Antonin remet à Cravachon ses fleurets : celui-ci en donne un à Dervières, et se met en garde. En ce moment, Olympe, qui a causé bas avec Amélie, se retourne.

OLYMPE.

Mais que faites-vous donc?

CRAVACHON.

Ne t'inquiète pas, nous réglons les clauses du contrat.

AIR final des *Gants jaunes*.

Il faut bien que je reconnaisse,
Avant tout, son identité..,
Le coup qu'il m'a déjà porté;
Il me doit cette indemnité.

*Au public.*

Soyez, messieurs, de cette affaire
Les témoins désintéressés,
Grâce à votre concours, j'espère,
Que nous n'aurons pas de blessés.

TOUS.

Grâce à votre concours,
Etc.


FIN DU MAJOR CRAVACHON.

# LA MAIN LESTE

## COMÉDIE-VAUDEVILLE

### EN UN ACTE

Représentée, pour la première fois, sur le théâtre des Bouffes-Parisiens, le vendredi 6 septembre 1867.

COLLABORATEUR : E. MARTIN

## PERSONNAGES

|  | ACTEURS<br>qui ont créé les rôles. |
|---|---|
| ERNEST RÉGALAS. | MM. CHARLES PÉREY. |
| LEGRAINARD. | MONBARS. |
| MADAME LEGRAINARD. | Mmes THIERRET. |
| CÉLINE, sa fille. | DAMBRICOURT. |
| MADAME DE PONTMÊLÉ. | MOÏNA CLÉMENT. |

La scène se passe à Paris, chez Legrainard.

# LA MAIN LESTE

Une salle à manger. Porte au fond, portes latérales. Table longue à gauche, une étagère derrière avec cartons et fleurs; un guéridon à droite.

## SCÈNE PREMIÈRE.

### LEGRAINARD, MADAME LEGRAINARD, CÉLINE.

Ils sont attablés, à droite, autour du guéridon; le déjeuner s'achève.

MADAME LEGRAINARD, à son mari.

Voyons!... as-tu bientôt fini de prendre ton café?

LEGRAINARD.

Un moment!... il est trop chaud.

MADAME LEGRAINARD.

Alors pourquoi le demandes-tu toujours bouillant?

LEGRAINARD.

Pour le laisser refroidir... j'aspire l'arome

MADAME LEGRAINARD

Si tu crois que c'est amusant de te voir renifler pendant une heure.

###### LEGRAINARD.

Le café se prend deux fois... premièrement par le nez, secondement...

###### MADAME LEGRAINARD.

Oh! que c'est agaçant, un homme comme ça!

###### LEGRAINARD.

Voyons, calme-toi; tiens, mange des noix, ça occupe.

###### MADAME LEGRAINARD.

J'ai fini! je n'ai plus faim.

> Elle se lève et arpente la scène, les mains derrière le dos.

###### LEGRAINARD, à part.

Elle monte sa faction.

###### MADAME LEGRAINARD, s'arrêtant tout à coup.

Ce qui me crispe, c'est de voir ta fille.

###### CÉLINE.

Moi, maman? Qu'est-ce que j'ai fait?

###### MADAME LEGRAINARD.

Elle est là, en arrêt devant ta tasse... immobile... comme une momie.

###### CÉLINE.

Ah!

###### LEGRAINARD.

Ma femme!

###### MADAME LEGRAINARD.

Ma parole, je ne sais pas en quoi vous êtes bâtis tous les deux!

###### CÉLINE.

Je ne peux pourtant pas forcer papa à se brûler. Si son café est trop chaud!

## SCÈNE PREMIÈRE.

MADAME LEGRAINARD.

Chaud! ce café-là? (Elle prend la tasse et l'avale d'un trait.) Tiens, voilà comme il est chaud!

LEGRAINARD.

Et je m'en passerai, moi? ah! mais tu me la fais trop souvent, celle-là!... (Se levant et venant à elle.) Mais, sacrebleu!... si tu aimes le café, commandes-en deux tasses!

MADAME LEGRAINARD.

Moi? je ne peux pas le voir en face.

LEGRAINARD.

Alors, tourne-lui le dos!

MADAME LEGRAINARD.

Bah! un mouvement d'impatience.

LEGRAINARD.

Ah! voilà, l'impatience!... Certainement tu as mille qualités... d'abord tu m'aimes.

Pendant ce qui suit, Céline débarrasse le guéridon et porte les différents objets dans la coulisse de droite.

MADAME LEGRAINARD.

Taisez-vous.

LEGRAINARD.

Je sais ce que je dis... mais ce n'est pas du sang que tu as dans les veines... C'est du salpêtre... et puis tu as un défaut terrible.

MADAME LEGRAINARD.

Lequel?

LEGRAINARD.

C'est ta main.

CÉLINE, continuant de ranger.

Ah! oui, par exemple.

LEGRAINARD.

C'est la foudre, elle part comme une bombe et retombe comme une grêle.

MADAME LEGRAINARD.

Ne parlons pas de ça.

LEGRAINARD.

Que tu me gifles, moi, passe encore... Nous autres hommes, nous avons des moyens de nous venger.

MADAME LEGRAINARD.

Taisez-vous.

LEGRAINARD.

Je sais ce que je dis! mais que tu gifles mes ouvrières, c'est une autre histoire; avec ta pétulance, tu as failli compromettre la prospérité de notre fabrique de fleurs artificielles, dont je t'avais donné la direction... Tu entrais dans l'atelier, et, à la moindre observation... v'li! v'lan!... ce n'est pas du commerce ça.

MADAME LEGRAINARD.

Des flâneuses, ça les faisait travailler.

*Céline descend en scène à côté de son père.*

LEGRAINARD.

Ça les faisait mettre en grève, et nous ne trouvions plus personne pour les remplacer; c'est alors que je t'ai priée de ne plus te mêler des affaires... et que j'ai placé Céline à la tête de l'atelier... Nous prenons ces demoiselles par la douceur, nous... nous ne les giflons pas, nous... quand elles nous demandent de l'augmentation... nous leur donnons... de bonnes paroles, nous, et notre petit commerce marche très-bien.

MADAME LEGRAINARD.

Ça, j'avoue que j'ai la main un peu leste... Tu n'as pas des commissions à me donner? je sors.

## SCÈNE DEUXIÈME.

#### LEGRAINARD.

Non, où vas-tu?

#### MADAME LEGRAINARD.

A la Préfecture de police, au bureau des objets perdus.

#### CÉLINE.

Tu as perdu quelque chose, maman?

#### MADAME LEGRAINARD.

Oui, hier au soir, dans l'omnibus, je me suis trouvée à côté d'un polisson.

#### LEGRAINARD.

Qu'est-ce qu'il t'a dit?

#### MADAME LEGRAINARD.

Figure-toi... (Apercevant sa fille.) Céline, mon enfant, va donc voir si ces demoiselles sont à l'ouvrage.

#### CÉLINE.

Oui, maman. (A part.) C'est ennuyeux!... J'aurais voulu savoir ce que maman a perdu.

# SCÈNE II.

### LEGRAINARD, MADAME LEGRAINARD.

#### LEGRAINARD.

Eh bien, ce jeune homme, que t'a-t-il dit?

#### MADAME LEGRAINARD.

Je ne sais pas si c'est un jeune homme, je n'ai pas vu son visage.

#### LEGRAINARD.

Comment?

MADAME LEGRAINARD.

La lanterne de l'omnibus avait un carreau de cassé et le vent venait de l'éteindre... Tout à coup, je sens mon voisin qui se baisse tout doucement... et pose sa main sur mes souliers fourrés.

LEGRAINARD.

Quelle drôle d'idée !

MADAME LEGRAINARD.

Puis il se met à me caresser le pied en me disant: « Belle petite, belle petite. »

LEGRAINARD.

Il ne te voyait pas, car tu n'es ni petite, ni...

MADAME LEGRAINARD.

Vous dites?...

LEGRAINARD.

Rien...

MADAME LEGRAINARD.

Alors, la moutarde me monte au nez... la main me picote, et je lui détache un vigoureux soufflet.

LEGRAINARD.

A la bonne heure, si tu les plaçais tous comme ça...

MADAME LEGRAINARD.

Ce monsieur fait: « Aïe !.. dans l'œil ! » Je crie au conducteur d'arrêter et je descends majestueusement en faisant le sacrifice de mon billet de correspondance.

LEGRAINARD.

Enfin !... c'est six sous.

MADAME LEGRAINARD.

J'avais à peine fait cinquante pas... je m'aperçus que

j'avais oublié mon sac dans l'omnibus et mon porte-monnaie était dedans, quarante-six francs vingt-cinq.

LEGRAINARD.

Saprelotte!

MADAME LEGRAINARD.

Mais j'espère le retrouver... à moins que mon voisin... car un drôle qui prend le pied d'une femme...

LEGRAINARD.

Ce n'est pas toujours une raison... il y a des drôles qui sont honnêtes.

MADAME LEGRAINARD.

Je vais au bureau des objets perdus... mais, auparavant je veux m'habiller un peu ; quand on est en toilette, les employés sont plus polis.

LEGRAINARD.

Je te le conseille, quoique tu n'aies pas besoin de parure.

MADAME LEGRAINARD.

Taisez-vous.

<small>Elle sort par la droite.</small>

## SCÈNE III.

**LEGRAINARD, puis MADAME DE PONTMÊLÉ**

LEGRAINARD, seul.

Elle n'a pas de chance, ma femme!... pour la première fois qu'elle a raison, ça lui coûte quarante-six francs vingt-cinq... Oublions cet incident... un peu salé, et occupons-nous des affaires sérieuses. (Il va à la table de gauche et il tire des fleurs d'un carton.) Voici une coiffure de mon invention que je lance demain matin... c'est une mauve pour les veuves: c'est honnête, c'est décent et ça ne décourage pas; cela fera fureur cet hiver dans les salons de veuves sérieuses.

MADAME DE PONTMÊLÉ, entrant

Ah! M. Legrainard.

LEGRAINARD.

Madame de Pontmêlé... (A part.) Une de mes clientes les plus considérables... et veuve!... (Haut.) Qu'y a-t-il pour votre service, madame?

MADAME DE PONTMÊLE.

Mon Dieu, je voudrais une petite coiffure.

LEGRAINARD.

Pour bal?...

MADAME DE PONTMÊLÉ.

Non.

LEGRAINARD.

Pour diner?...

MADAME DE PONTMÊLÉ.

Non.

LEGRAINARD.

Pour matinée?...

MADAME DE PONTMÊLÉ.

Non!... en vérité, je ne sais comment appeler cela, nous nous réunissons aujourd'hui, sur les trois heures... quelques dames et plusieurs hommes de lettres, pour nous lire des vers...

LEGRAINARD.

Très-bien!... Je vois ce que c'est... c'est une après-

## SCÈNE TROISIÈME.

midi... littéraire... alors, j'aurai l'honneur d'offrir à madame une coiffure toute nouvelle... pour veuves... que je compte lancer demain. (Prenant la coiffure.) Si madame veut examiner...

MADAME DE PONTMÊLÉ, s'assied près de la table et regardant la coiffure.

C'est bien froid.

LEGRAINARD.

C'est sévère, mais ça ne décourage pas.

MADAME DE PONTMÊLÉ.

Qu'est-ce que c'est que ces fleurs-là?...

LEGRAINARD.

Ce sont des mauves.

MADAME DE PONTMÊLÉ.

Oh! je n'en veux pas... on fait de la tisane avec ça.

LEGRAINARD, remettant les fleurs dans le carton.

On peut en faire aussi de la tisane.

MADAME DE PONTMÊLÉ.

Je voudrais quelque chose... je ne sais comment dire.. quelque chose de nuageux, de vague, de tendre et d'honnête en même temps... enfin quelque chose qui fasse beaucoup d'effet... et qu'on ne voie presque pas.

LEGRAINARD.

J'ai votre affaire, une simple couronne de roses.

MADAME DE PONTMÊLÉ, avec dédain.

Ah!

LEGRAINARD.

Permettez... de roses... gris-perle.

MADAME DE PONTMÊLÉ.

Est-ce qu'il y a des roses gris-perle? Je n'en ai jamais vu.

#### LEGRAINARD.

Dans la nature on en rencontre rarement, mais dans les salons sérieux, c'est très-bien porté.

#### MADAME DE PONTMÊLÉ.

Voyons! montrez-moi cela.

#### LEGRAINARD.

Si vous voulez prendre la peine de passer dans l'atelier... ma fille se mettra à vos ordres.

#### MADAME DE PONTMÊLÉ, se levant.

Oui, des roses gris-perle, c'est tendre... c'est nuageux.

#### LEGRAINARD.

Et ça ne décourage pas!... Veuillez prendre la peine d'entrer, madame.

*Elle sort à gauche, dans l'angle.*

## SCÈNE IV.

### LEGRAINARD, RÉGALAS.

LEGRAINARD, revenant et descendant à droite.

Charmante femme!

RÉGALAS paraît au fond, tenant un sac en cuir.

Pardon!... madame Legrainard, s'il vous plaît?

#### LEGRAINARD.

C'est ici.. c'est ma femme.

#### RÉGALAS.

Ah! cette dame est mariée? Tant mieux, ça m'arrange

#### LEGRAINARD.

Ça vous arrange; pourquoi?

## SCÈNE QUATRIÈME.

RÉGALAS.

Nous causerons de ça tout à l'heure... Monsieur, je rapporte le sac.

LEGRAINARD.

Comment !... celui qu'elle a oublié hier dans l'omnibus?

RÉGALAS.

Je me suis permis de l'ouvrir pour savoir à qui il appartenait, j'ai trouvé votre nom, votre adresse... et quarante six francs vingt-cinq ; le tout est intact.

Il donne le sac à Legrainard

LEGRAINARD.

Ah! monsieur, que de remerciments. (A part.) Je n'ose pas lui offrir de récompense... Je vais lui faire une phrase.. (Haut.) Ah! monsieur, ils sont rares dans le siècle où nous sommes, les hommes qui rapportent le sac.

RÉGALAS.

Maintenant que j'ai satisfait aux lois de la probité, parlons de notre affaire.

LEGRAINARD.

Quelle affaire?

RÉGALAS.

Elle a la main vigoureuse, madame votre épouse.

LEGRAINARD.

Comment! c'est vous qui avez reçu...?

RÉGALAS.

Dans l'œil, oui, monsieur.

LEGRAINARD.

Convenez que vous l'aviez bien mérité...

RÉGALAS.

Moi?

LEGRAINARD.

On ne chatouille pas comme ça le pied des dames... à moins d'en avoir obtenu la permission.

RÉGALAS.

Pardon!... de quoi me parlez-vous?

LEGRAINARD.

Faites donc l'étonné! pourquoi vous êtes-vous baissé dans l'omnibus?

RÉGALAS.

Parce que ma chienne... une chienne javanaise que j'avais cachée sous la banquette, ne voulait pas rester tranquille ; alors, pour la calmer, je la caressais en lui disant: « Belle petite ! belle petite ! »

LEGRAINARD.

Je comprends, ma femme avait ses souliers fourrés... vous les avez pris pour votre chienne... C'est très-drôle ! « Belle petite ! » c'est très-drôle !

RÉGALAS.

Vous trouvez ça drôle?... Mais j'ai reçu un soufflet, monsieur!

LEGRAINARD.

C'est une erreur!... D'ailleurs, un soufflet de la main d'une jolie femme...

RÉGALAS.

Ah! elle est jolie, madame votre épouse?

LEGRAINARD.

Jolie, non ; gentillette ! Quand par hasard elle s'exerce sur ma joue... car c'est sa petite manie... je ne me fâche pas, moi...

## SCÈNE QUATRIÈME.

RÉGALAS.

Vous le lui rendez ?

LEGRAINARD.

Ah !... non... Je l'embrasse.

RÉGALAS.

Tiens !

LEGRAINARD, gaillardement.

Un soufflet de femme demande un baiser... c'est un axiome...

RÉGALAS.

Eh bien !... monsieur... ça me va.

LEGRAINARD.

Quoi ?... qu'est-ce qui vous va ?

RÉGALAS.

Je consens à embrasser madame.

LEGRAINARD.

Ma femme ?... quelle plaisanterie !

RÉGALAS.

Ne croyez pas que ce soit par dévergondage, au moins... Je n'ai pas l'honneur de connaître madame... elle ne me dit rien... mais c'est un moyen honorable d'étouffer l'affaire...

LEGRAINARD, remontant un peu.

Un moyen ! honorable ! Je m'y oppose... jamais...

RÉGALAS, passant à droite.

Alors, monsieur, il faudra que nous nous battions.

LEGRAINARD.

Moi ? par exemple !

RÉGALAS.

Je ne puis croiser le fer avec madame, vous êtes responsable des faits et gestes de madame votre épouse ; j'ai reçu un soufflet... et devant témoins.

LEGRAINARD.

Oh ! des gens que vous ne connaissez pas.

RÉGALAS.

Pardon ! j'étais dans l'omnibus avec un de mes amis, un jeune homme d'Épinal. Un Épinalais... ou un Épinalois... comme vous voudrez.

LEGRAINARD.

Moi, ça m'est égal.

RÉGALAS.

Il m'a dit : « Mon cher, si tu gardes cela... tu es un homme perdu... nos camarades le sauront et ils te chasseront de l'atelier. »

LEGRAINARD.

Monsieur est ouvrier ?

RÉGALAS.

Je suis peintre, monsieur.

LEGRAINARD.

Ah !

RÉGALAS.

Je réussis surtout le portrait... Si vous avez quelqu'un. dans vos connaissances, qui désire se faire faire... voici mon prix : à l'huile, c'est quarante francs.

LEGRAINARD.

Eh ! monsieur...

###### RÉGALAS.

C'est juste! terminons d'abord notre affaire. Qu'est-ce que vous décidez? J'embrasse ou j'embroche... je ne sors pas de là.

###### LEGRAINARD.

Mon Dieu, monsieur, je ne suis pas préparé. Je ne pouvais m'attendre à une demande tout à fait inusitée... dans les salons... Si ma femme consent, je ne demande pas mieux... pourvu que cela se passe devant moi.

###### RÉGALAS.

Oh! vous ne me gênerez pas.

###### LEGRAINARD.

Je vous demande la permission d'aller en conférer avec elle.

###### RÉGALAS.

Comment donc... c'est trop juste.

###### LEGRAINARD.

Je reviens dans cinq minutes; veuillez prendre la peine de vous asseoir. (A part, en sortant.) Embrasser le monsieur qui lui a caressé le pied... elle ne voudra jamais, jamais, jamais!

## SCÈNE V.

#### RÉGALAS, puis CÉLINE.

###### RÉGALAS, s'asseyant à gauche.

Un baiser sur la joue effarouchée d'une jeune et jolie femme... Je crois que je m'en tire galamment. Ce soir, à la table d'hôte, je ferai venir deux bouteilles de saint-julien à deux francs cinquante, je conterai l'histoire et je pincerai mon petit effet. Mais cette dame tarde bien!... est-ce qu'elle refuserait?

CÉLINE, entrant et s'avançant jusque sur la droite de la scène, à part.

Tiens! un monsieur.

RÉGALAS, à part et se levant.

Non, la voici. Très-gentille!

CÉLINE, à part.

Un client, sans doute.

RÉGALAS.

Madame... permettez-moi de bénir le petit mouvement de vivacité dont j'ai été victime, puisque la réparation dépasse de beaucoup le dommage.

CÉLINE.

Plaît-il?

RÉGALAS.

Oh! de beaucoup. (Avec galanterie.) Oh! je ne regrette pas mon omnibus.

CÉLINE.

Quel omnibus?

RÉGALAS, à part.

Elle est un peu embarrassée. (Haut.) Allons, madame, du courage! ce ne sera pas long.

CÉLINE.

Quoi?

RÉGALAS.

Êtes-vous prête?

CÉLINE.

Mais pourquoi?

## SCÈNE CINQUIÈME.

RÉGALAS.

Pour la petite réparation.

CÉLINE, passant à la table de gauche.

Ah! vous venez pour une réparation? N'est-ce pas pour cette couronne de lilas blanc qu'on a envoyée hier soir?

RÉGALAS.

Je ne porte pas de couronne... je travaille nu-tête dans mon atelier... Je suis peintre, je réussis surtout le portrait... Si vous avez quelqu'un dans vos connaissances... voici mes prix...

CÉLINE.

Mais, monsieur, qu'est-ce que vous demandez?

RÉGALAS.

M. Legrainard ne vous a donc pas dit...

CÉLINE.

Mon père? non, monsieur.

RÉGALAS.

Votre père! mais alors vous êtes sa fille?

CÉLINE.

Sans doute.

RÉGALAS.

Et vous avez une maman... qui porte des souliers fourrés?

CÉLINE.

Oui... quand il fait froid.

RÉGALAS, à part.

Alors, c'est la maman... Diable! elle ne doit pas être toute jeune. (Haut.) Pardon! quel âge avez-vous?

CÉLINE, à part.

Ces artistes sont curieux! (Haut.) Dix-huit ans.

RÉGALAS.

A quel âge madame votre mère s'est-elle mariée?

CÉLINE.

Mais, monsieur...

RÉGALAS.

Mettons dix-huit ans; dix-huit et dix-huit font trente-six... (A part.) c'est un fruit mûr... (Haut.) Et dites-moi... est-elle encore blonde?

CÉLINE.

Maman est brune.

RÉGALAS.

Brune?... mais, la, sans mélange?

CÉLINE.

Ah! je devine! vous êtes peintre... et vous venez faire son portrait?

RÉGALAS.

Non! je viens... pour une autre négociation... plus douce... plus tendre...

CÉLINE.

Une négociation tendre... (A part.) Serait-ce un prétendu?

RÉGALAS.

Je ne peux pas vous expliquer ça... mais plût à Dieu, mademoiselle, que vous ressembliez à votre mère.

CÉLINE.

Pourquoi?

RÉGALAS.

Parce qu'elle vous ressemblerait... et alors... non... je ne regretterais pas mon omnibus.

### SCÈNE SIXIÈME.

CÉLINE, à part.

Il a une conversation décousue... C'est l'émotion.

RÉGALAS.

Plus je vous regarde, mademoiselle, plus je vous trouve jolie, et je sens là comme une fourmilière qui s'agite... Mademoiselle, consentiriez-vous à payer la dette de votre maman?

CÉLINE, étonnée.

Comment cela?

RÉGALAS.

Oh! c'est bien simple, je m'approche de vous, je vous prends la main... je me penche comme pour vous dire quelque chose à l'oreille, et...

## SCÈNE VI.

LES MÊMES, MADAME DE PONTMÊLÉ,
puis LEGRAINARD

MADAME DE PONTMÊLÉ, paraissant et à la cantonade.

Aujourd'hui sans faute.

RÉGALAS, s'arrêtant au moment d'embrasser Céline.

Du monde! trop tard!

MADAME DE PONTMÊLÉ, à Céline.

Je compte sur votre exactitude, ma chère enfant.

RÉGALAS, à part.

Sa chère enfant, c'est la maman! pas mal! allons-y! (S'approchant.) Madame...

Céline passe à droite

MADAME DE PONTMÊLÉ.

Monsieur..

RÉGALAS.

Un peu de courage! ce ne sera pas long... Que tout soit oublié.

*Il l'embrasse.*

MADAME DE PONTMÊLÉ, poussant un cri et passant au milieu.

Ah!

LEGRAINARD, paraissant à droite.

Oh!

MADAME DE PONTMÊLÉ, à Legrainard.

Monsieur, c'est une indignité, vous cachez des hommes qui embrassent vos clientes... vous perdrez votre maison!

*Elle sort vivement par le fond.*

## SCÈNE VII.

### LEGRAINARD, RÉGALAS, CÉLINE.

LEGRAINARD

Malheureux! qu'avez-vous fait?

RÉGALAS.

J'ai cru que c'était votre femme... alors ça ne compte pas! Veuillez me présenter à madame...

LEGRAINARD.

Mais elle n'est pas ici... elle est sortie... pour aller réclamer son sac.

RÉGALAS.

Je l'attendrai... je ne suis pas pressé. (Regardant Céline qui baisse les yeux.) Oh! non, je ne suis pas pressé.

## SCÈNE SEPTIÈME.

LEGRAINARD, les regardant et à part.

Qu'est-ce qu'ils ont donc? (Haut.) C'est que ma femme ne doit rentrer qu'à deux heures... nous sommes un peu poussés par l'ouvrage.

CÉLINE.

Mais non, papa, rien ne nous presse.

LEGRAINARD.

Je sais ce que je dis, mademoiselle; rentrez... et ne paraissez que lorsque je sonnerai.

CÉLINE.

Mais, papa...

LEGRAINARD.

Deux fois pour vous et une fois pour notre première demoiselle.

RÉGALAS, qui est remonté, l'arrêtant.

Restez, mademoiselle, je me retire avec regret; (A Legrainard.) car, quand on vous a vu, monsieur, le plus grand chagrin qu'on puisse éprouver, c'est de quitter mademoiselle.

LEGRAINARD.

Mais, monsieur...

RÉGALAS.

Oui! je reviendrai, à deux heures, pour la négociation... Monsieur... mademoiselle..

## SCÈNE VIII.

### LEGRAINARD, CÉLINE.

#### CÉLINE.

Papa, quelle affaire as-tu donc avec ce jeune homme, qui vient ici pour la première fois ?

#### LEGRAINARD.

Une affaire de fleurs.

#### CÉLINE.

Ah ! c'est bien singulier, j'aurais cru qu'il venait pour autre chose.

#### LEGRAINARD.

Ah ! pour quoi ?

#### CÉLINE.

Je ne sais pas, mais il a embrassé madame de Pont-mêlé, croyant que c'était maman, cela veut dire quelque chose.

#### LEGRAINARD.

Je ne comprends pas.

#### CÉLINE.

Ne fais donc pas le mystérieux... j'ai deviné... c'est un prétendu.

#### LEGRAINARD, s'occupant à la table.

Lui ?... ah ! par exemple !...

#### CÉLINE.

Eh bien, s'il faut te parler franchement, de tous ceux que vous m'avez présentés, c'est celui qui me plait le plus... Il est aimable, spirituel.

## SCÈNE HUITIÈME.

LEGRAINARD.

Voyons, ne te monte pas la tête.

CÉLINE.

Il m'a dit des choses charmantes, et je sens là... oh! oui! je sens que je l'aimerai.

LEGRAINARD, à part.

Allons, bien! voilà autre chose! (Haut.) Mais puisque je te répète que ce n'est pas un prétendu.

CÉLINE.

Alors, qu'est-ce que c'est?

LEGRAINARD.

Eh bien!... c'est... c'est un voyageur... qui a caressé le pied de ta mère, croyant que c'était sa chienne, et, si elle ne l'embrasse pas... deux hommes se trouveront bientôt face à face, le glaive à la main; voilà l'exacte vérité.

CÉLINE.

Quelle histoire me fais-tu là? A ta voix, je vois bien que tu me trompes! c'est un prétendu.

LEGRAINARD.

Mais je te jure....

CÉLINE.

Oh! mon cœur me le dit.

LEGRAINARD.

Ton cœur!... Rentrez, mademoiselle... avec votre cœur... et ne paraissez que lorsque je vous sonnerai... deux fois.

ENSEMBLE.

AIR nouveau de M. Romainville.

LEGRAINARD.

Sans un signal qui vous appelle,
Restez à l'écart,

Et contenez, mademoiselle,
Un cœur trop bavard.

CÉLINE.

A moins d'un signal qui m'appelle,
Restons à l'écart,
Et sachons contenir le zèle
D'un cœur trop bavard.

Céline sort à gauche.

## SCÈNE IX.

### LEGRAINARD, MADAME LEGRAINARD.

LEGRAINARD, seul.

Ça... un prétendu?... un polisson de peintre qui n'a pas le sou. (Apercevant sa femme.) Ma femme !

MADAME LEGRAINARD.

Je viens de faire une promenade inutile. On n'a pas vu mon sac à la Préfecture.

LEGRAINARD, à part.

Il s'agit de la décider tout doucement à la réparation (Haut, prenant le sac.) Ton sac, le voilà, ma bonne amie.

MADAME LEGRAINARD.

Comment! qui l'a rapporté?

LEGRAINARD.

Un jeune homme charmant, très-distingué.

MADAME LEGRAINARD.

Lui avez-vous offert une récompense?

LEGRAINARD.

Non.

## SCÈNE NEUVIÈME.

**MADAME LEGRAINARD.**

Ça valait cent sous.

**LEGRAINARD.**

Mais il ne demande pas d'argent, malheureusement.

**MADAME LEGRAINARD.**

Alors, qu'est-ce qu'il demande?

**LEGRAINARD.**

C'est bien drôle... Figure-toi que ce jeune homme... est précisément celui que tu as interpellé dans l'omnibus.

**MADAME LEGRAINARD.**

Et il a osé se présenter ici... et tu ne l'as pas jeté par la fenêtre!

**LEGRAINARD.**

Non... il n'est pas coupable... il m'a tout avoué... Il a pris ton pied pour sa chienne.

**MADAME LEGRAINARD.**

Hein!

**LEGRAINARD.**

On pouvait s'y tromper... à cause de la fourrure.

**MADAME LEGRAINARD.**

Ah çà! quelle histoire me fais-tu là?

**LEGRAINARD.**

C'est la vérité... Il est désolé... ce pauvre garçon... Il a l'air si doux, si timide! Il m'a supplié de te faire des excuses. C'est bien, n'est-ce pas?

**MADAME LEGRAINARD.**

Soit, je ne lui en veux pas; mais qu'il ne revienne pas.

**LEGRAINARD.**

Ah! voilà! c'est que...

MADAME LEGRAINARD.

Quoi?

LEGRAINARD.

Il va revenir... à deux heures.

MADAME LEGRAINARD.

Pour quoi faire?

LEGRAINARD.

Mais pour... pour implorer son pardon... Il voudrait faire la paix avec toi, ce garçon... mais, la... une bonne paix... et si tu voulais consentir...

MADAME LEGRAINARD.

A quoi?

LEGRAINARD, à part.

Elle ne voudra jamais. (Haut.) Eh bien, à... à l'embrasser... légèrement.

MADAME LEGRAINARD.

Moi? ah çà!... tu deviens fou.

LEGRAINARD.

Non... je me suis trompé... à te laisser embrasser, seulement.

MADAME LEGRAINARD.

Jamais!

LEGRAINARD.

A ton âge, qu'est-ce que tu risques?

MADAME LEGRAINARD.

Vous êtes un impertinent! Je refuse. A-t-on jamais vu! Vouloir me faire embrasser un homme que je n'ai jamais vu!

LEGRAINARD.

Il a rapporté le sac.

## SCÈNE NEUVIÈME.

MADAME LEGRAINARD, remontant.

Oh! le sac... (Redescendant à droite.) Tenez, il y a quelque chose là-dessous.

LEGRAINARD.

Eh bien, oui! il y a quelque chose.

MADAME LEGRAINARD.

Quoi?

LEGRAINARD.

Ce jeune homme est venu me demander raison du soufflet que tu lui as donné.

MADAME LEGRAINARD.

Comment?

LEGRAINARD.

Et il veut un baiser... ou une réparation par les armes... Voilà!

MADAME LEGRAINARD.

Eh bien, battez-vous!... corrigez-le! Est-ce que vous auriez peur?

LEGRAINARD.

Non! je ne crains pas la mort... Je l'ai prouvé plus d'une fois... dans les rangs de la garde nationale... mais je pense à ma fille et à toi! (S'attendrissant par degrés.) Vous laisser seules!... sans appui, sur cette mer de bitume qu'on appelle Paris, et puis abandonner mon petit commerce qui marche si bien, depuis que tu ne t'en occupes plus!... Ah! si ma fortune était faite... je n'hésiterais pas à croiser le fer... Je serais sûr au moins de vous laisser un morceau de pain.

MADAME LEGRAINARD, s'attendrissant aussi.

Isidore!

###### LEGRAINARD.

Oui, je sens que vous avez encore besoin de moi sur cette terre.

###### MADAME LEGRAINARD.

Mon Dieu, je ne dis pas le contraire... je ferai ce que je pourrai... mais c'est si extraordinaire, si inconvenant de se laisser embrasser par un inconnu!

###### LEGRAINARD.

Je serai là.

###### MADAME LEGRAINARD.

Oh! c'est égal.

###### LEGRAINARD.

Tu te fais un monstre de cela... Figure-toi que nous sommes au jour de l'an et qu'un monsieur te souhaite la bonne année.

###### MADAME LEGRAINARD.

Enfin, je tâcherai... je ferai mon possible... Je vais déposer mon chapeau... et je reviens...

Elle sort à droite.

## SCÈNE X.

#### LEGRAINARD, RÉGALAS.

###### LEGRAINARD.

Allons, l'affaire va s'arranger.

###### RÉGALAS, entrant par le fond.

Deux heures moins cinq... je suis exact.

## SCÈNE DIXIÈME

LEGRAINARD.

Ma femme vient de rentrer, je vais la prévenir.

*Il passe devant lui.*

RÉGALAS.

Mais je ne vois pas mademoiselle votre fille.

LEGRAINARD.

Elle travaille, monsieur.

RÉGALAS.

Jolie et laborieuse! c'est un ange! Tenez, je vais vous faire une proposition : voulez-vous me permettre de faire son portrait... à l'huile et à l'œil?

LEGRAINARD.

Ni l'un ni l'autre... Je ne tiens nullement à vous installer chez moi... Ma femme va venir... procédez vivement à votre travail, et partez.

RÉGALAS.

C'est convenu.

LEGRAINARD.

Ah! vous savez qu'elle est un peu vive, ma femme.

RÉGALAS.

Oui, j'ai eu l'honneur de m'en apercevoir.

LEGRAINARD.

Eh bien, ne l'irritez par aucune réflexion... pas un mot... pas un geste... ni enthousiasme ni froideur, enfin agissez à la muette.

RÉGALAS.

Soyez tranquille... je veux faire sa conquête

LEGRAINARD, sortant.

A la muette.

## SCÈNE XI.

### RÉGALAS, puis CÉLINE.

RÉGALAS, seul.

La mère va venir... mais c'est la fille que je voudrais voir... elle est là... elle travaille. J'ai entendu dire à son père que, pour la faire venir, il fallait sonner deux fois. (Il prend la sonnette, à gauche.) Je n'ose pas... je tremble... (Son tremblement le fait sonner; passant à droite.) Que c'est donc bête de trembler comme ça.

Il sonne de nouveau.

CÉLINE paraît, avec une couronne de roses blanches à la main; à elle-même.

Il m'a semblé entendre sonner.

RÉGALAS.

Tiens... j'ai sonné !

Il met vivement la sonnette dans sa poche.

CÉLINE, à part.

Le jeune homme de ce matin. (Voulant se retirer.) Oh! pardon, je croyais que mon père m'appelait.

RÉGALAS.

Non... ce n'est pas lui... c'est moi... Vous devez être bien surprise de me retrouver ici...

CÉLINE.

Surprise? non... car j'ai tout deviné...

RÉGALAS.

Ah! vous savez...?

## SCÈNE ONZIÈME.

CÉLINE.

Mon père a voulu faire le mystérieux, mais je sais parfaitement pourquoi vous êtes ici.

RÉGALAS.

Oui... j'attends madame votre mère, pour...

CÉLINE.

Pour lui demander ma main...

RÉGALAS.

Comment?... (A part.) Tiens, c'est une idée.

CÉLINE.

Oh! on ne me trompe pas, moi.

RÉGALAS.

Quel coup d'œil vous avez!... vous avez compris tout de suite que je vous aimais.

CÉLINE.

Ce n'est pas bien difficile.

RÉGALAS.

Vraiment? Ah! le joli bouquet! Est-ce que c'est vous qui l'avez fait?

CÉLINE.

Oui, monsieur... mais ce n'est pas un bouquet, c'est une coiffure de bal... une couronne.

RÉGALAS, la prenant.

Voulez-vous me permettre? Quand je pense que ce sont vos petites mains qui ont travaillé ces fleurs.

Il embrasse la couronne.

CÉLINE.

Qu'est ce que vous faites donc?

RÉGALAS.

J'embrasse la place où vos petits doigts se sont promenés... On doit être beau là-dessous.

Il met la couronne sur sa tête.

CÉLINE, riant.

Ah! quelle drôle de figure! mais vous l'avez placée à l'envers.

RÉGALAS.

Comme Dagobert; eh bien, mettez-la à l'endroit, comme saint Eloi.

CÉLINE.

Quelle folie! vous êtes trop grand... (Elle s'assied sur le fauteuil, à gauche.) Tenez, mettez-vous là, sur ce tabouret.

RÉGALAS.

Oui... à vos genoux! à vos genoux.

Il se met à genoux sur le tabouret; Céline lui pose la couronne sur la tête, au moment où Legrainard paraît, tenant solennellement sa femme par la main.

## SCÈNE XII.

### Les Mêmes, M. et MADAME LEGRAINARD.

LES ÉPOUX LEGRAINARD, les apercevant.

Ma fille!

RÉGALAS et CÉLINE, surpris.

Oh!

Régalas se lève, la couronne sur la tête, et salue.

LEGRAINARD, lui ôtant la couronne.

Monsieur, ne chiffonnez pas ma marchandise.

## SCÈNE DOUZIÈME.

MADAME LEGRAINARD, courant à sa fille

Rentrez, mademoiselle, vous devriez mourir de honte

CÉLINE.

Mais je n'ai rien fait de mal. (A part, en sortant par la gauche.) Je vais écouter derrière la porte.

LEGRAINARD.

Voyons, monsieur, ne perdons pas de temps, madame est prête.

MADAME LEGRAINARD, à part.

Le drôle!... la main me démange.

RÉGALAS.

Oui... madame... (Bas, à Legrainard.) Dites donc, vous m'aviez dit qu'elle était gentillette...

LEGRAINARD.

Pas d'observations.

RÉGALAS.

Oui... Madame... croyez que je ne suis pas un méchant jeune homme.

LEGRAINARD.

Dépêchons-nous.... à la muette.

RÉGALAS.

Vous le reconnaitrez plus tard... c'est pourquoi j'ai l'honneur de vous demander la main de votre fille.

LEGRAINARD.

Hein?

MADAME LEGRAINARD, indignée.

Ma fille? à vous?

Elle lui donne un soufflet et remonte.

CÉLINE, entr'ouvrant la porte.

Oh!

RÉGALAS, furieux, gagnant la gauche.

Deux! Oh! c'est trop fort... si vous n'étiez pas une femme!... où y a-t-il un homme?

LEGRAINARD, s'interposant.

Mais, monsieur...

RÉGALAS.

Vous?

Il lui donne un soufflet.

CÉLINE

Oh! à papa!

LEGRAINARD, hors de lui.

Monsieur, monsieur, vous m'en rendrez raison.

MADAME LEGRAINARD.

Bien, Isidore!

RÉGALAS.

Permettez...

LEGRAINARD.

Une pareille injure, monsieur... ne peut se laver que dans du sang... Attendez-moi, je vais chercher des armes.

MADAME LEGRAINARD.

Cherchons des armes.

ENSEMBLE.

AIR nouveau de M. Romainville.

Dans les flots de $\genfrac{}{}{0pt}{}{ton}{son}$ sang,

S'échappant de $\genfrac{}{}{0pt}{}{ton}{son}$ flanc,

Froidement $\genfrac{}{}{0pt}{}{me}{se}$ plonger,

Et pouvoir y nager,

Avec un rire amer,

C'est $\genfrac{}{}{0pt}{}{mon}{son}$ vœu le plus cher.

Les époux Legrainard sortent par la

## SCÈNE XIII.

RÉGALAS, CÉLINE, puis LEGRAINARD.

RÉGALAS.

Sapristi!... j'ai été un peu vif.

CÉLINE, entrant.

Eh bien, monsieur, si c'est comme ça que vous faites votre demande... Un duel avec papa!

RÉGALAS.

Oh! ne craignez rien pour moi, je suis sûr de mon coup.

CÉLINE.

Mais, si vous tuez papa, je ne pourrai pas vous épouser.

RÉGALAS.

C'est juste... D'un autre côté... si c'est lui qui me tue... Décidément il faut arranger l'affaire... je vais lui faire des excuses.

LEGRAINARD, apportant deux tasses sur un plateau, une bleue et une blanche.

Encore ensemble!... Céline, sortez.

CÉLINE.

Oui, papa. (Bas, à Régalas.) Tâchez de l'apaiser.

RÉGALAS, bas.

Soyez tranquille.

LEGRAINARD.

Céline... sortez...!

Sortie de Céline.

## SCÈNE XIV.

### LEGRAINARD, RÉGALAS.

LEGRAINARD.

Après l'affront que j'ai reçu, vous comprenez, monsieur, qu'un de nous deux doit disparaître de cette terre.

RÉGALAS.

Il y aurait peut-être un moyen de s'entendre.

LEGRAINARD.

Je me refuse à tout arrangement; ma position d'offensé me donnait le droit de choisir les armes, j'ai choisi le duel à la tasse de lait.

RÉGALAS, étonné.

Comment ! nous allons boire du lait?

LEGRAINARD.

Ne plaisantez pas, monsieur, c'est très-sérieux; j'ai gratté, gratté moi-même, soixante douze allumettes chimiques dans une de ces deux tasses.

RÉGALAS.

Laquelle?

LEGRAINARD.

Celui qui prendra cette tasse terminera ses jours dans des convulsions horribles et lentes.

RÉGALAS.

Le duel à l'allumette... ça ne me va pas.

LEGRAINARD.

Seriez-vous lâche?

## SCÈNE QUATORZIÈME.

RÉGALAS.

J'ai promis à votre fille d'arranger l'affaire.

LEGRAINARD.

Impossible! Monsieur, les choses suivront leur cours.

<small>Il dépose le plateau sur le guéridon, qu'il place au milieu de la scène.</small>

RÉGALAS.

Mais si des excuses bien senties...

LEGRAINARD.

Terminons... je suis l'offensé... donc, j'ai le choix des armes, je choisis la tasse blanche, avalez la bleue.

<small>Il tourne le plateau de façon à mettre la tasse bleue du côté de Régalas.</small>

RÉGALAS.

Ah! elle est bonne, celle-là!

LEGRAINARD.

Vous refusez?

RÉGALAS.

Énergiquement... c'est vous qui avez gratté les allumettes... vous connaissez la bonne tasse, je choisis aussi la blanche, avalez la bleue.

<small>Il tourne le plateau à son tour.</small>

LEGRAINARD.

C'est de la mauvaise foi; vous reculez.

RÉGALAS.

Je ne recule pas... je retourne... et je propose qu'une personne désintéressée choisisse pour nous.

LEGRAINARD.

Soit! Je vais appeler ma femme.

RÉGALAS.

Ah! non! elle a gratté avec vous... Je propose mademoiselle votre fille.

LEGRAINARD.

Soit! j'accepte pour en finir, mais pas un mot devant l'enfant... (Il cherche la sonnette.) Tiens, où est donc la sonnette? (En marchant Régalas fait résonner la sonnette qui est dans sa poche.) Je l'entends... mais je ne la vois pas.

RÉGALAS.

C'est drôle, je l'avais tout à l'heure. (La retirant de sa poche.) Ne la cherchez plus, la voici.

LEGRAINARD.

Puisque vous avez la sonnette, seriez-vous assez bon, monsieur, pour vouloir bien sonner deux fois. (Régalas sonne une fois.) Encore. (Régalas sonne.) Assez... (Céline paraît et vient au milieu.) Approche, mon enfant, approche! monsieur a bien voulu me faire l'amitié d'accepter une tasse de lait pur... sois assez bonne pour la lui offrir.

CÉLINE.

Alors... la paix est faite?

RÉGALAS.

Mais... à peu près.

CÉLINE, à Régalas.

Laquelle voulez-vous?

LEGRAINARD.

Pas de signes. (A part.) Si elle me donne la bleue, je ne bois pas.

RÉGALAS, à part.

O amour, dirige son choix.

Céline prend la tasse bleue.

## SCÈNE QUATORZIÈME.

LEGRAINARD et RÉGALAS

Ciel!

RÉGALAS

A qui va-t-elle l'offrir?

CÉLINE, descendant à gauche du guéridon.

C'est égal... c'est une drôle d'idée de prendre du lait dans la journée. (Elle se dirige vers son père, qui lui fait signe d'offrir la tasse à Régalas.) Monsieur Ernest.

RÉGALAS, à part.

Ça y est! (Haut.) Merci, mademoiselle. (A part, prenant la tasse.) Mourir de sa main.

LEGRAINARD, prenant la tasse blanche.

A votre santé... aimable jeune homme!

RÉGALAS.

A la vôtre... bon vieillard!

CÉLINE, à part, en remettant le guéridon en place.

Comme ils sont amis maintenant.

LEGRAINARD.

Eh bien, cher bon... vous ne buvez pas?

RÉGALAS.

C'est que... je n'ai pas bien soif.

CÉLINE.

Oh! une tasse de lait, ça se boit sans soif.

LEGRAINARD.

Comme dit l'enfant... ça se boit sans soif.

RÉGALAS.

Il m'avait semblé voir une mouche, et vous savez... une mouche... (Portant la tasse aux lèvres.) Allons!

LEGRAINARD, à part.

Ça me fait quelque chose.

RÉGALAS

Pardon... vous n'auriez pas une feuille de papier timbré?

LEGRAINARD.

Pourquoi?

RÉGALAS.

J'aurais quelques petites dispositions à faire avant mon départ.

LEGRAINARD, allant au bureau.

C'est trop juste.

CÉLINE.

Vous partez?

RÉGALAS.

Mon Dieu... oui.

CÉLINE.

Allez-vous bien loin?

RÉGALAS.

Je vais... où va la feuille de rose.

CÉLINE.

Chez un parfumeur.

LEGRAINARD, déposant sa tasse sur la table.

Voici une plume, de l'encre et une feuille de papier timbré.

RÉGALAS, se mettant à la table de gauche.

Merci! c'est cinquante centimes que je vous dois... (Il donne sa tasse à Legrainard pour fouiller dans sa poche.) Les voici.

## SCÈNE QUINZIÈME.

LEGRAINARD.

Oh! ce n'était pas nécessaire. (A part.) Il a de l'ordre, ce garçon.

> Il approche machinalement la tasse bleue de ses lèvres, puis, s'apercevant de son erreur, il la glisse dans la main gauche de Régalas qui écrit avec la droite.

RÉGALAS, écrivant.

« Je donne et lègue, sans restriction ni réserve, à mademoiselle Céline Legrainard... »

CÉLINE.

A moi?

RÉGALAS.

« Tous mes biens, meubles, immeubles pouvant constituer vingt-cinq mille livres de rente... »

LEGRAINARD, vivement.

Comment! vous avez vingt-cinq mille livres de rente?

RÉGALAS.

Environ.

LEGRAINARD.

Pourquoi ne le disiez-vous pas? (Il veut arracher la tasse des mains de Régalas, qui résiste. — Jeu de scène.) Ne touchez pas à ça!... vingt-cinq mille livres de rente! (Appelant.) Caroline! Caroline!

## SCÈNE XV.

Les Mêmes, MADAME LEGRAINARD.

MADAME LEGRAINARD, entrant vivement.

Quoi?... qu'y a-t-il?

LEGRAINARD, indiquant Régalas.

Il a vingt-cinq mille livres de rente.

MADAME LEGRAINARD.

Pas possible!

LEGRAINARD.

Jeune homme... ma fille est à vous.

CÉLINE, avec joie.

Ah!... papa!

MADAME LEGRAINARD.

J'avais toujours rêvé cette union.

RÉGALAS, allant de l'un à l'autre.

Oh! monsieur! oh! madame! que de remerciments! (A part.) Sapristi, je n'ai que deux mille cinq cents francs de rente, j'ai annoncé un zéro de trop. (Haut, aux époux Legrainard.) Le jour du contrat, mon notaire vous dira quelque chose.

MADAME LEGRAINARD.

Quoi donc?

RÉGALAS.

Rien... c'est une surprise.

LEGRAINARD, à part.

Il veut avantager ma fille.

Il s'éloigne un moment avec elle

MADAME LEGRAINARD, bas, à Régalas.

Pour toutes les affaires sérieuses, c'est à moi que vous vous adresserez, parce que mon mari.... c'est un zéro.

RÉGALAS, à part.

Comme ça se trouve, justement il m'en manque un.

Legrainard et Céline se rapprochent.

## SCÈNE QUINZIÈME.

MADAME LEGRAINARD.

Ernest?

RÉGALAS.

Maman.

MADAME LEGRAINARD.

Ah! il m'a appelée maman!... Ernest, je vous ai donné deux soufflets, je vous dois deux réparations, une sur chaque joue.

*Lui tendant la joue.*

RÉGALAS, vivement.

Oh! ça... avec plaisir, bonne maman.

*Il embrasse Céline.*

MADAME LEGRAINARD.

Eh bien, qu'est-ce que vous faites donc?

RÉGALAS, à part.

Tiens... je me monte l'imagination. (Haut, à madame Legrainard.) Pardon, pardon, dans mon trouble, j'ai pris mademoiselle pour vous... et... franchement, on peut s'y tromper.

CÉLINE, à part.

Oh!... le menteur!

MADAME LEGRAINARD, enthousiasmée.

Il est délirant! (L'embrassant.) Tu es délirant!

RÉGALAS, au public.

Elle est très-bonne femme... et si ce n'était... (Faisant signe de donner un soufflet.) Otez-lui les deux mains... il ne lui manque plus rien.

ENSEMBLE.

AIR nouveau de M. Romainville.

On se hait,
Se déplaît,

Tout est noir,
Plus d'espoir;
Mais les vents
Sont changeants.
Mon Dieu, c'est
Bientôt fait.
Pour s'aimer,
S'estimer,
Se bénir
Et s'unir,
Il ne faut,
En un mot,
Qu'un agent...
C'est l'argent!

FIN DE LA MAIN LESTE

# UN PIED DANS LE CRIME

## COMÉDIE-VAUDEVILLE

### EN TROIS ACTES

Représentée pour la première fois, à Paris, sur le théâtre du Palais Royal le 21 août 1866.

---

COLLABORATEUR : M. A. CHOLER

# PERSONNAGES

|  | ACTEURS<br>qui ont créé les rôles. |
|---|---|
| GATINAIS. | MM. Geoffroy. |
| GAUDIBAND. | Lhéritier. |
| EDGARD VERMILLON. | Priston. |
| POTEU. | Lassouche. |
| GEINDARD. | Fizelier. |
| MAITRE BAVAY, avocat. | Mercier. |
| MADAME GATINAIS. | Mmes Keller. |
| LUCETTE. | Massin. |
| JULIE. | Damain. |
| MARGUERITE. | E. Bilhaut. |
| UNE DAME DE COMPTOIR. | Germaine. |
| UN GARÇON DE CAFÉ. | M. Martal |

La scène se passe, au premier acte, à Antony, près Paris, chez Gaudibaud.
Deuxième et troisième actes, à Paris.

# UN PIED DANS LE CRIME

## ACTE PREMIER.

Un salon de campagne, ouvrant au fond sur un jardin. Un buffet. Un râtelier avec un fusil de chasse, une poire à poudre et un sac à plomb. Portes latérales. Porte au fond.

### SCÈNE PREMIÈRE.

POTEU seul, sortant de la chambre de droite avec un saloir de cuisine à la main.

M. Gaudiband prend son bain de pied. Je lui ai mis quatre poignées de sel. (Il pose son saloir sur le buffet à gauche.) Il a toujours le sang à la tête... mais aussi, il n'est pas raisonnable pour un vieux : toute la journée il pense au beau sexe!... Dès qu'il voit une femme, crac!... il lui pince le coude... histoire de badiner... ça ne va jamais plus loin, à ce que disent les dames d'Antony. C'est égal, il a dû être très-gaillard dans son temps... témoin ce petit M. Edgard Vermillon qu'il appelle son filleul. A mon avis, il doit lui être plus que ça... Quand un homme riche a un filleul, il en fait un ébéniste ou un emballeur... mais pas un avocat! (Apercevant Edgard au fond.) Justement le voici.

## SCÈNE II.

**POTEU, EDGARD**; habit noir, cravate blanche, une serviette d'avocat sous le bras.

EDGARD, vivement, venant du fond.

Bonjour, Poteu. Où est mon parrain?

POTEU.

Monsieur?... il trempe.

EDGARD.

J'apporte du nouveau. Tu ne sais pas ce qu'on vient de me remettre chez le concierge?

POTEU.

Non.

EDGARD.

Un papier timbré, un acte extra-judiciaire pour parrain.

POTEU.

Ah! je sais de qui... c'est du voisin, M. de Blancafort!

EDGARD.

Ah! il croit nous faire peur; nous allons voir.

POTEU.

Qu'est-ce qu'il nous veut encore, ce vieux noble?

EDGARD.

Enfin! voilà la guerre déclarée; il va pleuvoir des sommations, des significations, des assignations...

POTEU.

Mais, pourquoi?

#### EDGARD.

Mon ami, entre voisins, à la campagne, ça finit toujours par là.

#### POTEU.

Ils étaient si amis autrefois ! ils avaient fait ouvrir une porte de communication dans le mur qui sépare les deux jardins... les domestiques en profitaient...

#### EDGARD.

Maintenant elle est murée.

#### POTEU.

Ils échangeaient des primeurs... des melons... et les domestiques en profitaient.

#### EDGARD.

Maintenant ils échangent par-dessus le mur des trognons de chou et des assiettes cassées. Il paraît qu'ils ont des griefs.

#### POTEU.

Des bêtises ! M. de Blancafort se plaint du chat de M. Gaudiband, qui vagabonde la nuit et se livre à une musique surexcitante... Il nous a priés de le tenir à l'attache.

#### EDGARD.

A quoi parrain a répondu une lettre très-sèche... « Monsieur, commencez par museler vos pigeons, qui viennent s'ébattre dans mon potager et picorer mes petits pois..... »

#### POTEU.

Les Blancafort se plaignent encore des statues de monsieur.

#### EDGARD.

Ce sont des reproductions de l'antique.

POTEU.

Le jardin en est plein... madame de Blancafort dit que ça lui fait l'effet comme si qu'elle aurait sous ses fenêtres une école de natation.

EDGARD.

Chacun cultive son jardin comme il l'entend ! Il convient bien à M. de Blancafort de se plaindre, lui qui a un noisetier qui déborde sur le mur mitoyen d'une façon scandaleuse !

POTEU.

C'est le mot.

EDGARD.

Nous lui dirons deux mots, à son noisetier...

POTEU.

Et à ses noisettes.

## SCÈNE III.

### Les Mêmes, GAUDIBAND.

GAUDIBAND, sortant de la porte de droite, deuxième plan ; à lui-même

Ces bains de pieds me font un bien incroyable... Ah ! bonjour, Edgard !

EDGARD, l'embrassant..

Parrain...

POTEU, à part.

Ça un filleul ? allons donc !...

GAUDIBAND.

Quoi de nouveau, Poteu

## ACTE PREMIER.

POTEU.

On a encore volé votre chasselas cette nuit.

GAUDIBAND, à Edgard.

Il y a un gredin qui, toutes les nuits, passe par-dessus le mur et cueille mon raisin à mesure qu'il mûrit!

EDGARD.

Il faut le guetter.

GAUDIBAND.

Quand on le guette, il ne vient pas... et, dès qu'on ne le guette pas, il vient.

EDGARD.

Alors il faut procéder à une enquête.

GAUDIBAND.

Comment ça?

EDGARD.

Je m'en charge! (A Poteu.) Tu vas prendre deux arrosoirs, tu mouilleras fortement le pied des vignes, afin que la terre soit bien détrempée... et, quand le voleur viendra, nous aurons l'empreinte exacte de ses pas... nous compterons jusqu'aux clous de ses souliers.

GAUDIBAND.

Tiens! c'est très-malin.

EDGARD.

C'est un garde champêtre qui m'a appris ça.

GAUDIBAND, à Poteu.

Tu entends?... va mouiller le pied des vignes.

POTEU.

Oui, monsieur. (A part.) Il est éreintant, son moyen!

Il sort par le fond.

EDGARD.

Soyez tranquille ; nous pincerons votre voleur.

GAUDIBAND.

Si ça pouvait être Blancafort ! je le ferais asseoir au banc de l'infamie.

EDGARD.

Oh ! ce n'est pas probable !... ce matin, il vous a envoyé quelque chose.

GAUDIBAND.

Un trognon de chou. Je disais aussi : « Voilà bientôt douze heures que je n'ai rien reçu de lui... »

EDGARD.

Un papier timbré.

GAUDIBAND.

Un papier timbré, à moi !... le misérable !... le... (Se calmant.) Non, je ne veux pas me mettre en colère, ça me fait monter le sang à la tête... et je passe ma vie à tremper mes pieds dans l'eau... Qu'est-ce qu'il chante, son papier timbré ?

EDGARD.

Le voici : (Lisant.) « Ce 13 septembre 1865, monsieur Ajax Rutile de Blancafort fait sommation au sieur Gaudiband... »

GAUDIBAND.

Il m'appelle le sieur Gaudiband ! (Se calmant.) Non, je ne veux pas me mettre en colère.

EDGARD, lisant.

« Primo... D'avoir à contenir son chat, qui se livre la nuit à des courses folles et malséantes... »

GAUDIBAND.

Mon chat est libre... depuis la prise de la Bastille ! Vieux noble !

## ACTE PREMIER.

EDGARD, lisant.

« Secundo... D'avoir à draper ses statues, qui peuvent
» offenser les regards des dames qui se reposent dans le
» kiosque dudit monsieur Ajax-Rutile de Blancafort. »

GAUDIBAND.

Qu'elles ne regardent pas !

EDGARD, lisant.

« Faute de quoi, il poursuivra le sieur Gaudiband par
tous les moyens de droit... »

GAUDIBAND.

Toujours le sieur Gaudiband !

EDGARD.

« Coût : six francs soixante-quinze centimes. »

GAUDIBAND.

Eh bien, veux-tu que je te dise ce que je pense de
Blancafort?... C'est un polisson de la vieille roche !

EDGARD, allant à la table de gauche.

Il faut lui répondre de la même encre et sur papier
timbré... Coût : six francs soixante-quinze centimes.

GAUDIBAND.

Oui !... Il n'y en pas de plus cher ?

EDGARD.

Non... Attendez, nous allons rédiger un modèle de
sommation.

GAUDIBAND.

Salée !...

EDGARD.

Que nous lui ferons porter par le même huissier...

### GAUDIBAND.

C'est ça! Écris : (Dictant.) « Moi, Jean-Paul-Émile-Ernest-Stanislas-Edgard Gaudiband. »

### EDGARD.

« Band! »

### GAUDIBAND.

« Propriétaire, à Antony..., d'une maison qui ne doit rien à personne... »

### EDGARD.

« Sonne! »

### GAUDIBAND.

« Fais sommation au sieur Blancafort... » souligne *sieur*... « d'avoir... d'avoir... » (S'interrompant.) Qu'est-ce que nous allons lui demander?

### EDGARD.

Laissez-moi faire, ça me connaît! (Écrivant.) « Primo... D'avoir à contenir ses pigeons, qui viennent, sans mon autorisation, s'ébattre sur ma pelouse... »

### GAUDIBAND, dictant

« Et s'y livrent à des voltiges folles et malséantes... »

### EDGARD, écrivant

« Faute quoi, monsieur Gaudiband... »

### GAUDIBAND.

« Jean-Paul-Émile... »

### EDGARD, écrivant

« Se fera justice par tous les moyens de droit que lui donne la loi du 3 prairial an v... »

### GAUDIBAND.

« 3 prairial an v!... » Ah! Edgard, je ne regrette pas l'argent que m'ont coûté tes examens!

## ACTE PREMIER.

**EDGARD.**

Ce n'est pas fini. (Écrivant.) « Secundo. Fais, en outre, sommation audit *sieur* Blancafort... »

**GAUDIBAND.**

Souligne *sieur* !

**EDGARD**, écrivant.

« D'avoir à élaguer son noisetier, qui déborde... »

**GAUDIBAND**, dictant.

» D'une façon cavalière et impertinente... »

**EDGARD**, écrivant.

« Sur le mur mitoyen... Faute de quoi, il procédera lui-même, *hic et nunc*... »

**GAUDIBAND.**

Du latin !... il n'en a pas mis, lui ! C'est un âne !

**EDGARD**, écrivant.

« *Hic et nunc*, à l'élagage dudit... »

**GAUDIBAND.**

« Sieur de Blancafort... »

**EDGARD.**

Non... « Dudit noisetier ! conformément aux dispositions de la loi du 9 ventôse an VII... »

**GAUDIBAND.**

Bravo ! j'ose dire que c'est tapé !

**EDGARD**, se levant.

Je cours porter cela chez l'huissier.

**GAUDIBAND.**

Et reviens vite. J'attends aujourd'hui la famille Ga'inais, père, mère et fille.

EDGARD, descendant la scène.

Mademoiselle Julie, dont vous m'avez parlé?

GAUDIBAND, au milieu de la scène.

Voyons, franchement, l'aimes-tu?

EDGARD.

Mais je ne l'ai jamais vue.

GAUDIBAND.

Je vais te la dépeindre. Son père est un ancien marchand de fil de fer galvanisé... la mère est une femme ravissante, qu'on ne peut regarder sans être profondément troublé... elle n'a que six ans de plus que sa fille.

EDGARD.

Comment, six ans?... C'est une créole?

GAUDIBAND.

Non, elle est de Bougival... Gatinais a eu sa fille d'un premier mariage...

EDGARD.

Et comment est-elle?

GAUDIBAND.

Mais c'est une demoiselle... très-bien... qui joue du piano... Le père râcle du violon... L'autre jour, il m'a un peu embarrassé... il m'a demandé ce que tu faisais.

EDGARD.

Je suis avocat.

GAUDIBAND.

Oui, mais tu ne plaides jamais.

EDGARD.

J'ai d'autres visées... plus hautes... J'ai l'espoir d'être nommé un jour secrétaire du secrétaire du parquet.

### GAUDIBAND.

Tu le connais?

### EDGARD.

Non... c'est-à-dire... je l'ai rencontré dans le monde... J'ai même eu dernièrement l'honneur de faire son wisth... Alors, quand il se commet un petit crime, un petit délit... je me permets de lui envoyer des notes, dont il ne se sert pas toujours... mais cela me pose... cela m'affirme...

### GAUDIBAND.

Quel drôle d'état! Je n'ai jamais songé à m'affirmer.

### EDGARD.

Que voulez-vous!... c'est ma vocation... j'aime à conclure; j'adore faire une enquête, traquer le vice et défendre la société.

### GAUDIBAND.

Cher enfant! (Il l'embrasse avec émotion.) Va... va vite chez l'huissier.

### EDGARD.

J'y cours!

*Il sort par le fond*

## SCÈNE IV.

### GAUDIBAND, puis POTEU.

### GAUDIBAND, seul

C'est plus fort que moi... Chaque fois que je l'embrasse, je sens une larme.

### POTEU, entrant.

Voilà encore les pigeons dans le jardin!

GAUDIBAND.

C'est trop fort!... malgré ma sommation! Il est vrai qu'il ne l'a pas encore reçue... N'importe! Charge le fusil et tire dessus... Je suis dans mon droit... 3 prairial an v!

POTEU, chargeant le fusil.

Je leur mets du plomb à lièvre.

GAUDIBAND.

Et, dès que tu les auras massacrés... tu prendras une serpe et tu iras couper le noisetier... 9 ventôse an VII.

POTEU.

Je viens de le gauler, son noisetier... J'attendais que les noisettes soient mûres... Les voilà!... En voulez-vous?

Il en donne une à Gaudiband et pose les autres sur le buffet, à côté du saloir.

GAUDIBAND, examinant la noisette.

Les voilà donc, ces fameuses noisettes dont il était si fier... Il n'y a que lui qui en possède l'espèce à Antony... Il appelle ça la grosse aveline de Bourgogne à pellicule rouge... Il m'avait toujours promis de m'en donner... Eh bien, j'en ai maintenant! et je les planterai chez moi... à sa barbe! (Il va la poser sur le buffet et trouve un journal avec sa bande.) Qu'est-ce que c'est que ça?... (Lisant la bande.) « Monsieur de Blancafort, propriétaire à Antony. »

POTEU.

Son journal! le facteur s'est encore trompé!...

GAUDIBAND.

Je ne veux rien à lui. Tu le lui reporteras... avec des pincettes.

POTEU.

Oui, monsieur. (Regardant dans le jardin.) Les pigeons roucoulent sur la pelouse. Je vais leur envoyer des petits pois... Prrr!... Les voilà qui s'envolent!... Faut que quelqu'un leur ait fait peur.

## SCÈNE V.

### Les Mêmes, LUCETTE.

#### GAUDIBAND.

C'est Lucette, qui apporte le lait.

LUCETTE, entrant par la porte de droite, troisième plan, avec deux boîtes au lait.

Bonjour, la compagnie... Vous en faut-il aujourd'hui?

POTEU, posant son fusil au râtelier, à gauche, et redescendant la scène à droite.

Que le diable l'emporte!

#### GAUDIBAND.

Non, il ne nous faut rien. (A part.) Elle est gentille, cette petite paysanne! (Lucette va pour s'en aller, Gaudiband la rappelle. Haut.) C'est donc toi qui portes le lait ce matin?

#### LUCETTE.

Oui; ma sœur est dans le chagrin.

#### POTEU.

Est-ce qu'elle aurait perdu quelque chose?

#### LUCETTE.

Je ne sais pas... Il y a eu du grabuge à la maison.

#### GAUDIBAND.

Vraiment? Conte-nous donc ça! (A part.) Elle a un coude adorable!

LUCETTE.

Faut vous dire que ma sœur est montée dans le grenier... par l'échelle.

GAUDIBAND.

Ah! je n'aurais pas craint d'être le premier échelon... celui du bas.

POTEU.

Moi non plus.

Ils se mettent à rire.

LUCETTE.

Quoi que vous avez?

GAUDIBAND.

Rien.

LUCETTE.

Elle voulait dénicher des œufs dans le foin... Alors Budor... qui la fait toujours danser, est monté aussi par l'échelle pour l'aider à chercher...

POTEU.

Il n'est pas bête, Budor...

GAUDIBAND.

Il est surtout très-obligeant...

Ils se mettent à rire.

LUCETTE.

Eh ben, quoi que vous avez?

GAUDIBAND

Rien.

LUCETTE, à part.

Sont-y serins! (Haut.) Alors, voilà papa qui entend du bruit; il monte aussi à l'échelle...

## POTEU.

Aïe, mauvaise affaire!

## LUCETTE.

Il trouve Budor, y prend une gaule et y tape dessus!

## GAUDIBAND, à part.

Elle raconte bien...

## LUCETTE.

Alors, voilà maman qui entend du bruit; elle monte aussi à l'échelle...

## GAUDIBAND, à part.

Toute la famille y passera.

## LUCETTE.

Elle trouve papa qui rinçait Budor, et Budor qui criait : « Puisque je vous demande sa main!... puisque je vous demande sa main! »

## GAUDIBAND.

Eh bien?

## LUCETTE.

Eh bien, papa lui a donné son pied... C'est pas aimable, car enfin c'était poli de la part de Budor d'aller aider Catherine...

## GAUDIBAND.

Ah! oui, c'était poli!... Moi aussi, je suis très-poli.

*Il lui pince le coude.*

## LUCETTE.

Prenez donc garde!

## POTEU, à part.

De voir le bourgeois, ça m'excite! (Haut.) Moi aussi, je suis très-poli, et, si vous me disiez : « Poteu, il y a des œufs dans le grenier, » je monterais à l'échelle.

*Il lui pince le coude.*

LUCETTE.

Finissez donc! vous allez me faire renverser mon lait!

GAUDIBAND.

On te le payera, ton lait!

POTEU.

Parbleu! le patron te le payera, ton lait!

LUCETTE.

A quoi que ça vous sert de pincer le monde comme ça?

GAUDIBAND.

Tiens! ça fait plaisir.

POTEU, langoureux.

Ça rend mélancolique!...

LUCETTE, à Poteu.

Pourquoi que vous roulez des yeux de grenouille?

POTEU, à part.

Oh! elle est bête!

GAUDIBAND, à part.

C'est une grue... la grue de l'innocence.

LUCETTE.

Ah çà! je perds mon temps... Vous ne voulez pas de lait?... je vais le porter chez M. de Blancafort, votre voisin...

*Elle remonte au fond.*

AUDIBAND.

Tu crois qu'il en a besoin!

LUCETTE, se retournant.

Sûrement... Il a du monde à dîner, des officiers du fort de Montrouge...

GAUDIBAND.

Très-bien!... Je prends les deux boîtes.

##### LUCETTE.

Comment?

###### GAUDIBAND, prenant les boîtes.

C'est convenu avec lui... Tu lui diras : « Il n'y a plus de lait, M. Gaudiband a pris le vôtre... » Ça lui fera plaisir

###### LUCETTE.

Je vais lui dire tout de suite!... Bonsoir, la compagnie.
*Elle sort par la droite, troisième plan.*

## SCÈNE VI.

### GAUDIBAND, POTEU, puis MADAME GATINAIS et JULIE.

###### GAUDIBAND.

Elle est bête, mais elle a un coude charmant!
*Entrée de madame Gatinais et de Julie. Elles portent de grands cartons à la main.*

###### MADAME GATINAIS.

Mais viens donc, Julie!

###### JULIE, entrant.

Me voici, maman!

###### GAUDIBAND, à part.

Madame Gatinais et sa fille. (Saluant.) Mesdames, voulez-vous me permettre?... A la campagne, on s'embrasse!

###### MADAME GATINAIS.

Volontiers!

###### GAUDIBAND, l'embrassant et à part.

C'est du velours! (A Julie.) Mademoiselle... (Il l'embrasse. A part.) C'est du satin!

POTEU, à part.

Est-il maraudeur, le bourgeois!

GAUDIBAND.

Mais où est donc Gatinais?

MADAME GATINAIS.

Mon mari est resté à la gare, il attend nos bagages qu'on ne trouve pas.

JULIE.

Papa est très en colère.

GAUDIBAND.

On les retrouvera... rien ne se perd, dans les chemins de fer.

MADAME GATINAIS.

Il fait un vent dehors!... Nous vous demanderons la permission de réparer un peu le désordre de nos coiffures.

GAUDIBAND.

Comment donc?... mais toute ma maison est à vous... Poteu, conduis ces dames dans la chambre orange.

Ils sortent par la gauche, deuxième plan.

## SCÈNE VII.

GAUDIBAND, puis GATINAIS.

GAUDIBAND, seul.

Quand je songe que cette femme aurait pu être ma compagne... Je l'ai demandée en mariage, il y a cinq ans, en même temps que Gatinais; mais le papa a su que j'avais des maîtresses, et j'ai été refusé... C'est étonnant, l'influence magnétique que ses yeux exercent sur moi !...

## ACTE PREMIER.

ils me feraient passer par un trou d'aiguille... C'est une manière de parler... parce que... enfin, elle me dirait : « Montez en haut de la colonne, » j'y monterais... « Jetez-vous en bas... » je m'y... Non!... je ne m'y jetterais pas... mais je réfléchirais.

GATINAIS, entre courroucé; il pose son chapeau sur la table de droite.

Eh bien, il est gentil, ton chemin de fer!

GAUDIBAND.

Quoi donc?

GATINAIS.

On a perdu mes bagages! Oh! les chemins de fer! le monopole! le hideux monopole! Veux-tu que je te dise? j'en ai assez de tes chemins de fer! Je regrette les diligences! oui, les diligences!

GAUDIBAND.

Voyons! calme-toi.

GATINAIS.

J'arrive à la gare de Paris avec ma femme, ma fille, une bombe glacée et une timbale milanaise... de chez madame Bontoux... sur un réchaud... dans une caisse... quelque chose d'exquis... une surprise que je voulais te faire.

GAUDIBAND, le remerciant.

Ah! mon ami!

GATINAIS.

Ne me remercie pas! Quand je dîne à la campagne, j'apporte toujours quelque chose; comme ça, on n'a d'obligations à personne.

GAUDIBAND.

Mais...

### GATINAIS.

Tout à coup un petit homme à moustaches, avec une cigarette, me crie : « Eh ! vous, là-bas ! faites donc enregistrer vos bagages ! — J'y vais, monsieur ; mais vous pourriez me le dire plus poliment. » Deux hommes en casquette... avec des moustaches, s'emparent de mes colis... jettent ma malle à l'envers et campent la bombe glacée sur le réchaud de la timbale milanaise... « Pas sur le réchaud, leur dis-je, ça va fondre ! — Est-ce que ça nous regarde ? » me répondent ces gens. « Très-bien ! mais vous pourriez me le dire plus poliment. »

### GAUDIBAND.

Tu les as remis à leur place.

### GATINAIS.

Net ! Je m'approche d'une espèce de petite cage grillée dans laquelle il y avait un homme en casquette... avec des moustaches... Ils ont tous des moustaches dans ces boutiques-là !... Il me donne un bulletin n° 4, et il me demande deux sous !... Comprends-tu ? Trois places... j'avais droit à quatre-vingt-dix kilos de bagages, je n'en avais que trente-trois, et il me demande deux sous... Des carottes... toujours des carottes !... Enfin, nous partons ! Arrivé à Antony, je présente mon bulletin n° 4, et je réclame mes bagages... Sais-tu ce qu'on me descend ?...

### GAUDIBAND.

Non.

### GATINAIS.

Un veau !... vivant... qui faisait : « Beuh !... » et me léchait les doigts !... « Qu'est-ce que c'est que ça ?... Ce n'est pas à moi ! — C'est vous qui avez le n° 4 ?... — Oui. — Eh bien, v'là votre affaire !... » Ils s'étaient trompés, ils avaient collé le 4 sur le veau !... Fust ! fust !... le train repart !... « Arrêtez !... arrêtez ! » Je crie, je tempête... Alors un employé... toujours en moustaches... s'approche et me dit : « Monsieur désire quelque chose? — Je désire ma bombe et ma timbale milanaise, sacrebleu! — Oh! pas de bruit, monsieur... Si vous croyez intimider la compagnie... — Moi? je n'y songe pas... je demande mes bagages... — C'est bien, on va faire jouer le télégraphe; c'est une complaisance, car aucun règlement ne nous y oblige... et le prochain train vous rapportera vos effets... ça ne vous coûtera rien de plus. »

GAUDIBAND.

Il ne manquerait plus que ça!

GATINAIS.

Et il me tourne le dos en disant : « Pierre, rentrez le veau au magasin, puisque monsieur n'en veut pas... » Et les voilà, tes chemins de fer!... Mais patience!... on en reviendra!

GAUDIBAND.

Les tribunaux ne sont pas assez sévères.

GATINAIS.

On devrait déférer ces affaires-là devant la cour d'assises, au jury!

GAUDIBAND.

Oh! le jury!... il est bien indulgent... j'en ai été le mois dernier.

GATINAIS, aigrement.

Ah! tu as fait partie du jury, toi? mon compliment. Quant à moi, on ne m'a jamais fait l'honneur de me choisir... Il paraît que je n'inspire pas assez de confiance.

GAUDIBAND.

Oh! c'est le hasard qui décide.

###### GATINAIS.

Après ça, je ne le regrette pas... c'est une charge, une corvée..

###### GAUDIBAND.

Ça dérange les heures des repas.

###### GATINAIS.

Néanmoins, j'ai réclamé.

###### GAUDIBAND.

Comment?

###### GATINAIS.

C'était un devoir!... et je suis de ceux qui ne reculent jamais devant un devoir... Ah çà! ma femme et ma fille sont arrivées?

Il remonte.

###### GAUDIBAND.

Oui.

###### GATINAIS.

Et ont-elles vu le jeune homme?

###### GAUDIBAND.

Pas encore... Il est chez l'huissier... Figure-toi que j'ai pour voisin un animal...

## SCÈNE VIII.

Les Mêmes, POTEU, entrant effaré par le fond.

###### POTEU.

Monsieur... vous ne savez pas ce que vient de faire le Blancafort?

#### GAUDIBAND.

Non. (A Gatinais.) Mon voisin...

#### GATINAIS

L'animal?

#### POTEU.

Il vient de planter dans son jardin, tout près de votre mur, une grande perche avec cet écriteau : « Haine aux débauchés et aux voleurs de lait! »

#### GAUDIBAND, furieux.

Comment, il a osé... ce polisson!... ce vieil émigré!... ce... (A Poteu.) Prépare-moi un bain de pieds!

#### GATINAIS.

Que veut dire cet écriteau?

#### GAUDIBAND.

Plus tard... je te conterai ça!

#### GATINAIS.

Le train ne peut tarder... (A Poteu.) Mon ami, tu vas courir à la gare... Voici mon bulletin, numéro 4, et tu réclameras les bagages de madame Gatinais...

#### POTEU.

Y en a-t-il lourd?

#### GATINAIS.

Trois colis... une malle... une bombe glacée et une timbale...

#### POTEU.

Je prendrai la brouette.

*Il sort par le fond.*

## SCÈNE IX.

### GAUDIBAND, GATINAIS.

GAUDIBAND, qui s'est assis.

Oui, je sens que j'ai besoin d'un bain de pieds.

GATINAIS.

Tu es tout rouge.

GAUDIBAND.

Mon ami, il faut que je tue cet homme-là.

GATINAIS.

Qui ça?

GAUDIBAND.

Mon voisin... le sieur Blancafort...

GATINAIS.

Mais il me semble que vous étiez très-amis autrefois...

GAUDIBAND.

Amis?... ça en avait l'air, mais nous nous trompions... Maintenant nous sommes dans le vrai... Quand nous nous apercevons, nous poussons des rugissements comme deux lions altérés de carnage.

GATINAIS.

Mais pourquoi? Il doit y avoir une cause.

GAUDIBAND.

Ça a commencé chez lui... Je venais d'y dîner, très-bien... car il n'y a rien à dire contre sa cuisine.

GATINAIS.

Alors ça peut s'arranger?

## ACTE PREMIER.

GAUDIBAND.

Oh! non! Nous étions au salon, nous faisions le whist à dix centimes. Il y avait du monde... Sa femme me conseillait... une femme charmante... Il n'y a rien à dire non plus contre sa femme... un coude délicieux!... Elle est un peu mûre, mais elle rachète ça par de si puissants attraits.

GATINAIS, riant.

Tais-toi!

GAUDIBAND.

Pour me conseiller, elle se penchait sur mon fauteuil... en souriant, et dame!... moi, quand une femme sourit, je ne sais pas résister... Je me hasardai à lui prendre le coude...

GATINAIS.

Ah! voilà!... ta manie!...

GAUDIBAND.

Son mari nous regardait probablement... car, au lieu de continuer son sourire, elle me lance un soufflet...

GATINAIS.

Au milieu du salon?

GAUDIBAND.

Non, au milieu de la joue... Scandale, tumulte, rupture!... et, depuis ce temps, nous ne nous saluons plus!

GATINAIS.

C'est ta faute... Avec ta rage de prendre le coude... A quoi cela te sert-il, à ton âge?

GAUDIBAND.

Dame!... Mais...

GATINAIS.

Allons donc! c'est bon à dire à ceux qui ne te connaissent pas!

## SCÈNE X.

### Les Mêmes, MADAME GATINAIS, puis JULIE.

MADAME GATINAIS, entrant scandalisée.

On n'a jamais rien vu de pareil!

GATINAIS et GAUDIBAND.

Quoi donc?

MADAME GATINAIS.

J'ai voulu faire un tour de jardin avec Julie... c'est plein de statues... (Baissant les yeux.) embarrassantes pour les yeux.

GAUDIBAND.

L'art antique.

MADAME GATINAIS.

Julie m'a priée de lui expliquer ce grand cygne...

GAUDIBAND.

C'est Jupiter et Léda.

GATINAIS, à part.

Bigre!

MADAME GATINAIS.

Et j'ai été obligée de la faire rentrer.

GATINAIS.

Tu as bien fait.

## ACTE PREMIER.

MADAME GATINAIS.

Oui, mais c'est ennuyeux de venir à la campagne pour se promener en chambre.

JULIE, entrant vivement.

Maman, maman! on vient de jeter une grosse pierre par-dessus le mur du jardin.

GATINAIS, la prenant.

Une pierre... avec un papier...

MADAME GATINAIS, à Julie.

Comment, mademoiselle, vous êtes donc retournée dans le jardin?

JULIE, confuse.

Oui, maman... parce que... j'avais oublié mon ombrelle.

GATINAIS, lisant le papier.

« Monsieur, j'ai reçu votre sommation... »

GAUDIBAND.

C'est de Blancafort.

GATINAIS, lisant.

« Épargnez-moi la peine de vous dire ce que j'en ai fait... mais, si vous n'êtes point un lâche, envoyez-moi vos témoins... »

MADAME GATINAIS.

Une provocation?

GATINAIS.

Un duel?

JULIE.

Oh! mon Dieu!

GAUDIBAND.

Eh bien, ça me va, nom d'un petit bonhom

GATINAIS, aux dames.

Laissez-nous! ceci est une affaire qui regarde les hommes... Allez faire un tour dans le jardin... (Se reprenant.) non, dans votre chambre.

*Madame Gatinais et Julie entrent à gauche, deuxième plan*

## SCÈNE XI.

### GATINAIS, GAUDIBAND.

GATINAIS.

A nous deux maintenant... Je n'ai pas besoin de te dire que tu peux compter sur moi, comme témoin.

GAUDIBAND.

Toi?... Je te remercie... c'est que...

GATINAIS.

Quoi?

GAUDIBAND

Je ne sais comment te dire ça? J'ai peur que tu ne sois pas assez... ferme... que tu manques d'énergie...

GATINAIS.

Moi?

GAUDIBAND.

Tu sais... un papa... marié...

GATINAIS.

On voit bien que tu ne me connais pas; j'ai essuyé d'autres tempêtes. Tel que tu me vois, il y a une page dans ma vie... une page énorme!

GAUDIBAND.

Quelle page?

## ACTE PREMIER.

###### GATINAIS.

Gaudiband, l'homme qui est devant toi a tenu tête aux orages populaires et a su braver les clameurs d'une populace en délire.

###### GAUDIBAND.

Toi?... quand ça?

###### GATINAIS.

Tu me connais... je n'ai pas d'opinion... je suis pour le bonheur de la France!... Néanmoins, je fréquentais à cette époque les réunions populaires... On a beau dire... ça instruit toujours... Un soir, je me trouvais à Belleville, chez le père Tampon, qui louait sa salle de danse au *club des Alouettes toutes rôties*. Tout à coup, l'orateur qui était à la tribune propose carrément de supprimer le numéraire. Alors, je me penche vers mon voisin, et je lui dis... malicieusement, mais sans méchanceté : « Voilà un particulier qui me semble brouillé avec l'hôtel de la Monnaie!... » Aussitôt un grognement formidable sort des entrailles de la terre... vingt mille bras se lèvent, m'empoignent, me poussent, me bousculent... J'allais être écharpé, lorsque le père Tampon me fait disparaître par une petite porte et me cache dans son four pendant vingt-quatre heures! Vingt-quatre heures dans un four... Voilà ce que j'ai fait.

###### GAUDIBAND.

Saperlotte!

###### GATINAIS.

Voilà ce que j'ai fait, Gaudiband! Et maintenant, douteras-tu encore de mon énergie?

###### GAUDIBAND.

Non! oh! non! et je te prie de me faire l'honneur d'être mon témoin

###### GATINAIS.

J'accepte.

###### GAUDIBAND.

Va trouver le sieur Blancafort, et pas de concessions... inacceptables.

###### GATINAIS.

Sois tranquille.

###### GAUDIBAND.

Ah!... tâche d'obtenir le pistolet...

###### GATINAIS.

Pourquoi?

###### GAUDIBAND.

L'armurier d'Antony en a une paire qui rate toujours.

###### GATINAIS.

Très-bien... c'est dans l'intérêt des deux parties... A bientôt! et du calme! du moral!

Il sort par le fond.

## SCÈNE XII.

#### GAUDIBAND, puis EDGARD, puis MADAME GATINAIS et JULIE.

###### GAUDIBAND, seul.

Du moral! Eh bien, ça me fait un drôle d'effet... penser que... car enfin ces pistolets peuvent partir... il peut les avoir nettoyés, et alors...

###### EDGARD, entrant.

Je viens de chez l'huissier...

## ACTE PREMIER.

GAUDIBAND, à part.

Edgard! lui! dans un pareil moment.

EDGARD.

Blancafort doit avoir reçu sa sommation.

GAUDIBAND.

Edgard!

EDGARD.

Parrain?

GAUDIBAND.

Embrasse-moi, veux-tu?

EDGARD.

Avec plaisir. (A part.) Qu'est-ce qu'il a?

Ils s'embrassent.

GAUDIBAND.

Mon ami, j'ai beaucoup connu ton père.

EDGARD.

Ah!

GAUDIBAND.

Un brave!... il ne désirait pas la mort, mais il savait la regarder en face. Je lui ai promis de veiller sur toi, de subvenir à tes besoins.

EDGARD.

Vous m'avez placé chez un avoué pour apprendre la procédure... ce pain de l'esprit.

GAUDIBAND.

Oui... et, comme on ne sait pas ce qui peut arriver, je désire assurer ton avenir.

EDGARD.

Comment?

GAUDIBAND.

En te constituant une rente viagère de cinq mille francs.

EDGARD.

Ah! mon parrain!

GAUDIBAND.

Si!... je le veux... je l'ai promis à ton père...

EDGARD.

Alors c'est une donation entre vifs.

GAUDIBAND.

Oui... entre vifs... (A part.) jusqu'à présent!

EDGARD.

Vous savez qu'elle est irrévocable?

GAUDIBAND.

Tant mieux!... ça m'arrange... Je vais de ce pas chez le notaire, faire rédiger l'acte, et tu viendras le signer tout à l'heure... c'est très-pressé!

MADAME GATINAIS, entrant avec Julie par la porte de gauche, deuxième plan.

Comment, vous partez, monsieur Gaudiband

GAUDIBAND.

Il le faut... une affaire...

MADAME GATINAIS.

Ah! mon Dieu! déjà?

GAUBIBAND.

Non. Ce n'est pas celle-là. Je vais chez mon notaire; mais d'abord laissez-moi vous présenter Edgard, mon filleul.

EDGARD, saluant.

Mesdames... (A part.) Laquelle des deux est la fille?

GAUDIBAND, aux dames, montrant Edgard.

C'est une bonne nature...

EDGARD.

Ah! parrain!

GAUDIBAND.

Aimante, douce...

EDGARD.

Ah! parrain!

GAUDIBAND.

Il a dès aujourd'hui cinq mille livres de rente... et, le jour du contrat, je m'engage à mettre cent mille francs dans la corbeille.

EDGARD.

Ah! parrain!

Gaudibaud l'embrasse avec effusion et sort vivement par le fond.

## SCÈNE XIII

### MADAME GATINAIS, JULIE, EDGARD, puis GATINAIS, puis POTEU.

MADAME GATINAIS.

M. Gaudiband paraît avoir pour vous une affection bien vive.

EDGARD.

Oh! certainement!... et de mon côté... (A part.) Laquelle est la demoiselle? C'est très-embarrassant!

JULIE.

Il faut veiller sur lui, ne pas le quitter; il est un peu vif de caractère.

EDGARD, à part.

Elle me donne des conseils... Ce doit être la maman! (Haut.) Oui, madame... oui, madame

JULIE, à part.

Madame!

GATINAIS, entrant l'habit boutonné.

Me voilà!

MADAME GATINAIS.

Tu as vu M. Blancafort?

GATINAIS.

Oui... tout est arrangé... On ne se battra pas.

MADAME GATINAIS et JULIE.

Ah! tant mieux!

EDGARD.

Se battre? Qui donc devait se battre?

GATINAIS.

Personne!... C'est fini...

MADAME GATINAIS.

Mon ami, je te présente M. Edgard Vermillon.

GATINAIS.

Ah! jeune homme... (Montrant Julie.) Voici ma fille!

EDGARD, à part.

Ah! diable! je m'étais trompé! (Haut, à Julie.) Mademoiselle, mon cœur vous avait devinée.

JULIE, à part, allant près de sa mère.

Oui, joliment.

POTEU, entrant.

Je viens du chemin de fer.

## ACTE PREMIER.

GATINAIS.

Eh bien, mes bagages?

POTEU.

Le train d'Orsay arrivait à la gare en même temps que moi...

GATINAIS.

Enfin!

POTEU.

Mais, comme c'était un train direct, il ne s'est pas arrêté.

GATINAIS.

Comment!... Eh bien, et ma bombe? ma timbale milanaise?

POTEU.

Ils étaient dedans... ils sont retournés à Paris.

GATINAIS.

Ah! c'est trop fort!

POTEU.

Ils ont voulu me donner un veau.

*Il remonte au buffet, à gauche.*

GATINAIS.

C'est décidé! j'attaque la compagnie...

EDGARD, vivement.

Voulez-vous me charger de l'affaire?

GATINAIS.

Volontiers!

EDGARD.

Je cours à la gare pour faire dresser procès-verbal.

GATINAIS.

Très-bien!

EDGARD.

Si ces dames veulent avoir l'obligeance de m'accompagner, elles me donneront le signalement des objets... c'est très-important !

GATINAIS.

C'est ça... allez !...

MADAME GATINAIS.

Au fait, ça nous promènera.

<small>Edgard, madame Gatinais et Julie sortent par le fond.</small>

## SCÈNE XIV.

### GATINAIS, seul.

Il est plein d'entrain, ce garçon ! Ah çà ! où est le Gaudiband ? Il faut que je lui apprenne comment j'ai arrangé son affaire... Je me présente chez notre adversaire l'habit boutonné... Je demande M. Blancafort... Un monsieur à grosses moustaches se lève, et je reconnais... qui ? le père Tampon !... mon sauveur ! l'ancien propriétaire du *club des Alouettes toutes rôties*... Il a fait fortune. Naturellement, il a changé de nom... je lui dois la vie, je n'avais rien à lui refuser. Je lui ai fait toutes les concessions qu'il désirait... Nous avons rédigé un petit écrit ; le voici : « Primo : Les statues seront ornées d'une plaque de zinc. Secundo : Le chat... » (Parlé.) Ça, je m'en charge ; j'ai promis de le guérir de sa manie de vagabondage... (Regardant au dehors.) Justement, le voici qui rôde dans le jardin... (Prenant le fusil ; qu'il charge.) Je me suis engagé à lui envoyer une poignée de sel seulement... Où trouver une bourre ? Ah ! la bande de ce journal. (Il bourre par-dessus la poudre.) Maintenant, le sel. (Il en prend une poignée dans le saloir, qu'il introduit dans le canon du fusil.) Une seconde bourre ? Qu'est-ce que c'est que cela? Une noisette!... Ça servira de bourre... Voilà!... (Regardant au dehors.) Où est-il? Il file dans le massif, le long du mur... (Sortant avec le fusil.) Minette! Minette!

Il disparaît par le fond.

## SCÈNE XV.

### GAUDIBAND, puis MADAME GATINAIS, puis GATINAIS.

GAUDIBAND, entrant par la droite.

La donation est signée ! Gatinais doit être revenu de chez Blancafort... Je suis passé chez l'armurier... l'animal a nettoyé ses pistolets... Il m'a dit : « Maintenant, ils ne rateront plus !... » Brrr ! je me suis commandé un bain de pieds.

MADAME GATINAIS, entrant par le fond.

Ah! monsieur Gaudiband! avez-vous vu mon mari?

GAUDIBAND,

Non... et je suis même assez inquiet.

MADAME GATINAIS.

Il vous cherche... Tout est arrangé. On ne se battra pas.

GAUBIDAND, fanfaron.

Ah! Blancafort recule!... Je le regrette. J'aurais aimé à le rafraîchir d'un coup de sabre!

MADAME GATINAIS.

Allons! bien! en revenant du chemin de fer, j'ai déchiré le bas de ma robe après un buisson... Vous n'auriez pas une épingle?

GAUDIBAND, avec empressement.

Toujours pour les dames... j'ai une succursale!
*Il prend une épingle à son paletot et la lui donne.*

MADAME GATINAIS.

Vous permettez!
*Elle met un pied sur une chaise et arrange sa robe, Gaudiband passe de l'autre côté de la chaise.*

GAUDIBAND.

Ah! quel pied! quel petit pied mignon!

MADAME GATINAIS.

Voulez-vous me faire le plaisir de regarder par là?
*Elle indique le jardin.*

GAUDIBAND.

Non! c'est plus fort que moi... (S'approchant d'elle.) Vous m'attirez... comme l'abime...

MADAME GATINAIS.

Eh bien, après?

GAUDIBAND, tout près d'elle.

Dame! après?
*Il l'embrasse vivement.*

MADAME GATINAIS.

Monsieur! (Apercevant son mari qui entre.) Ciel! mon mari!

GAUDIBAND.

Gatinais!
*Madame Gatinais s'enfuit à gauche, Gaudiband à droite.*

## SCÈNE XVI.

### GATINAIS, puis JULIE, puis GAUDIBAND, MADAME GATINAIS.

GATINAIS, qui a vu Gaudiband.

Est-il bête! A quoi cela lui sert-il? Il vient de m'arriver une chose bien extraordinaire... je suivais le chat dans l'obscurité... Tout à coup, je vois quelque chose de noir s'agiter en haut du mur, j'ajuste! je tire... et j'entends le chat s'écrier : « Ah! sapristi!... » C'était un homme! quelque maraudeur qui venait goûter au raisin de Gaudiband... il doit avoir reçu du sel... c'est une leçon... (Allant remettre son fusil au râtelier.) Ce qui m'inquiète, c'est la noisette.

JULIE, entrant par le fond.

Papa! papa!

GATINAIS.

Qu'est-ce que c'est?

JULIE.

Une dépêche télégraphique pour toi.

Elle la lui donne.

GATINAIS.

Des nouvelles de mes bagages, sans doute. (Il l'ouvre.) Ah! mon Dieu! ma fille! ma fille!

JULIE.

Qu'y a-t-il? un malheur?

GATINAIS.

Au contraire, un bonheur! (Appelant.) Ma femme! Gaudiband! ma femme!

MADAME GATINAIS, entrant par le deuxième plan.

Mon ami?

GAUDIBAND, entrant.

Qu'arrive-t-il?

GATINAIS, avec joie.

Mes amis, ça y est... je suis nommé...

TOUS.

Quoi?

GATINAIS.

On vient de me faire l'honneur de me nommer du jury.

MADAME GATINAIS.

Est-il possible!

GATINAIS.

Oui, mes enfants... et je puis le dire, cette distinction, je ne la dois ni à l'intrigue ni à la faveur. (Serrant la main de Gaudiband.) Ah! Gaudiband, voilà de bien douces émotions!

GAUDIBAND.

Mon compliment! (A part.) Il n'a rien vu!

GATINAIS.

Tiens! je te permets de rembrasser ma femme.

GAUDIBAND, à part.

Il avait vu!

## SCÈNE XVII.

### Les Mêmes, EDGARD.

EDGARD, entrant effaré.

Ah! mon parrain, un événement! Ne comptez pas sur moi pour diner.

GAUDIBAND.

Pourquoi?

EDGARD.

Une chance inespérée! Je suis au comble de mes vœux.

GATINAIS.

Vous êtes nommé aussi?

EDGARD.

Un crime vient d'être commis... une tentative de meurtre... J'étais près de là par bonheur... j'ai commencé une enquête... officieuse.

GATINAIS.

En amateur.

EDGARD.

Vous comprenez, si je réussis à découvrir le coupable, ma position est faite.

GAUDIBAND.

Mais qu'est-ce que c'est?

EDGARD.

Un père de famille, un tailleur, vient de recevoir un coup de fusil sur un mur.

GATINAIS, à part.

Ah! diable!

TOUS.

Un coup de fusil?

GATINAIS.

Chargé à sel, sans doute?

EDGARD.

A sel!... je ne m'en occuperais pas... à balle, car on a constaté la présence d'un corps rond et dur.

GATINAIS, à part.

La noisette!

EDGARD, avec importance.

C'est une très-grosse affaire.

GATINAIS, inquiet.

Mais on ne soupçonne personne?

EDGARD.

Personne... jusqu'à présent.

GATINAIS, respirant.

Ah!

EDGARD.

Mais soyez tranquille... je suis là!... et, quand je devrais me priver de boire et de manger pendant un mois.

*Il remonte et va à la table de gauche.*

GATINAIS, à part.

Il est ennuyeux, ce petit.

GAUDIBAND, à Gatinais.

Je te parie vingt francs qu'il le trouve.

GATINAIS.

Je les tiens!... (A part.) Ça m'est égal, personne ne m'a vu.

POTEU, annonçant au fond.

Le bain de pieds de monsieur est servi!

GATINAIS.

A table! non! j'ai cru que c'était le dîner!

## ACTE PREMIER.

### CHOEUR.

**MADAME GATINAIS** et JULIE.

Poursuivez bien cette affaire;
Elle doit vous faire honneur;
Car de ce crime j'espère
Que vous connaîtrez l'auteur.

### EDGARD.

Je poursuivrai cette affaire,
Elle doit me faire honneur;
Car de ce crime j'espère
Bientôt découvrir l'auteur.

### GATINAIS.

Agissons avec mystère,
Il y va de mon honneur!
Et de ce crime j'espère
Qu'on ne saura pas l'auteur

## ACTE DEUXIÈME.

### A PARIS, CHEZ GATINAIS.

Le théâtre représente un salon. — Porte au fond, portes latérales — A droite, une grande armoire servant d'office. — Une cheminée à droite, pan coupé. — Un violon sur un pupitre à gauche, avec un cahier de musique. — Chaises, tables, fauteuils.

---

### SCÈNE PREMIÈRE.

### MADAME GATINAIS, JULIE, MARGUERITE.

Au lever du rideau, madame Gatinais et Julie sont assises à la table de gauche, premier plan, et y travaillent. Marguerite, à droite, essuie la cheminée.

MADAME GATINAIS.

Marguerite !

MARGUERITE, à la cheminée.

Madame ?

MADAME GATINAIS.

Est-ce que M. Gatinais n'est pas encore rentré ?

MARGUERITE.

Ah bien, oui ! il ne rentre plus qu'aux heures des repas... et encore !

##### MADAME GATINAIS.

C'est vrai. Depuis qu'il sait qu'il va être juré à la session prochaine, il ne se possède plus.

##### JULIE.

Il passe sa vie à rôder autour du palais de Justice.

##### MADAME GATINAIS.

Il étudie le Code, il fait son droit... Il ne touche même plus à son violon, qui reste là, sur son pupitre.

##### JULIE.

Ça, je ne m'en plains pas.

##### MADAME GATINAIS.

Pourquoi ?

##### JULIE.

Dès que je me mettais à mon piano, papa arrivait avec son violon, et cela me faisait jouer faux.

##### MADAME GATINAIS.

Oh ! en famille !...


## SCÈNE II.

#### Les Mêmes, GATINAIS.

##### MARGUERITE.

Ah ! voilà monsieur.

Elle sort par le fond.

GATINAIS, paraît avec plusieurs livres sous le bras.

Bonjour, mes enfants

Julie passe à droite

MADAME GATINAIS.

Ah çà, d'où viens-tu ?

GATINAIS.

Du palais de Justice.

MADAME GATINAIS.

Tu y vas donc tous les jours ?

GATINAIS.

Je n'y suis pas allé hier. Il est vrai que c'était dimanche... il était fermé.

MADAME GATINAIS.

Quel plaisir trouves-tu...?

GATINAIS.

J'aime ce monument... j'aime à me promener devant ce temple de Thémis, où l'on rend des arrêts... et non pas des services! J'aime à contempler cet escalier, ces portes béantes, qui ont l'air de me dire : « Entre, Gatinais, tu es des nôtres... tu es ici chez toi! » Alors, j'entre, j'écoute plaider, je regarde juger... je me fais la main.

JULIE.

Papa, qu'est-ce que c'est que ces livres-là ?

GATINAIS.

*Le Manuel du Parfait Juré !*... les *Causes célèbres*, la *Gazette des Tribunaux*. Il faut que je me tienne au courant des arrêts ; la mode change.

MADAME GATINAIS.

Et c'est à lire cela que tu perds ton temps ?

GATINAIS.

Perdre mon temps! Tiens! ça me fait sauter d'entendre dire ça ! Vraiment les femmes ne sont pas sérieuses...

Comme l'a dit Beccaria, l'auteur du *Traité des Peines et Délits*... elles ont la grâce, mais il ne faut pas leur demander autre chose.

### MADAME GATINAIS.

Eh bien, il est poli, ton monsieur !

### GATINAIS.

Je perds mon temps !... Sais-tu ce que j'ai fait ce matin ?

### MADAME GATINAIS.

Non.

### GATINAIS.

J'ai fait un pas immense !

### JULIE.

Vraiment ?

### GATINAIS.

J'ait fait la connaissance du domestique du second greffier, Baptiste... Il y a longtemps que je tournais autour de lui ; il a bien voulu me communiquer... officieusement, le menu de la session.

### MADAME GATINAIS.

Y a-t-il des atrocités ?

### GATINAIS.

Je l'espère... Pourtant, Baptiste m'a dit : « Nous sommes un peu maigres ce mois-ci... »

### MADAME GATINAIS.

Ah !

### GATINAIS.

« Mais je pense qu'on ajoutera une affaire ou 'deux... — Ajoutez ! ajoutez ! ai-je répondu ; moi, d'abord, je n'ai

» rien à faire... Je suis aux ordres de la nation... » (A sa femme.) Ah! tu ne sais pas? je me suis commandé un habit noir.

### MADAME GATINAIS.

Pour quoi faire?

### GATINAIS.

Pour siéger... Le mien était un peu râpé

### JULIE.

Papa, est-ce que tu auras à juger un crime par amour?

### GATINAIS.

Attends, je vais consulter la carte. (Il donne ses livres à Julie et tire sa liste.) Tu dis un crime par amour?... Je ne crois pas que nous ayons ça... (Lisant.) « Vol avec effrac- » tion... Abus de confiance... Homicide involontaire... » avec préméditation... Attentat à la... » (Changeant de ton.) Laisse-nous, ma fille.

### JULIE.

Mais, papa...
<small>Elle va déposer les livres sur la cheminée, et sort par la droite.</small>

### GATINAIS.

Laisse-nous; j'ai à causer avec ta mère. (Il suit des yeux Julie qui sort, et, dès qu'elle a disparu, il dit:) C'est la quatrième affaire! On l'a gardée pour la bonne bouche.

### MADAME GATINAIS.

Est-ce que ce sera public?

### GATINAIS.

Non... mais tu sais que je n'ai rien de caché pour toi.

## SCÈNE III.

### Les Mêmes, MARGUERITE.

MARGUERITE, entrant par le fond.

Monsieur !

GATINAIS.

Quoi ?

MARGUERITE.

C'est une dame en grande toilette, qui désire vous parler ; voilà sa carte.

Elle lui donne la carte.

GATINAIS, lisant.

« Cinq minutes d'entretien, et vous serez le plus gracieux des hommes. Marquise de Valrosa... »

MADAME GATINAIS.

Tu connais des marquises ?

GATINAIS.

Non.

MARGUERITE.

Elle veut vous parler en faveur d'un jeune homme.

GATINAIS.

Ah ! c'est au juré qu'elle s'adresse !... Voilà les sollicitations qui commencent ! (Avec orgueil.) Une marquise dans mon antichambre !... Mais je ne dois pas la recevoir... le *Manuel* le défend formellement... Page 11.

MADAME GATINAIS.

Comment! tu vas la renvoyer?

GATINAIS.

Avec des formes... tu vas voir... (A Marguerite.) Mettez-moi aux pieds de la marquise, et dites-lui qu'il m'est impossible de la recevoir... je suis dans le bain.

MARGUERITE.

Bien, monsieur.

GATINAIS.

Vous ajouterez que j'aurai l'honneur de lui rendre sa visite... après la session.

MADAME GATINAIS.

Si tu crois qu'elle te recevra après la session!

MARGUERITE.

Ah! monsieur... c'est une lettre non affranchie... (Elle la donne, puis sort en disant :) Je vais lui dire que vous êtes dans le bain, et que vous vous mettez à ses pieds.

Elle disparaît par le fond.

GATINAIS, regardant la lettre.

Quelle drôle de lettre!... Quel papier!

MADAME GATINAIS.

Et cachetée avec de la mie de pain!

GATINAIS, l'ouvrant et lisant.

« Acquitte Bamblotaque, ou malheur à toi! » (Parle.) Des menaces!

MADAME GATINAIS.

Et au-dessous un poignard!

###### GATINAIS.

Tu crois que c'est un poignard? J'avais pris ça pour une fleur.

###### MADAME GATINAIS.

Mon ami, de la prudence! Ces gens-là sont très-dangereux!

###### GATINAIS.

Madame Gatinais, un juré ne relève que de sa conscience. (A part.) Et puis je ne sortirai pas le soir... pendant quelque temps.

## SCÈNE IV.

###### Les Mêmes, GAUDIBAND, LUCETTE.

###### MARGUERITE, annonçant.

M. Gaudiband!

<sub>Elle sort par la gauche, troisième plan</sub>

###### GATINAIS, à Gaudiband qui entre par le fond.

Tiens! te voilà à Paris!...

###### GAUDIBAND, saluant madame Gatinais.

Madame!... Oui, je t'amène une jeune personne... Eh bien, où est-elle donc? (Remontant jusqu'à la porte.) Viens donc, petite! ne crains rien!

###### LUCETTE, entrant avec un panier d'œufs à la main.

Me v'là! J'ôtais mes sabots.

###### GAUDIBAND.

C'est Lucette, ma porteuse de lait... Elle va t'expliquer

son affaire... Moi, je n'y comprends rien... parce que, quand elle parle, je la regarde, mais je ne l'écoute pas.

GATINAIS.

Vous avez une affaire?

GAUDIBAND.

Oui... devant le jury.

GATINAIS.

Oh! impossible! impossible! je refuse des marquises; ainsi...

LUCETTE, montrant son panier.

D'abord, voilà un panier d'œufs frais que je vous apporte... c'est pondu d'hier...

GATINAIS.

Des cadeaux! il ne manquait plus que ça!

MADAME GATINAIS.

Justement, c'est demain maigre.

GATINAIS.

N'importe! il y a des œufs sur le marché. (A Lucette.) Emportez, emportez ça!

LUCETTE.

Mais c'est pas pour vous!... c'est pour votre demoiselle.

MADAME GATINAIS.

Ah!

Elle prend le panier d'œufs.

GATINAIS.

Si c'est pour ma fille, c'est différent. Quant à moi, je n'en mangerai pas... qu'après la session.

## ACTE DEUXIÈME.

GAUDIBAND, à part.

Ils ne seront pas aussi frais.

MADAME GATINAIS, prenant le panier des mains de Lucette, bas.

Allez! expliquez-lui votre affaire.

*Elle va poser le panier d'œufs sur la table au fond, à droite.*

GAUDIBAND, à Lucette.

Va, parle, et ne te trouble pas.

LUCETTE.

C'est que... l'affaire, je ne la connais pas bien... il s'agit de Budor.

GATINAIS.

Qu'est-ce que c'est que ça?

LUCETTE.

Vous ne connaissez pas Budor?... un *laboureux* de chez nous... qu'a une montre en or...

GATINAIS.

Eh bien, qu'est-ce qu'il a fait?

LUCETTE.

Ah! ça, je n'en sais rien.

GAUDIBAND, à Gatinais.

Tu lui fais peur... tu la troubles.

GATINAIS, à Lucette.

Voyons, quel rang occupe votre affaire?

LUCETTE.

C'est la quatrième.

MADAME GATINAIS

Ah!

###### GATINAIS, à part.

L'attentat! (Toussant.) Hum! laisse-nous, madame nais.

###### MADAME GATINAIS. Elle reprend le panier d'œufs.

Je vais porter les œufs, je vous rapporterai le panier.

Elle sort par la gauche.

## SCÈNE V.

#### GATINAIS, GAUDIBAND, LUCETTE.

Gatinais et Gaudiband vont s'asseoir à la table à gauche.

###### GATINAIS.

Voyons, mon enfant, nous sommes entre hommes, vous pouvez parler.

###### GAUDIBAND.

De quoi s'agit-il?

###### GATINAIS, bas, lui montrant la liste.

Là!... la quatrième...

###### GAUDIBAND.

Comment?... (A part, regardant Lucette.) Ah bah! Tiens! tiens! tiens! (Haut.) Surtout ne nous cache rien, ne néglige aucun détail. (A part.) Nous allons nous amuser

###### LUCETTE, au milieu de la scène.

Mais je ne sais rien! je n'en connais pas, de détails.

###### GAUDIBAND, à part.

Elle fait la bête!

## ACTE DEUXIÈME.

LUCETTE.

Je n'étais pas là, moi!

GATINAIS.

Comment! ce n'est donc pas pour votre compte que vous venez?

LUCETTE.

Non, monsieur.

GAUDIBAND.

Ah! alors, ce n'est plus drôle!

LUCETTE.

Je viens pour Catherine, ma sœur. Tout ce que je puis vous dire, c'est qu'elle a du chagrin... qu'elle aime toujours Budor et qu'elle lui pardonne.

GATINAIS.

Elle lui pardonne? quoi?

GAUDIBAND.

Raconte, petite, raconte tout ce que tu sais.

LUCETTE.

Tout ce que je sais, c'est qu'ils étaient pour se marier ensemble... Papa ne voulait pas... maman non plus... et eux, ils voulaient se marier ensemble.

GAUDIBAND.

Oui... tu l'as déjà dit!

GATINAIS, à Gaudiband

N'interromps pas!

LUCETTE.

« Et certainement ce n'est pas une mauvaise compagnie, Budor... Il a du bien, il a trois vaches et une montre... en or... qui sonne. Voilà tout ce que je sais.

GATINAIS, se levant et passant à droite.

Mais, enfin, qu'est-ce qu'il a fait? Qu'est-ce qu'on lui reproche? C'est très-difficile de juger, si on ne connaît pas un peu...

GAUDIBAND.

Oui, il faudrait au moins...

GATINAIS, à Gaudiband.

N'interromps pas! Parlez, mon enfant!

LUCETTE.

Pour lors, ils étaient pour se marier ensemble... papa et maman ne voulaient pas...

GAUDIBAND, à part.

Elle se répète.

GATINAIS.

Nous allons recommencer.

LUCETTE.

Alors, ils sont allés pleurer dans le bois.

GAUDIBAND.

Ah!

LUCETTE.

Y a pas de mal à ça... et on a mis Budor en prison. Alors, ma sœur m'a dit de venir vous trouver... avec des œufs frais... elle dit que, si vous voulez pardonner à Budor, ils se marieront ensemble, et, s'ils se marient ensemble, on me donnera des boucles d'oreilles en or pour la noce.. tandis que, s'ils ne se marient pas ensemble... (Pleurant.) je n'aurai pas mes boucles d'oreilles... (Sanglotant.) et moi, je voudrais les avoir!... Ah! ah! ah!

###### GAUDIBAND.

Voyons, ne pleure pas, mon enfant! calme-toi!

Il l'embrasse.

###### LUCETTE.

Ça vous goûte de m'embrasser?

###### GAUDIBAND.

Oui, ça me goûte.

###### LUCETTE.

Allez! si ça vous goûte.

###### GATINAIS, à part, montant et descendant la scène.

Il manque complétement de tenue.

###### LUCETTE.

Allons! bien des bonsoirs. (A Gatinais.) Tâchez qu'y se marient ensemble. (A part.) Maintenant, je vais voir les autres messieurs.

Elle sort par le fond.

## SCÈNE VI.

**GATINAIS, GAUDIBAND, puis MADAME GATINAIS.**

###### GAUDIBAND.

Elle est ravissante!... Ça me goûte.

###### GATINAIS.

Mais à quoi cela te sert-il? Tu as pourtant passé l'âge des illusions.

###### MADAME GATINAIS, entrant avec un panier vide.

Elle est partie, cette petite? Et son panier?

### GAUDIBAND.

Je le lui reporterai; j'ai justement quelque chose à lui dire.

### MADAME GATINAIS.

Vous repartez tout de suite?

### GAUDIBAND.

Non, ce soir. Je suis venu pour vous demander la permission de vous présenter officiellement Edgard, mon filleul.

### GATINAIS.

Faites mieux... venez dîner avec nous tous les deux.. sans cérémonie.

### GAUDIBAND.

J'accepte.

### MADAME GATINAIS.

Il a l'air fort bien, ce jeune homme. Est-il d'une bonne famille?

### GAUDIBAND.

Oh! excellente! excellente!

### MADAME GATINAIS.

Qu'est-ce que fait son père?

### GAUDIBAND, embarrassé.

Son père?... il est rentier.

### MADAME GATINAIS.

Je pense que nous le verrons... il viendra nous faire la demande...

### GAUDIBAND.

Mon Dieu, mes amis, j'ai un aveu à vous faire... d'autant que vous finiriez toujours par le savoir.

## ACTE DEUXIÈME.

GATINAIS.

Quoi donc?

GAUDIBAND.

C'est que... je ne sais comment vous dire ça... J'ai commis une faute... J'étais jeune... j'avais le cœur aimant (Jetant un coup d'œil à madame Gatinais.) Je l'ai toujours... Je me trouvais à Montauban pour affaires... Dans un bal public, je fis la connaissance d'une petite ouvrière qui travaillait dans une fabrique d'épingles... elle ne fut pas cruelle... nous nous estimâmes.

GATINAIS.

Il y a longtemps de ça?

GAUDIBAND.

Vingt-quatre ans... Au bout d'un mois, les affaires me rappelant à Paris, je dus rompre cette chaîne de roses...

MADAME GATINAIS.

Oh! les hommes! même les plus laids!

GAUDIBAND.

Hein?

MADAME GATINAIS.

Rien.

GAUDIBAND.

Quelque temps après, je reçus une lettre timbrée de Montauban et contenant ces simples mots : « Je vais être mère, Edgard; si vous êtes un honnête homme, venez! »

GATINAIS.

Tu partis?

GAUDIBAND.

Non, je l'avoue, je ne gobai pas la chose. Je lui répondis : « Impossible de m'absenter, les affaires reprennent... envoyez-moi l'enfant... » Je n'y croyais pas, à l'enfant! et, quinze jours après, je recevais la bourriche... (Se reprenant.) le berceau.

GATINAIS.

Voilà une tuile!

GAUDIBAND.

Je conviens que, dans le premier moment, je fus médiocrement flatté... mais, en regardant ce petit être si rose, si frais, et qui me ressemblait... je me pris à l'aimer...

MADAME GATINAIS.

A la bonne heure!

GAUDIBAND.

Je le mis en nourrice, je le mis au collège, je le mis chez l'avoué, et maintenant... maintenant je voudrais le mettre dans votre famille.

MADAME GATINAIS.

Comment! votre filleul?

GATINAIS.

C'est lui qui était dans la bourriche?

GAUDIBAND.

Il ignore encore le secret de sa naissance... Je n'ai pas besoin de vous dire qu'après moi il aura toute ma fortune.

GATINAIS.

Après tout, ce n'est pas sa faute, à ce garçon... Amène-le toujours, et nous verrons...

GAUDIBAND, en remontant.

Nous viendrons peut-être un peu tard, parce que dans ce moment il est très-occupé.

## ACTE DEUXIÈME.

GATINAIS.

Qu'est-ce qu'il fait?

GAUDIBAND.

Il continue sa petite enquête... à lui tout seul... un vrai chien de chasse!

GATINAIS.

Quelle enquête?

GAUDIBAND.

Eh bien, à Antony... le coup de fusil tiré...

MADAME GATINAIS.

Ah! oui, le tailleur!

GATINAIS.

Comment! il s'occupe encore de ça!

GAUDIBAND.

Toujours! oh! il est tenace!

MADAME GATINAIS.

Moi, je désire bien qu'il réussisse.

GATINAIS, à part.

Merci!

GAUDIBAND.

Dame! son avenir est là! Allons, sans adieu; je cours rejoindre Edgard et je vous le ramène avec un bouquet.

MADAME GATINAIS.

Je vous accompagne.

Gaudiband sort par le fond avec madame Gatinais.

## SCÈNE VII.

### GATINAIS, puis POTEU.

GATINAIS, seul.

Je suis bien tranquille... personne ne m'a vu !

POTEU, paraissant à gauche et passant sa tête à la porte.

Peut-on entrer?

GATINAIS, à la cheminée.

Tiens! c'est Poteu! Ton maître sort d'ici.

POTEU, descendant la scène.

Je ne suis plus à son service ; je l'ai lâché!

GATINAIS.

Comment! sans le prévenir?

POTEU.

Oh! si... je lui ai laissé une lettre dans sa pantoufle... il la trouvera ce soir.

GATINAIS, à part.

Il fait les choses sans cérémonie.

POTEU.

Je m'ennuyais à Antony... c'est triste.

GATINAIS.

Vraiment?

POTEU.

Je voudrais t'être cocher à Paris... et si monsieur voulait me prendre...

GATINAIS.

Moi? par exemple! D'abord, je n'ai ni chevaux ni voiture... et puis la façon dont vous quittez vos maîtres...

POTEU.

C'est dommage; car vous êtes un brave homme... et je ne voudrais pas vous faire de la peine... mais, si la justice m'interroge, il faudra bien que je dise la vérité.

GATINAIS, redescendant la scène.

Quoi? la justice?

POTEU.

Parce qu'on me fera prêter serment, et, quand j'ai juré, moi... (Il lève la main et le pied et crache.) c'est sacré!

GATINAIS.

Qu'est-ce qu'il chante?

POTEU.

Tandis que les gens à gages... ça ne prête pas serment contre leurs maîtres. Alors, n'ayant pas prêté serment, je pourrai mentir...

GATINAIS.

Mentir?... Pourquoi?

POTEU.

Enfin, si on me demande qui est-ce qui a tiré sur Geindard?

GATINAIS.

Geindard? qu'est-ce que c'est que ça?

POTEU

C'est un tailleur, à Antony.

GATINAIS, à part.

Le tailleur! (Haut.) Tu connais donc la personne qui a tiré sur lui?

POTEU.

Oui.

GATINAIS.

Ah!

POTEU.

J'étais dans le fond du jardin... même que Geindard a crié : « Ah! sapristi! »

GATINAIS, à part.

Un témoin!... (Haut.) Après tout, ce n'est pas grave... pour quelques grains de sel.

POTEU.

Il y avait aussi du plomb.

GATINAIS.

Ça, je suis sûr du contraire!... C'est moi-même qui ai mis le sel... pour le chat.

POTEU.

Oui; mais, avant, j'avais mis le plomb... pour les pigeons.

GATINAIS.

Saprelotte! Est-ce qu'il était gros, ton plomb?

POTEU.

Assez.

GATINAIS, à part.

Comment me tirer de là?

POTEU.

Pour lors, je voudrais t'être cocher.

GATINAIS.

Ce brave Poteu!... Mais c'est tout naturel... je verrai...

je chercherai dans mes connaissances... Veux-tu prendre un verre de vin?

POTEU.

Merci... c'est chez vous que je voudrais t'être cocher.

GATINAIS.

Tu es bien aimable... mais je te répète que je n'ai ni chevaux ni voitures...

POTEU.

Vous en achèterez.

GATINAIS.

Ah! oui, il y a encore ça! (A part.) Il me tient, l'animal!

POTEU.

Quant aux gages, je voudrais huit cents francs.

GATINAIS.

Par mois?...

POTEU.

Non, par an... Et puis, j'aime à prendre mon chocolat le matin... Pour ce qu'est du vin... huit bouteilles par semaine... Je vous demanderai aussi mes dimanches, mes mardis et mes jeudis.

GATINAIS.

Comment?

POTEU.

Paris est la ville des plaisirs... Je ne voudrais pas flétrir la maison de monsieur, quoique la bonne soit gentille.

GATINAIS.

C'est bien... reviens plus tard... demain...

POTEU.

Oui... mais si, d'ici là, la justice m'interroge?

GATINAIS, effrayé.

Non, peste!... C'est que... un cocher!... et ma femme qui ne sait pas...

MADAME GATINAIS, dans la coulisse.

Attends-moi, Julie, je reviens.

GATINAIS.

Ah! mon Dieu! c'est elle!... Cache-toi! il faut que je la prépare...

POTEU.

Par là?

GATINAIS.

Non... c'est sa chambre. Tiens! dans cette armoire... l'armoire aux provisions.

POTEU, regardant dans l'armoire à droite, premier plan.

Un jambon! ça me va!

Il entre dans l'armoire.

## SCÈNE VIII.

GATINAIS, MADAME GATINAIS, POTEU, caché, puis GEINDARD.

MADAME GATINAIS, entrant par la gauche.

Comment! tu es seul?... Ta fille vient de se mettre au piano... prends ton violon.

GATINAIS.

Non... je ne suis pas en train de jouer du violon... je réfléchissais...

MADAME GATINAIS.

A quoi?

GATINAIS.

Ce matin, en traversant le macadam, je me disais : « Mon Dieu! que de boue! que de boue! »

MADAME GATINAIS.

Ah! c'est bien vrai!

GATINAIS.

Et je plaignais les pauvres femmes... avec leurs robes traînantes... Ah! c'est un bien triste tableau!

MADAME GATINAIS.

Eh bien, qu'est-ce que tu veux y faire?

GATINAIS.

C'est égal! les gens qui ont voiture sont bien heureux!

MADAME GATINAIS.

Ah! je t'en réponds!

GATINAIS.

Dis donc, bichette, si nous prenions voiture.

*Il la prend par le bras et ils se promènent.*

MADAME GATINAIS.

Nous? Ah çà, tu es fou!

GATINAIS.

Une petite voiture, avec le moins de roues possible... Ce serait une fière économie, va!... Plus de fiacres, plus de parapluies, plus de rhumes... Par conséquent, plus de médecins... Et les robes, les chapeaux, les chaussures...

MADAME GATINAIS.

Mais tu n'y penses pas!... avec une voiture, il faut un cocher...

GATINAIS.

Bien entendu... mais un petit cocher... un cocher sans conséquence... J'en ai justement un sous la main.

MADAME GATINAIS.

Et les écuries, les remises... C'est absurde! C'est ton jury qui te tourne la tête!

GATINAIS.

Mais le macadam...

MADAME GATINAIS.

Eh bien, je prendrai un fiacre... ça me suffit... Une voiture! a-t-on jamais vu!

POTEU, passant sa tête, bas, à Gatinais.

Eh bien?... où ça en est-il?

GATINAIS.

Ça s'arrange!

Il le repousse dans l'armoire.

GEINDARD, paraissant au fond.

Pardon... M. Edgard Vermillon n'est pas ici?

MADAME GATINAIS, bas, à son mari.

Quel est cet homme?

GATINAIS, bas.

Je ne le connais pas.

GEINDARD.

Je viens de chez lui. On m'a dit que je le trouverais ici... C'est un bien bon jeune homme, qui a l'obligeance de s'occuper de mon enquête.

GATINAIS.

Quelle enquête?

## ACTE DEUXIÈME.

GEINDARD.

C'est vrai... vous ne savez pas... Figurez-vous que j'ai été victime d'un gredin qui m'a tiré un coup de fusil.

GATINAIS.

Ah bah!

MADAME GATINAIS.

Où ça?

GEINDARD.

Ah! je ne peux pas le dire aux dames!...

MADAME GATINAIS.

Je vous demande dans quel pays?

GEINDARD.

En France, madame, à Antony! pendant que j'étais tranquillement à cheval sur un mur, en train de tailler ma vigne.

GATINAIS, à part.

Ma victime!... mon chat!

MADAME GATINAIS.

Ah! pauvre homme! Asseyez-vous donc!

GEINDARD.

Merci, madame... Je ne m'assois plus depuis l'événement; je ne peux me coucher que sur le ventre... Je suis venu debout dans le chemin de fer.

MADAME GATINAIS.

Ah! c'est affreux!

GEINDARD.

Ça me gêne beaucoup pour exercer mon état de tailleur... On n'a pas encore pu extraire la balle.

GATINAIS, à part.

Satanée noisette!

GEINDARD.

Ah! le gredin! le gueux! Si je le tenais!

MADAME GATINAIS.

Tirer sur un père de famille!

GATINAIS, bas, à sa femme.

Tais-toi donc! (A Geindard.) Voyons, du calme! D'ailleurs, qui vous dit que la personne que vous accusez est coupable?... Elle a été imprudente, j'en conviens... elle a peut-être cru tirer sur un gibier...

GEINDARD.

Nous avons réponse à ça... C'est M. Edgard qui a trouvé la phrase pour le jury... « Messieurs... c'est par le gibier qu'on commence, c'est par les tailleurs qu'on finit!... » V'lan!...

MADAME GATINAIS.

Ah! très-bien!

GATINAIS, bas, à sa femme.

Tais-toi donc!

GEINDARD.

C'est égal... ça ne sera pas une trop mauvaise affaire pour moi... incapacité de travail pendant vingt et un jours... Je compte demander quinze mille francs de dommages et intérêts.

MADAME GATINAIS.

Ce n'est pas trop!

GATINAIS, bas, à sa femme.

Mais tais-toi donc! (Haut, à Geindard.) Quinze mille francs, c'est bientôt dit; mais à qui comptez-vous les demander, puisque vous ne connaissez pas le coupable?

GEINDARD.

On le connaîtra. Il a laissé tomber quelque chose sur le théâtre du crime.

GATINAIS, tâtant vivement ses poches.

Ah! mon Dieu! quoi donc?

GEINDARD.

Quelque chose que je veux remettre à M. Edgard.

GATINAIS, vivement.

Il ne viendra pas!... il est reparti pour Antony!

MADAME GATINAIS.

Mais si, mon ami, puisqu'il dîne ici.

MARGUERITE, annonçant.

M. Edgard Vermillon!

GATINAIS, à part.

Ah! mon Dieu!... lui!

MADAME GATINAIS, à son mari.

Qu'as-tu donc?

GATINAIS.

Rien! une crampe d'estomac!

Il s'appuie contre une chaise.

## SCÈNE IX.

### Les Mêmes, EDGARD.

EDGARD, paraissant avec un bouquet à la main.

Madame... monsieur... M. Gaudiband a bien voulu me transmettre votre gracieuse invitation... je n'ai pris que le temps de cueillir ces fleurs... au passage de l'Opéra.

GATINAIS, vivement.

Ma fille est au salon... à son piano... Passons au salon!

EDGARD.

Volontiers!

Il va pour sortir avec Gatinais.

GEINDARD, qui est resté au fond, arrêtant Edgard.

Pardon, monsieur Edgard...

EDGARD.

Ah! c'est vous, Geindard.

GATINAIS.

Passons au salon!

GEINDARD.

Il y a du nouveau... on a trouvé une preuve.

EDGARD.

Une preuve? (A Gatinais.) Pardon... une minute seulement. (A Geindard.) Qu'est-ce que c'est?

GEINDARD.

La bande du journal qui a servi de bourre.

##### EDGARD.

Excellent! Donnez! nous le tenons!

###### GATINAIS, à part.

Je suis perdu!

###### POTEU, sortant sa tête de l'armoire; bas, à Gatinais.

Est-ce bientôt fini?

###### GATINAIS, bas.

Oui, ça s'arrange!

###### POTEU, bas.

J'ai trouvé là dedans un jambon... je meurs de soif!

###### GATINAIS, bas.

Tout de suite... On va faire passer des rafraîchissements.

*Il le repousse dans l'armoire et donne un tour de clef.*

###### EDGARD, qui a mis son binocle et déplié la bande du journal.

Voyons le nom du meurtrier!

###### GATINAIS, à part.

Ils vont trouver celui de Gaudiband!

###### EDGARD.

Ah! ce n'est pas avoir de chance! le nom est brûlé!

###### GATINAIS, avec joie, à part.

Je respire!

###### GEINDARD.

Cré coquin! pas de veine!

###### MADAME GATINAIS.

Ah! quel dommage!

#### GATINAIS.

C'est fâcheux, fâcheux!... (A Edgard.) Mais ma fille est au piano... si vous voulez...

#### EDGARD.

Permettez... j'aperçois là un numéro sur la bande du journal... 872.

#### GATINAIS.

Eh bien?

#### EDGARD

En nous transportant au bureau du *Constitutionnel,* nous saurons le nom de l'abonné qui est inscrit sous le numéro 872.

#### GATINAIS, à part

Ah! mon Dieu!

#### EDGARD.

C'est simple comme bonjour!

#### GEINDARD.

Allons-y!

#### MADAME GATINAIS.

J'admire la main de la Providence!

#### GATINAIS, à Edgard.

Mais vous n'avez pas le temps... on va diner...

#### EDGARD.

Je me jette dans une voiture, et, avant cinq minutes, je vous rapporte le nom du coupable. (Mettant son bouquet dans les mains de Gatinais.) Tenez, prenez ça!

Il sort vivement, suivi de Geindard.

## SCÈNE X.

### GATINAIS, MADAME GATINAIS, puis POTEU

GATINAIS, tombant pâmé sur une chaise, à gauche, près de la table.

Perdu! fini!

MADAME GATINAIS, allant à lui.

Ah! mon Dieu! il se trouve mal! (Le secouant.) Monsieur Gatinais!... Vite, du vinaigre!... Ah! dans cette armoire! (Elle ouvre la porte de l'armoire, Poteu paraît. Poussant un cri.) Ah! un homme!

POTEU.

Cré jambon! je crève de soif!...

Il saute sur une carafe et boit avidement.

MADAME GATINAIS, criant.

Au voleur! au voleur!

GATINAIS, se réveillant au cri poussé par sa femme.

Hein?... quoi?...

MADAME GATINAIS, montrant Poteu.

Un homme! dans l'armoire!

GATINAIS, se levant.

Silence! d'un mot il peut me perdre!

MADAME GATINAIS.

Toi!

GATINAIS.

Oui!... J'ai un pied dans le crime! L'homme qui a tiré sur le tailleur, c'est moi!

MADAME GATINAIS.

Comment?

GATINAIS.

J'ai cru que c'était le chat!... Il m'a vu, il peut me dénoncer!

MADAME GATINAIS.

Il se taira!... Il faut qu'il se taise, à tout prix!

POTEU, qui a écouté, redescendant la scène.

Pour lors, je voudrais t'être cocher.

MADAME GATINAIS.

Vous le serez!

GATINAIS.

Mon ami...

POTEU.

Plus, mon chocolat...

GATINAIS.

Convenu!

POTEU.

Huit bouteilles de vin...

MADAME GATINAIS

Oui!

POTEU.

Plus, mes dimanches, mardis...

MADAME GATINAIS,

Mercredis...

GATINAIS.

Jeudis...

MADAME GATINAIS.

Vendredis...

GATINAIS.

Et samedis... tout!... tout ce que tu voudras!

POTEU, à part.

Je crois que j'ai une bonne place. (Haut.) Je vas me commander une livrée de cocher... quelque chose de chic!

Il sort par le fond.

## SCÈNE XI.

### GATINAIS, MADAME GATINAIS.

MADAME GATINAIS.

Enfin!... il se taira... tu es sauvé!

GATINAIS.

Moi, oui... mais ce pauvre Gaudiband!

MADAME GATINAIS.

Quoi?

GATINAIS.

C'est avec la bande de son journal que j'ai bourré ce malheureux fusil. C'est lui qu'on va accuser... un ami!

MADAME GATINAIS.

Ah! écoute donc; il n'a pas de femme, lui!... pas de famille!... Il faut qu'il se sacrifie!

###### GATINAIS.

Comment?

###### MADAME GATINAIS.

Il partira... Il se cachera... Je m'en charge!

<small>Madame Gatinais fait passer Gatinais à gauche et le conduit jusqu'à la porte du deuxième plan.</small>

###### GATINAIS.

Mais je ne sais si je dois...

###### MADAME GATINAIS

Il va venir pour dîner. Cours lui préparer une valise et chercher un fiacre!

###### GATINAIS, à part.

Les femmes ne doutent de rien!

<small>Il sort par la gauche, deuxième plan.</small>

## SCÈNE XII.

#### MADAME GATINAIS, puis GAUDIBAND.

###### MADAME GATINAIS.

Il m'a souvent dit qu'il m'aimait; je vais le savoir.

###### GAUDIBAND, entrant par le fond.

Cinq heures et demie! je ne suis pas en retard?

###### MADAME GATINAIS.

Je vous attendais... Mon mari est sorti, mais il va rentrer. Nous avons à peine quelques minutes... Monsieur Gaudiband, m'aimez-vous?

## ACTE DEUXIEME.

GAUDIBAND.

Ah! chère belle, pouvez-vous en douter!

MADAME GATINAIS.

Eh bien, prouvez-le-moi.

GAUDIBAND, étonné.

Mais... comment l'entendez-vous?

MADAME GATINAIS.

Il faut partir pour l'Angleterre... sans perdre un instant.

GAUDIBAND.

Certainement, je suis à vos ordres... mais avez-vous réfléchi? Une femme mariée... dans votre position?...

MADAME GATINAIS.

Mais qui vous parle de moi? C'est vous qui allez partir...

GAUDIBAND.

Ah! c'est moi! tout seul?

MADAME GATINAIS.

Sans doute.

GAUDIBAND.

Alors, vous avez quelque commission pour l'Angleterre?

MADAME GATINAIS.

Les preuves sont contre vous; vous serez condamné... infailliblement...

GAUDIBAND, étonné.

A quoi?

MADAME GATINAIS.

Par contumace.

GAUDIBAND.

Moi?... pourquoi?

MADAME GATINAIS.

Vous reviendrez au bout de quelques mois pour la purger.

GAUDIBAND.

La purger?... qui ça?

MADAME GATINAIS.

Vous hésitez, je crois?

GAUDIBAND.

Non; cependant...

MADAME GATINAIS.

Monsieur Gaudiband, m'aimez-vous?

GAUDIBAND.

Toujours! mais...

MADAME GATINAIS.

Alors, pas d'explications... le temps nous presse... (Arrachant une fleur au bouquet laissé par Edgard sur la table de gauche.) Tenez, gardez cette fleur en souvenir de moi, et partez!

## SCÈNE XIII.

### Les Mêmes, GATINAIS.

GATINAIS, entrant avec une valise et un numéro de voiture à la main.

Le fiacre est en bas.

MADAME GATINAIS.

M. Gaudiband consent à tout... C'est un noble cœur, qui nous aime véritablement.

## ACTE DEUXIÈME.

GATINAIS, serrant la main de Gaudiband.

Ah! mon ami, je ne sais comment te remercier! (Courant tout à coup au bouquet et en arrachant une fleur.) Tiens, garde cette fleur en souvenir de ma femme!

GAUDIBAND.

Merci! (A part.) Ça m'en fait deux! (Haut.) Cependant je ne serais pas fâché de savoir...

GATINAIS, l'interrompant.

Il n'y a pas une minute à perdre... En ramenant le fiacre, j'ai aperçu, au bout de la rue, Edgard Vermillon, suivi de deux sergents de ville et d'une foule d'hommes de mauvaise mine.

MADAME GATINAIS.

Ah! mon Dieu!

GATINAIS.

On vient t'arrêter!...

GAUDIBAND.

Mais qu'est-ce que j'ai fait?

GATINAIS.

Ce n'est pas ta faute!... Tu as cru que c'était le chat!...
On entend un grand bruit au dehors.

MADAME GATINAIS, allant au fond.

Écoutez! ce sont eux!

GATINAIS.

Trop tard pour fuir!

MADAME GATINAIS, à Gaudiband

Cachez-vous!

GAUDIBAND.

Moi?

GATINAIS.

Où le mettre? Ah! cette armoire! (Le poussant vers l'armoire.) Va, va, et surtout ne te mouche pas!... (Gatinais fait entrer Gaudiband dans l'armoire et en retire la clef.) Où cacher cette clef, maintenant?... On peut nous fouiller!...

MADAME GATINAIS.

Dans les cendres!

GATINAIS, jetant vivement la clef dans le feu.

Ça y est!

On sonne.

MADAME GATINAIS.

On sonne... Les voilà!

GATINAIS.

Du calme!... sourions!... Prends ta broderie... et moi?... (Apercevant son violon.) Ah! mon violon!

Madame Gatinais s'assied et travaille à sa broderie. Gatinais va chercher son violon et son pupitre, se place à côté de sa femme, et racle.

## SCÈNE XIV.

Les Mêmes, EDGARD, puis JULIE, puis POTEU.

EDGARD.

Mille pardons!... je vous dérange...

GATINAIS.

Vous?... par exemple! Vous voyez, je charmais les loisirs de madame Gatinais... qui brode... Quant à ma fille, elle est à son piano... Nous sommes là bien tranquilles.

### EDGARD.

Excusez-moi, je vais vous adresser une demande, une demande... un peu singulière...

### GATINAIS, à part.

La visite domiciliaire... nous y voilà !

### EDGARD.

Pourriez-vous me prêter quarante-deux francs?

### MADAME GATINAIS, étonnée.

Quarante-deux francs !

### EDGARD.

En marchant sur le trottoir, je gesticulais... je gesticule assez volontiers quand je prends des conclusions... et j'ai eu la maladresse de renverser la manne qu'un pâtissier portait sur sa tête.

### MADAME GATINAIS, s'efforçant de rire.

Ah ! c'est charmant !

### GATINAIS, de même.

Quelle jolie anecdote à mettre dans les journaux !

### EDGARD.

Alors, cet homme m'a réclamé quarante-deux francs... et, comme je ne les avais pas sur moi, la foule s'est amassée... les sergents de ville sont venus...

### GATINAIS.

Comment! c'est pour ça que les sergents de ville... ?

### EDGARD.

Sans doute.

### GATINAIS, appelant.

Marguerite !

MARGUERITE, paraissant au fond.

Monsieur?

GATINAIS.

Donnez quarante-deux francs au pâtissier qui est dans l'antichambre. (Marguerite sort. — A part.) Alors, il n'est plus nécessaire de cacher Gaudiband... Je vais lui ouvrir...

Il se dirige vers la cheminée pour chercher la clef.

EDGARD, près de madame Gatinais.

Est-ce que nous ne verrons pas bientôt mademoiselle Julie?

MADAME GATINAIS.

Ma fille?... (Apercevant Julie qui entre.) La voici.

GATINAIS, à part, fouillant les cendres avec les pincettes.

Je ne trouve pas la clef.

EDGARD, qui a pris son bouquet et se dispose à l'ouvrir, à Julie, à part.

C'est drôle! il y avait deux camélias au milieu... Qu'est-ce qu'ils sont devenus?... (Offrant.) Mademoiselle...

GATINAIS, prenant la clef avec les pincettes.

Ah! la voici!... Sapristi!... elle est toute rouge!...

Il cherche à l'introduire avec les pincettes dans la serrure de l'armoire.

EDGARD, continuant une conversation avec madame Gatinais.

Oui, madame, j'ai écrit aujourd'hui même à ma mère qui habite Montauban, pour lui demander les papiers nécessaires...

GATINAIS, se brûlant et poussant un cri.

Aïe!...

TOUS.

Quoi?

## ACTE DEUXIÈME.

GATINAIS.

Rien !... Une crampe d'estomac. (A part.) C'est encore trop chaud... Attendons !

EDGARD, continuant sa conversation avec les dames.

J'ai fait aujourd'hui une excellente journée ; j'ai enfin découvert l'assassin du tailleur...

GATINAIS, étonné et laissant tomber les pincettes.

Allons donc !

MADAME GATINAIS.

Vous ?

EDGARD, à Gatinais.

Devinez qui ?

GATINAIS, inquiet.

Mais... je ne sais pas...

MADAME GATINAIS.

Comment voulez-vous que mon mari sache...?

EDGARD.

Parce qu'il le connaît.

GATINAIS.

Je le connais ? (A part.) Cet animal-là me donne des sueurs froides !

EDGARD.

C'est un noble... M. de Blancafort !

GATINAIS.

Comment ? (A part.) Le père Tampon ! (Haut.) Il y a erreur !

EDGARD.

La bourre a été faite avec la bande de son journal...

c'est constaté... Nous avons obtenu immédiatement un mandat d'amener, et, à l'heure qu'il est, il doit être arrêté...

GATINAIS.

Arrêté!... Blancafort!

POTEU, paraissant en livrée de cocher, perruque poudrée et un fouet à la main.

La soupe est servie!

EDGARD.

Mais où est donc mon parrain?

GATINAIS.

Il va venir... il refroidit!

EDGARD.

Comment?

GATINAIS.

Non! il écrit à son notaire... dans mon cabinet... il nous rejoint... Offrez votre bras à ma fille.

EDGARD.

Mademoiselle...

Ils se dirigent vers la porte de gauche.

GATINAIS, bas, à Poteu.

Tu ouvriras la porte à la personne qui est dans l'armoire et tu lui diras qu'on est à table.

POTEU.

Bien, monsieur.

MADAME GATINAIS, à son mari.

Allons, à table!

GATINAIS.

Voilà!... (A part.) Non, jamais je ne laisserai condamner le père Tampon, mon sauveur!... Jamais!...

Tout le monde entre dans la salle à manger, excepté Poteu. — Musique à l'orchestre jusqu'au baisser du rideau.

## SCÈNE XV.

### POTEU, puis GAUDIBAND.

POTEU, se dirigeant vers l'armoire.

Ouvrons l'armoire à la personne qui... (Il pose la main sur la clef et pousse un cri horrible.) Ah! cré nom d'un chien!... Je me suis brûlé! Que c'est bête de faire des farces comme ça!

GAUDIBAND, paraissant au haut de l'armoire qu'il a brisée.

J'ai entendu un cri... Tiens!... mon domestique!

POTEU

Je ne le suis plus! je vous ai lâché!

GAUDIBAND.

Comment! sans me prévenir?...

POTEU.

Vous trouverez la lettre dans votre pantoufle.

GAUDIBAND.

Tu me dois huit jours! (Jetant les yeux sur la porte de la salle à manger qui est restée ouverte.) Mais qu'est-ce que je vois? on est à table!

*On sonne.*

POTEU.

Oui, monsieur.

GAUDIBAND.

Vite, ouvre-moi!

POTEU.

Ah! non, par exemple! C'est encore trop chaud! je reviendrai au dessert.. Si vous avez faim, il reste du jambon.

**Poteu sort par la gauche, laissant Gaudiband qui crie et appelle.**

---

# ACTE TROISIÈME

Un café dans les environs du Palais de Justice. — Comptoir, tables, chaises; porte d'entrée au fond; portes latérales. — Le café est rempli d'avocats et autres personnes déjeunant.

---

## SCÈNE PREMIÈRE.

**CONSOMMATEURS**, en robe d'avocat; **LA DAME DU COMPTOIR, UN GARÇON, MAITRE BAVAY**, en robe d'avocat, assis à une table et déjeunant; **GEINDARD**, debout et causant avec maître Bavay.

AIR du *Moulinet de Strauss*.

Dépêchons!
Garçons,
Servons,
Montrons
Du cœur à l'ouvrage!
Nous tous qui plaidons,
Selon l'usage,
Nous nous hâtons!
Garçons!

UN CONSOMMATEUR, à une table de gauche, en costume de ville.

Garçon!... la *Revue des Deux-Mondes!*

LE GARÇON, au fond à droite.

Oh! monsieur, ici nous n'avons pas cela... nous n'avons que les journaux judiciaires... Vous comprenez... au café du Palais... on ne reçoit que les feuilles *ad hoc*...

*Le garçon s'éloigne.*

LE CONSOMMATEUR, à part.

Et les garçons parlent latin... Mazette !...

MAITRE BAVAY, *tout en déjeunant, à Geindard, qui se tient debout près de lui.*

Mais soyez donc tranquille... je vous répète que votre affaire vient aujourd'hui.

GEINDARD.

Je vous recommande d'insister sur les dommages et intérêts...

BAVAY.

Je demande cinquante mille francs.

GEINDARD.

Et vous croyez...?

BAVAY.

Vous en aurez quinze.

GEINDARD.

Enfin !

LE GARÇON, à Geindard.

Est-ce que monsieur ne déjeune pas ?

GEINDARD.

Si... avec plaisir.

LE GARÇON, *approchant une chaise à droite.*

Alors, si monsieur veut s'asseoir...

GEINDARD.

Ça, volontiers... depuis le temps...

*Le garçon va et vient, arrangeant les tables.*

## ACTE TROISIÈME.

**BAVAY**, l'arrêtant.

Eh bien, qu'est-ce que vous faites ?

**GEINDARD.**

Ah ! c'est vrai ! j'oublie que vous m'avez recommandé...

**BAVAY.**

La partie adverse vous guette, vous épie... Si l'on vous voit assis, vous êtes perdu !... Car enfin, qu'est-ce qui vous rend intéressant ? Votre blessure... Où est-elle située ?

**GEINDARD.**

Mais...

**BAVAY.**

Je ne vous le demande pas... je le sais... Si vous vous asseyez, c'est que vous ne souffrez plus... alors, vous n'êtes plus intéressant... on vous donnera deux cents francs !

**GEINDARD.**

Deux cents francs ! Je me tiendrais plutôt debout toute ma vie.

**BAVAY.**

Autre recommandation... Lorsque vous serez devant le tribunal, poussez de temps en temps des petits cris de douleur... j'en ai besoin pour ma péroraison.

**GEINDARD.**

C'est facile !

**BAVAY.**

Quand le président vous dira : « C'est très-bien, allez vous asseoir... » vous en ferez le simulacre... et vous vous relèverez vivement, en faisant : « Aïe ! » et vous ajouterez « Cela m'est impossible, monsieur le président. »

**GEINDARD**, répétant.

« Aïe ! cela m'est impossible, monsieur le président. »

BAVAY.

Très-bien... vous êtes dans le ton... Je crois que cela impressionnera les jurés.

GEINDARD.

Oui... ceux qui ne sont pas contre moi!

BAVAY.

Est-ce que vous en avez quelques-uns en suspicion?

GEINDARD.

Il y en a un qui est froid... Quand je lui ai raconté mon affaire, il m'a dit : « Mais c'est un accident... le coupable est sans doute innocent... »

BAVAY, tirant son calepin.

Comment l'appelez-vous, celui-là?

GEINDARD.

M. Gatinais... Dieu! que je suis éreinté!...

BAVAY, écrivant.

Gatinais... très-bien... ça suffit! (Se levant.) Votre affaire ne viendra pas avant une heure... Vous me retrouverez dans la salle des Pas-Perdus... (Fausse sortie, revenant.) Ah! j'oubliais... achetez une béquille... ça fera bien.

Il fait le boiteux et sort par le fond.

GEINDARD.

Une béquille!... est-il malin, ce monsieur Bavay!... Sapristi! que j'ai faim! je ne peux pourtant pas déjeuner debout... Tiens, je vais prendre un cabinet... je pousserai le verrou... et je pourrai m'asseoir... (Appelant.) Garçon, un cabinet!

LE GARÇON, indiquant la porte de gauche, troisième plan.

Par ici, monsieur... Combien de couverts?

Ils disparaissent tous les deux par la porte de gauche, troisième plan

## SCÈNE II.

#### CONSOMMATEURS, puis GATINAIS, puis LE GARÇON.

GATINAIS, entrant par le fond, pâle, les yeux cernés, croyant s'adresser au garçon.

Garçon !... un petit verre... (A lui-même.) Je cherche à m'étourdir... Depuis quinze jours, je n'ai pas fermé l'œil... ma conscience ne veut pas me lâcher... Blancafort vient d'être plongé dans les fers... et moi... moi, je suis libre, bien nourri, bien logé... et, qui plus est, comblé d'honneurs !... Je vais juger les autres !

Il tombe sur une chaise auprès d'une table à gauche. Sa main frappe sur le marbre.

LE GARÇON, rentrant de gauche.

Voilà, monsieur !... Que désire monsieur ?

GATINAIS.

Rien... tout à l'heure... (A lui-même.) Amère dérision du sort !... et pourtant Blancafort ne souffre pas plus sur la paille humide de son cachot... que je n'ai souffert dans l'omnibus qui m'a conduit ici... Chaque cahot prenait une voix pour me dire : « Le père Tampon t'a sauvé... tu dois sauver Blancafort !... » Et je le sauverai... j'ai déjà commencé...

Il frappe sur la table.

LE GARÇON.

Voilà, monsieur !... Que désire monsieur ?

GATINAIS, s'oubliant.

La paix du cœur !... (Se reprenant.) Rien... tout à l'heure...

(Le garçon s'éloigne. — Se levant.) J'ai su, à prix d'or, me créer des intelligences dans la prison... J'ai envoyé hier à Blancafort... une lime d'horloger, enfermée dans un tuyau de pipe... avec ces mots, d'une écriture très-fine. . « Moi veiller... vous espérer... Lime en acier... sept barreaux de fer à couper... Gaudiband dans le fiacre en bas... Fiacre conduire vous à frontière... » Je n'ai pas pu signer... il n'y avait plus de place... Une main amie s'est chargée de jeter ça adroitement dans la soupe du prisonnier... Il doit avoir son instrument depuis hier... il a dû scier toute la nuit... Gaudiband est dans le fiacre à son poste... C'est ma femme qui l'a décidé... sans lui donner d'explication... nous n'avons pas le temps... Tout va bien... pauvre garçon!...

Il s'asseoit sur la chaise près de la table, à gauche.

LE GARÇON, accourant.

Monsieur m'appelle?

GATINAIS.

Moi?... Ah! mais... vous m'ennuyez!

## SCÈNE III.

GATINAIS, EDGARD, puis LUCETTE.

EDGARD, entrant par le fond, très-affairé, avec d'énormes dossiers sous le bras.

Garçon, servez-moi vite... je suis très-pressé... L'audience est pour onze heures.

GATINAIS, l'apercevant.

Tiens! c'est vous!

EDGARD.

Monsieur Gatinais... Enfin, voilà le grand jour... Vous

allez siéger... Dites donc, je vous ai ménagé une surprise.

GATINAIS.

A moi?

LE GARÇON, à Edgard.

Qu'est-ce que monsieur désire?

EDGARD.

Rien... tout à l'heure...

LE GARÇON, à part, s'éloignant à droite.

Ah ben! en voilà des pratiques!

EDGARD, à Gatinais.

A force de démarches, j'ai réussi à faire colloquer à votre session l'affaire Blancafort.

GATINAIS.

Comment! c'est moi qui vais le juger?... Ah bien elle est forte, celle-là!

EDGARD.

On dirait que ça ne vous fait pas plaisir?

GATINAIS.

A moi? au contraire! (A part.) De cette façon, s'il ne s'échappe pas... je le ferai acquitter... et, s'il s'échappe... je le ferai encore acquitter... par contumace!... (Montrant Edgard.) Il a eu une excellente idée, le petit. (Haut.) Vous déjeunez avec moi?

EDGARD.

Volontiers... Et ces dames?

GATINAIS.

Elles doivent venir me prendre ici... pour que je les fasse placer.

LUCETTE, entrant par la porte du fond et s'adressant au garçon.

Dites donc, jeune homme, voulez-vous me montrer mon avocat?

LE GARÇON.

Comment s'appelle-t-il?

LUCETTE, tirant un papier de sa poche.

Attendez!... « (Lisant.) Maître Bavay... »

LE GARÇON.

Il a déjeuné ici... mais il est parti... Vous le trouverez dans la salle des Pas-Perdus...

Il sort par la droite.

GATINAIS, la reconnaissant.

Mais je ne me trompe pas... c'est la petite Lucette.

LUCETTE, redescendant la scène.

Ah! je vous reconnais... c'est à vous que j'ai donné des œufs...

GATINAIS.

Chut! ne parlez pas de ça! (Haut.) Vous venez pour l'affaire Budor, qui doit se juger aujourd'hui?

LUCETTE.

Non, c'est arrangé... papa a retiré sa plainte...

GATINAIS, contrarié.

Comment! nous n'aurons pas l'affaire Budor? Ah! c'est désagréable... je comptais m'en régaler...

EDGARD, se levant.

On est d'une indulgence...

LUCETTE.

Si personne ne se plaint... si tout le monde est content...

## ACTE TROISIÈME.

GATINAIS.

Et votre père qui était si furieux...

LUCETTE.

Il s'est calmé tout d'un coup... Par exemple, je ne sais pas pourquoi... c'est un jour que ma sœur a été malade...

GATINAIS, étonné.

Tiens !

LUCETTE.

Alors, maman a embrassé ma sœur ; papa a embrassé Budor... il a consenti au mariage... et Budor vient tous les soirs à la maison...

GATINAIS.

C'est étonnant !

EDGARD.

C'est honteux !

LUCETTE.

Et, depuis ce jour-là, tous les soirs, maman fait des petits bonnets.

GATINAIS.

Ah ! j'y suis !

LUCETTE.

Et ma sœur ne fait plus rien... Quand elle met seulement un pied devant l'autre, maman lui dit : « Prends garde !... » Savez-vous pourquoi ?

GATINAIS.

Parbleu !... c'est parce que... Ça ne vous regarde pas.

LUCETTE.

Et moi, je trime toute la journée à porter du lait, à

puiser de l'eau, à casser du bois, et on ne me dit jamais : « Prends garde!... » Savez-vous pourquoi?

GATINAIS.

Parbleu!... parce que... Voulez-vous me laisser tranquille!

LUCETTE.

Ne vous fâchez pas!... je vas payer not' avocat... maman m'a recommandé de bien le marchander... je vas lui offrir des œufs frais!

*Elle sort par le fond à droite.*

## SCÈNE IV.

### EDGARD, GATINAIS.

GATINAIS.

Enfin, voilà Budor sorti d'affaire... quant à Blancafort...

EDGARD.

Oh! celui-là...!

GATINAIS.

Franchement, est-ce que vous croyez qu'on le condamnera?

EDGARD.

Vous en doutez? (Montrant son dossier.) Après toutes les notes que j'ai écrites...

GATINAIS.

Mais il n'y a pas de preuves.

#### EDGARD.

Des preuves! il y en a trop... On ne sait comment les classer... Nous avons d'abord la bourre du fusil...

#### GATINAIS.

C'est connu... Après?

#### EDGARD.

La balle. — On a extrait la balle... c'est une noisette!...

#### GATINAIS.

Eh bien! qu'est-ce que ça prouve contre Blancafort?

#### EDGARD.

Cette noisette est la grosse aveline de Bourgogne, à pellicule rouge.

#### GATINAIS.

Oui.

#### EDGARD.

Et il a été constaté que l'accusé était seul à posséder cette espèce à Antony... J'ai fait moi-même une enquête dans tous les jardins... et je ne l'ai trouvée que dans celui de Blancafort.

#### GATINAIS, à part.

Sapristi! il n'a pas de chance!

#### EDGARD.

Mais je ne sais pas pourquoi je l'appelle Blancafort... son vrai nom est Tampon... Il a tenu autrefois un club mal famé... et vous comprenez, un homme qui change de nom, le tribunal n'aime pas ça!

*Il va à la table de droite.*

#### GATINAIS, à part.

Il a une platine... ma parole! si je ne connaissais pas l'affaire, je croirais que Blancafort est coupable.

#### EDGARD.

Enfin, une dernière preuve... accablante!... Hier soir, le nommé Tampon a tenté de se suicider dans son cachot.

#### GATINAIS.

Ah bah! comment ça?

#### EDGARD.

En mangeant sa soupe... Il avait eu l'adresse d'y introduire un clou.

#### GATINAIS, à part.

Mon tuyau de pipe! (Haut.) Et on l'a trouvé... ce clou?

#### EDGARD.

Non : il l'a avalé.

#### GATINAIS, à part.

Il le trouvera plus tard... mais ça va le retarder pour scier ses barreaux.

#### EDGARD.

Oh! je suis d'une joie!... Je n'osais d'abord espérer que la réclusion... mais j'espère maintenant les travaux forcés à temps..

#### GATINAIS, à part.

Il est atroce, ce petit bonhomme! je le prends en grippe!

#### EDGARD.

Il a bien fait citer deux témoins à décharge... deux officiers du 21°.

#### GATINAIS, avec espoir.

Ah! deux officiers?...

#### EDGARD.

Mais je suis tranquille... Les armes n'intimideront pas la toge.

## SCÈNE V.

### Les Mêmes, GAUDIBAND, puis LE GARÇON.

GAUDIBAND, entrant du fond en grelottant, très-pâle et le nez rouge.

Pristi! quel froid! je suis gelé!

#### EDGARD.

Mon parrain! d'où sortez-vous?

#### GAUDIBAND.

De mon fiacre... En le prenant, je ne me suis pas aperçu qu'il avait deux carreaux cassés, et je suis dans un courant d'air depuis huit heures du matin...

> Il éternue; le garçon, à la table de gauche; deuxième plan, le salue.

#### EDGARD.

Mais pourquoi êtes-vous resté dans ce fiacre?

#### GAUDIBAND.

Parce que... parce que... (Il éternue, le garçon le resalue.) Je n'en sais rien... C'est madame Gatinais... ta femme.

#### LE GARÇON, à part, regardant Gatinais.

Gatinais!... c'est lui!

#### GAUDIBAND.

Qui m'a dit : « M'aimez... (Se reprenant.) m'estimez-vous? — Oh! oui! — Alors, prenez un fiacre... et restez dedans... » (A part.) J'ai cru comprendre qu'elle viendrait m'y rejoindre... mais elle n'est pas venue...

LE GARÇON, qui s'est approché de Gatinais, et bas, en le tirant par sa redingote.

Chut!

GATINAIS, étonné.

Quoi?

LE GARÇON, bas.

C'est vous qui êtes M. Gatinais?

GATINAIS.

Oui.

LE GARÇON, bas.

Chut! j'ai quelque chose à vous remettre de la part du prisonnier... Demandez des œufs sur le plat.

Il remonte au fond.

GATINAIS, regardant le garçon avec étonnement et à part.

Quel est ce mystère?

GAUDIBAND.

Ah çà, déjeunons-nous?

EDGARD.

Volontiers... Je vais commander des rognons...

GAUDIBAND.

Des huîtres...

GATINAIS, allant se mettre à la table à gauche.

Non... (Regardant le garçon.) Je propose des œufs sur le plat.

GAUDIBAND, qui se place à la même table et prend la droite. Edgard s'installant au milieu.

Tiens! quelle drôle d'idée!

##### GATINAIS.

C'est la renommée ici... On vient tout exprès pour manger des œufs sur le plat. (Au garçon.) Trois œufs sur le plat!

##### LE GARÇON.

Bien, monsieur!

*Il sort à droite.*

##### GAUDIBAND, criant au garçon.

Pas trop cuits... avec du jambon!... (Aux autres.) Quel vin prenons-nous?

##### EDGARD.

Du thé.

##### GATINAIS.

Ah! merci!

##### GAUDIBAND.

Je préfère du mâcon.

##### LE GARÇON, entrant avec un plat.

Les œufs demandés!

*Il pose le plat sur la table.*

##### GAUDIBAND.

Ah! on n'est pas long à vous servir ici... (Au garçon.) Vous nous donnerez du mâcon...

*Ils prennent place à la table.*

##### GATINAIS, à Gaudiband.

Je t'envoie un œuf.

##### GAUDIBAND.

Tu peux en mettre deux... j'ai une faim... C'est le fiacre... (Gatinais lui donne deux œufs; mangeant et poussant un cri.) Aïe!

*Il se lève et prend le milieu de la scène.*

GATINAIS et EDGARD.

Quoi donc?

GAUDIBAND.

J'ai manqué de m'étrangler... (Tirant quelque chose de sa bouche.) Qu'est-ce qu'ils ont donc fourré là dedans? un tuyau de plume.

GATINAIS, regardant le garçon, qui lui fait un signe d'intelligence.

Hein?

GAUDIBAND.

Mais il y a un papier dedans.

Il regarde le papier.

GATINAIS, à part.

Saperlotte!

GAUDIBAND, dépliant le papier.

De l'écriture!

GATINAIS, à part.

La réponse!

GAUDIBAND, lisant.

« J'ai reçu votre lime, qui a failli m'étrangler... Envoyez-moi plutôt une fausse clef de la prison; la nuit tout le monde dort... et je pourrais m'en aller... » *Signé*: « Blancafort, innocent... »

EDGARD, prenant le papier des mains de Gaudiband.

Une évasion! une preuve énorme!

GATINAIS.

Permettez...

EDGARD.

L'innocent ne se dérobe pas à la justice de son pays!...

Je vais faire parvenir ce billet à qui de droit, avec une note à l'appui!...

*Il écrit sur la table à droite.*

GATINAIS.

Pauvre Blancafort... S'il continue, il va se faire condamner à mort.

LE GARÇON, criant à la cantonade, au fond.

Le café de ces messieurs du jury... au numéro 7!

GATINAIS.

Comment! mes collègues déjeunent ici?

LE GARÇON.

Oui, monsieur, au premier.

GATINAIS.

J'y cours! je vais plaider la cause de Blancafort, puisque son évasion a raté. (Un garçon.) Où sont ces messieurs?

LE GARÇON.

En haut de l'escalier... numéro 7.

GATINAIS, à part.

Nous allons arranger ça en prenant le café.

*Il sort par la gauche, troisième plan.*

EDGARD, achevant de rédiger sa note et se levant.

La! voilà qui est fait... Adieu!...

GAUDIBAND.

Un instant!... j'avais quelque chose à te demander. Attends... ça va me revenir.

EDGARD.

C'est que je suis pressé... Cette note...

GAUDIBAND.

Ah! c'est pour ton mariage... Tes papiers sont-ils arrivés?

EDGARD.

Pas encore... mais j'ai reçu ce matin de Montauban une lettre de ma mère, pour vous... la voici... (Sortant.) A bientôt.

Il sort par le fond à gauche en courant.

## SCÈNE VI.

GAUDIBAND, seul, regardant sa lettre.

Une lettre d'elle!... Je ne sais ce que j'éprouve... Je suis ému... (Il embrasse la lettre.) Une femme que j'ai abandonnée avec un enfant! (Il met ses lunettes, ouvre la lettre et lit.) « Mon bon ami... » (Parlé.) Son bon ami!... pas de rancune!... pas de fiel!... (Lisant.) « Je vous écris pour vous dire... » (S'interrompant.) Non! mes larmes tombent sur mes verres... et je n'y vois plus... (Il ôte ses lunettes et les essuie avec son mouchoir; reprenant sa lecture.) « Je vous écris pour vous dire que je vous ai trompé... » (Parlé.) Elle aura formé une autre liaison! (Lisant.) « Le petit demande son acte de naissance... la bombe doit éclater... vous m'avez écrit autrefois : « Envoyez-moi l'enfant!... » Je n'en avais pas... » (Parlé.) Hein ! Comment? (Lisant.) « C'était une couleur pour vous engager à m'épouser... Alors, j'ai emprunté celui de ma sœur, qui est mariée avec le cantonnier de la route de moyenne communication n° 6... » (Parlé.) Le cantonnier ! (Lisant.) « C'était son quatorzième garçon; il paraissait chétif, il avait besoin de soins... Je vous l'ai expédié... Si vous n'en voulez plus, renvoyez-nous-le par le chemin de fer, en troisièmes... A vous pour la vie... *Post-scriptum.* Je me porte bien, je suis toujours dans ma fabrique d'épingles... Mon ancien bibi serait bien gentil de m'envoyer un jupon de laine pour l'hiver... avec un pain de sucre pour des confitures... » (Parlé.) Par exemple! voilà une tuile!... Edgard, que je ne pouvais embrasser sans pleurer!... c'est le fils du cantonnier de la route de moyenne communication n° 6. Ah! mon Dieu! je lui ai assuré cinq mille francs de rente par donation... irrévocable! et j'ai promis cent mille francs le jour du mariage!... Ah! mais non, je le lâche!... Sa dot regarde le cantonnier.

## SCÈNE VII.

### GAUDIBAND, MADAME GATINAIS, JULIE.

MADAME GATINAIS, entrant avec Julie par le fond.

Dépêchons-nous!... nous sommes en retard... et nous n'avons pas déjeuné.

GAUDIBAND.

Ah! mesdames!...

MADAME GATINAIS.

Monsieur Gaudiband...

JULIE.

Avez-vous vu papa?

GAUDIBAND.

Oui... nous avons déjeuné ensemble... il est la-haut

MADAME GATINAIS.

Commandons vite... nous n'avons pas de temps à perdre... Garçon, qu'est-ce que vous avez?

GAUDIBAND.

Je ne vous conseille pas de prendre des œufs sur le plat... On y trouve des choses étranges.

MADAME GATINAIS, au garçon.

Deux tasses de chocolat...

GAUDIBAND.

Vous servirez ces dames dans le petit salon à côté... ça sent le tabac ici!

LE GARÇON, sortant.

Tout de suite!

JULIE.

Il ne faut pas faire attendre M. Edgard... il nous a promis des places sur le devant... si nous venions de bonne heure.

GAUDIBAND.

Ah! si vous comptez sur le petit Edgard...

MADAME GATINAIS.

Mais certainement! un prétendu...

GAUDIBAND.

Un prétendu? (A part.) Comme elle marche!... (Haut.) Vous voulez dire qu'il a des prétentions... beaucoup de prétentions...

MADAME GATINAIS.

C'est vous qui nous l'avez présenté.

GAUDIBAND.

Je l'ai présenté... certainement... comme on présente à une dame... une tranche de brioche... Elle la prend ou ne la prend pas... c'est à son choix...

MADAME GATINAIS, à part.

Qu'est-ce qu'il a?

GAUDIBAND, à part.

Tiens! je n'ai pas envie de donner les cent mille francs! (Haut.) Mais pardon... je n'ai pas de place réservée... et je tiens à être sur le devant... Nous nous retrouverons à l'audience.

Il sort par le fond.

MADAME GATINAIS, à Julie.

Qu'est-ce que cela signifie?

JULIE.

Je n'y comprends rien, maman...

LE GARÇON, arrivant de la gauche.

Ces dames sont servies.

MADAME GATINAIS.

Nous voici. (A son mari qui paraît à gauche.) Attends-nous! le temps d'avaler une tasse de chocolat.

Elle entre à droite avec sa fille, qui est entrée la première.

## SCÈNE VIII.

GATINAIS, seul; puis LE GARÇON.

GATINAIS.

Je viens de voir mes collègues... impossible de les convaincre... Je leur ai pourtant payé le café... mais il a contre lui la noisette, la bourre, le clou... Enfin, j'ai fait tout ce que j'ai pu!... Mais du moment que la fatalité s'en mêle... car il a une déveine, ce Blancafort!... Quelle étoile! les noisetiers eux-mêmes sont contre lui!... Bah! il fera six mois... il n'en mourra pas... J'irai le voir tous les dimanches... je lui porterai quelques petites douceurs... Eh bien, c'est égal, je sens là quelque chose... Non! je ne suis pas content de moi. (Appelant.) Garçon!

LE GARÇON, arrivant de droite.

Monsieur?

GATINAIS.

Apportez-moi de la liqueur... ce que vous aurez de plus fort.

LE GARÇON.

De la chartreuse verte... voilà, monsieur...
*Il apporte un carafon et un petit verre, et sort par la droite.*

GATINAIS, assis à la table. — *Il verse trois verres coup sur coup qu'il avale.*

J'ai besoin de m'étourdir!... Retrempons-nous; car, pour un rien, je sens que j'irais me dénoncer... Voyons!... raisonnons... Ce Blancafort... qui a changé de nom... c'est à peine si je le connais... On prétend qu'il m'a sauvé la vie... Eh bien, oui, c'est vrai... j'en conviens... mais il y a diablement longtemps... (Il boit plusieurs petits verres.) Et, d'ailleurs, s'il ne m'avait pas sauvé... si je n'avais pas consenti courageusement à me cacher dans son four... on aurait fait fermer son établissement... Voilà où je le pince! (Il boit.) Il a pensé beaucoup plus à lui qu'à moi... c'est un égoïste!... Bien! voilà que je lui flanque des injures maintenant... c'est ignoble! (Il boit.) Un homme qui risquait de se faire massacrer pour moi... (Se grisant et s'attendrissant.) Car il est bon, cet homme!... c'est un bon mari... qui rend sa femme heureuse... qui élève bien ses enfants... Il en a un dans les assurances... il va très-bien... l'autre est en Afrique... il se bat contre les Arabes... il défend les frontières de la France! (S'exaltant.) Et, pendant ce temps-là, je couvrirais d'ignominie les cheveux blancs de son père, moi! Gatinais? Ah! j'en ris de honte et de pitié! Satanée liqueur! elle me remue... Elle me fait pousser des idées... là... au cœur! Car, enfin, je ne suis pas un misérable, moi! je suis un brave homme! je fais partie de la session. Ah! au diable! ma résolution est prise!

## SCÈNE IX.

#### GATINAIS, GEINDARD, puis POTEU.

###### GEINDARD, entrant par la droite.

Onze moins un quart... l'audience va commencer...

###### GATINAIS, courant à lui.

Ah! Geindard!... Deux mots!... Blancafort est innocent!

###### GEINDARD.

Allons donc!

###### GATINAIS.

Je connais le coupable... celui qui a tiré le coup de fusil... Tu ne voudrais pas faire condamner un innocent?

###### GEINDARD.

Ah! j'en suis bien fâché... mais l'instruction est faite... Il faudrait tout recommencer... et, moi, j'en ai assez.. (A part.) Je désire m'asseoir.

###### GATINAIS.

Mais puisque je te dis que je le connais... c'est moi... là!... c'est moi!...

###### GEINDARD.

Je vois la chose... On dit qu'il vous a sauvé la vie, et vous vous sacrifiez à votre tour.

###### GATINAIS.

Comment! tu ne me crois pas?

###### GEINDARD.

Pas du tout.

GATINAIS.

Mais quand je te jure... (Apercevant Poteu qui entre du fond.) Ah! j'ai un témoin!... Poteu! avance!

Il le prend par les épaules.

POTEU, s'avançant.

Monsieur?

GATINAIS.

Jure-moi de dire la vérité... toute la vérité!... Qui est-ce qui a tiré le coup de fusil?

POTEU.

C'est Blancafort!

GEINDARD.

Ah! vous voyez bien!

GATINAIS, à Poteu.

Mais tu m'as vu... au bout du jardin...

POTEU.

Moi?... jamais!

GATINAIS, indigné

Oh!

POTEU, à part.

Merci... S'il était condamné, je perdrais ma place!...

Geindard l'entraîne dehors.

GEINDARD.

Filons! L'audience va commencer!

Poteu et Geindard sortent par le fond.

## SCÈNE X.

**GATINAIS**, puis **EDGARD**, puis **MADAME GATINAIS** et **JULIE**.

GATINAIS, seul.

Pauvre Blancafort! quelle fichue étoile!... Mais je saurai la combattre... il le faut! (Il finit le carafon.) Garçon, une plume, du papier!

LE GARÇON, apportant ce qu'il faut pour écrire.

Voilà, monsieur.

Il sort par la droite.

GATINAIS, tout en écrivant à la table de droite.

Une déclaration nette et précise des faits... Quelque chose de clair et de bien senti... que je lirai moi-même... en pleine audience... à mon banc de juré... Je proclame ma culpabilité et l'innocence de Blancafort... La!... Mon brouillon est fait... je vais le recopier...

EDGARD, entrant vivement par le fond.

Je viens vous chercher... On va faire l'appel des jurés...

GATINAIS, écrivant.

Je suis à vous...

EDGARD.

Tiens! qu'est-ce que vous écrivez là?

GATINAIS.

Je recopie un document qui étonnera le monde!

Il jette le brouillon de papier à terre après l'avoir froissé.

EDGARD, apercevant madame Gatinais et Julie entrant par la droite.

Ah! voici ces dames. (A Julie, saluant.) Mademoiselle, je suis à vos ordres.

MADAME GATINAIS, à son mari.

Eh bien, es-tu prêt?

GATINAIS, pliant un papier qu'il met dans sa poche.

Oui... (Avec émotion.) Mes enfants, je vais sans doute faire un voyage.

JULIE.

Comment! tu pars?

GATINAIS.

Pour quelques mois seulement...

MADAME GATINAIS.

Où vas-tu?

GATINAIS.

Où l'honneur m'appelle.

MADAME GATINAIS.

Mais explique-moi...

GATINAIS.

Rien... plus tard... venez à l'audience... et vous apprendrez à me connaître.

Il sort vivement par le fond.

## SCÈNE XI.

### Les Mêmes, moins GATINAIS.

MADAME GATINAIS, à Edgard.

Comprenez-vous?

EDGARD.

Rien... il écrivait quand je suis entré... (Il ramasse près de la table le brouillon jeté par Gatinais.) Ceci va peut-être nous expliquer... (Lisant.) « Messieurs les jurés... je viens vous faire connaître le coupable... je serai clair... J'ai cru que c'était le chat... la bande du journal est une erreur de la poste... la noisette était sur le buffet... quant au clou... c'était un tuyau de pipe... » (Parlé.) Qu'est-ce que ça veut dire?

JULIE.

Je ne sais pas.

EDGARD.

« Maintenant, vous connaissez la vérité... le seul coupable, c'est moi! » *Signé* : « Gatinais. »

MADAME GATINAIS.

Ah! mon Dieu! il va se dénoncer lui-même.

*Ils remontent au fond.*

EDGARD.

Vite! courons!... il peut être encore temps...

*Tous remontent vers la porte de sortie. Gaudiband paraît en robe d'avocat, son bonnet sur la tête.*

## SCÈNE XII.

### Les Mêmes, GAUDIBAND.

MADAME GATINAIS et JULIE.

M. Gaudiband!

EDGARD.

Sous ce costume!

MADAME GATINAIS.

Avez-vous rencontré mon mari?

GAUDIBAND.

Oui, je l'ai vu entrer par la porte réservée aux jurés... il paraissait très-agité.

MADAME GATINAIS, tombant sur une chaise.

Trop tard!

JULIE.

Monsieur Gaudiband, il faut retourner au Palais.

GAUDIBAND.

Ah! non! pas moi!... J'ai eu trop peur... je voulais voir l'affaire Blancafort... c'était comble... alors, pour entrer, j'ai loué une robe d'avocat...

EDGARD.

Comment! vous avez osé...?

GAUDIBAND.

J'étais très-bien placé... sur le devant... mais tout à coup voilà le président qui dit : « Nous engageons les personnes étrangères au barreau et qui ont revêtu un cos-

## ACTE TROISIÈME.

tume qui ne leur appartient pas, à quitter l'audience... sinon, nous serons obligé de sévir... » Il m'a semblé que le gendarme regardait de mon côté... Alors, pour me donner une contenance, je prends un dossier qui était sur le banc, et je m'élance en criant : « On m'attend à la seconde chambre !... » Et me voilà !

EDGARD, sévèrement à Gaudiband.

J'espère que ceci vous servira de leçon.

GAUDIBAND, à part.

Ah ! il m'ennuie, ce petit cantonnier.

MADAME GATINAIS.

Mais que faire ? il est en train de se dénoncer...

EDGARD, aux dames.

Il y a un moyen !

MADAME GATINAIS et JULIE.

Lequel ?

EDGARD, prenant le brouillon.

Ces phrases incohérentes... il faut le faire passer pour fou !

MADAME GATINAIS

Mon mari !

JULIE.

Et il n'ira pas en prison ?

EDGARD.

Nous le ferons interdire seulement.

JULIE, avec joie.

Oh ! oui !... faisons interdire papa !

EDGARD, se mettant vivement à la table.

Je vais rédiger la demande... *hic et nunc... currente calamo!*

Les dames l'entourent.

GAUDIBAND, à part.

Cette robe me gêne.... et ce dossier... (Ouvrant la serviette.) Qu'est-ce qu'ils peuvent bien mettre là dedans? (Tirant des brochures et des journaux.) *Mémoires de Thérésa... la Cagnotte...* C'est un avocat qui s'occupe de littérature.


## SCÈNE XIII.

Les Mêmes, GATINAIS, puis LE GARÇON DE CAFÉ, puis POTEU, puis GEINDARD.

GATINAIS, entrant très-animé.

C'est illégal!... je proteste!

MADAME GATINAIS.

Lui!... Tu n'es pas arrêté?

GATINAIS.

Non... je suis récusé... moi! récusé!

GAUDIBAND.

Par qui?

GATINAIS.

Par l'avocat de Geindard... un petit faquin.

EDGARD.

C'était son droit...

## ACTE TROISIÈME.

GATINAIS.

Je réclame... je crie... je veux pénétrer de vive force jusqu'à mon banc... et on me flanque à la porte. Je ferai retentir la presse !

JULIE.

Oh ! quel bonheur !

GATINAIS.

Et Blancafort... qui est là... couvert de chaînes !... Quelle étoile !

LE GARÇON DE CAFÉ, entrant par le fond.

Encore un de condamné.

GATINAIS, vivement.

A quoi ?

LE GARÇON.

A perpétuité...

GATINAIS, tombant sur une chaise, à gauche.

A perpétuité !... Je ne peux pas prendre sa place... c'est trop long !

POTEU, entrant.

Ça n'a pas de nom !

GEINDARD, entrant.

Ils l'ont acquitté !

GATINAIS, se relevant.

Acquitté !... Qui ?

POTEU.

Le Blancafort !

TOUS.

Acquitté !

###### GATINAIS.

Ah ça ! qu'est-ce que disait donc ce garçon ? (Au garçon.) Imbécile !

###### LE GARÇON, au fond.

Moi, je parlais de Bamblotaque... l'abus de confiance...

###### GEINDARD.

Mon avocat a plaidé comme une cruche.

###### POTEU.

Faut convenir aussi que le président vous a joliment collé quand il vous a dit : « Geindard, vous prétendez avoir vu l'accusé... Mais la position inverse que vous occupiez sur le mur semble contredire cette assertion. »

###### GEINDARD.

Alors il a ajouté : « Geindard, retournez-vous... Très-bien... Maintenant me voyez-vous ? »

###### GAUDIBAND.

Oh ! très-fort !

###### GATINAIS.

Plein de sagacité !

###### POTEU, à Geindard.

Bah ! prenons un petit verre !

###### GEINDARD.

Je veux bien... pour m'asseoir...

*Ils prennent place à la table au fond à droite.*

###### EDGARD.

C'est un échec... mais j'espère que cela ne nous empêchera pas de donner suite à nos projets.

###### GATINAIS, à part.

Nous y voilà !

## ACTE TROISIÈME.

EDGARD.

Mon parrain, le moment est venu de faire la demande...

GAUDIBAND.

Oui, mon ami. (Il l'embrasse, à part.) En trois mots, je vais le couler. (Haut, en le présentant.) Mon Dieu ! ce n'est pas un aigle...

EDGARD.

Mais, parrain...

GAUDIBAND.

L'extérieur est gracieux, je ne dis pas... mais pas de santé, pas d'estomac... ça ne digère pas.

JULIE.

Comment ?

EDGARD.

C'est une erreur !

GATINAIS.

Pas d'estomac... Ceci change la thèse...

MADAME GATINAIS, bas, à son mari.

M. Gaudiband a promis cent mille francs le jour du contrat.

GATINAIS, à part.

Cent mille... ceci rechange la thèse... (Haut.) Approchez, mon jeune ami...

GAUDIBAND, à part.

Il est coulé !

GATINAIS, à Edgard.

L'estomac... est une chose qui va et vient... Ça peut se guérir... Nous causerons du mariage après la session.

GAUDIBAND, à part.

Le fils d'un cantonnier !

GATINAIS, bas et avec intention.

Si toutefois je ne suis pas récusé.

EDGARD, vivement.

Vous ne le serez pas, j'en réponds !

GATINAIS, à part.

J''en étais sûr... Il connaît les avocats... toute la boutique... (Haut.) Enfin à partir de demain, 7 du courant, je vais tenir la balance de la justice... Dans un plateau je mettrai la rigueur... et dans l'autre la sévérité !

CHŒUR.

Enfin la paix vient de renaître ;
Nous devons tous bénir le sort
Qui vient de faire reconnaître
L'innocence de Blancafort.

FIN DU SEPTIÈME VOLUME.

# TABLE

LES TRENTE MILLIONS DE GLADIATOR . . . . 1
LE PETIT VOYAGE. . . . . . . . . . 135
29 DEGRÉS A L'OMBRE . . . . . . . 173
LE MAJOR CRAVACHON . . . . . . . . 217
LA MAIN LESTE. . . . . . . . . . 273
UN PIED DANS LE CRIME . . . . . . . 319

www.ingramcontent.com/pod-product-compliance
Lightning Source LLC
Chambersburg PA
CBHW071103230426
43666CB00009B/1807